金融の権力

LE POUVOIR DE LA FINANCE

アンドレ・オルレアン
坂口明義・清水和巳 訳

藤原書店

André ORLÉAN

LE POUVOIR DE LA FINANCE

日本語版への序文

本書では、金融に関する独創的な見解が提示されている。本書で展開されている中心命題は、金融的評価は意見の論理によって形成される、ということである。これは驚くに値する主張である。なぜなら、この命題ほど、アカデミックな考え方と真っ向から対立するものはないからだ。アカデミックな考え方によると、株式相場は、企業の収益性という客観的な数値を反映している。言い換えれば、株式相場は何ら意見に左右されるものではなく、企業の長期的利益の正確な計算によって決まる、とされる。われわれは、この考え方とは反対に、組織的な金融市場は、金融共同体の内部にコンセンサス〔合意〕を作り出すことを第一目標とする社会的構造だと考える。つまり、金融市場は、共有される信念を生み出すのだ。その信念がなければ、将来予想に関して、ばらばらで勝手な手法が存在するだけになるだろう。このように考えていくと、金融は自律的な評価パワー〔自己評価を形成する能力〕であって、評価に先んじて存在すると思われている〔企業の収益性という〕数値を反映したものではない。よって、われわれのアプローチは、正統派理論の中に深く根を下ろし、守られている教義《ドグマ》の一つ、すなわち市場の効率性という教義と袂《たもと》を別つことになる。

われわれの新しい分析の核心をなすのは、「経済を理解するためには経済主体の信念を考慮しなくてはならない」という考え方である。実は、正統派の経済学者はこの全く素朴な考え方を頑として拒否している。彼らは、旧来の価値理論から受け継がれている考え方、つまり、「商品価格は商品の客観的稀少性を表現している」という考え方を守っている。この「客観主義的」価値論は、経済主体が作り上げる表象を全く考慮しない。経済主体に要求されているのは、せいぜい、環境に合理的に適応できるように学習することである。逆説的にも、この機械論的人間観は、正統派理論自身の近年の発展によって痛烈に批判されている。事実、そこで明らかにされているのは、経済主体が経済を解釈する仕方によって、価格が左右される状況である。このような場合、経済動向を理解するためには、客観的な基礎的条件（テクノロジー、利用可能な資源、消費者の嗜好）だけではなく、経済主体が作り上げる表象も考慮に入れて分析することが必要になる。このタイプの（経済主体の表象分析を重視する）議論を典型的に示しているのが（現代に蘇った）「太陽黒点説」である。

「太陽黒点説」のアイデアはスタンレー・ジェボンズ（一八三五―一八八二年）までさかのぼる。彼は、当初、景気循環を説明するためにこの仮説を提唱した。この仮説によると、太陽黒点は農業生産性に影響を及ぼすので、景気循環は太陽黒点の有無に基本的に左右される。この考え方は、上述した客観主義的アプローチと全く軌を一にしている。つまり、両者ともに、価格・経済行動の変化を経済の基礎的条件（「太陽黒点説」の場合は土地の肥沃度）が被った変化の結果として分析するのである。残念ながら、「太陽黒点説」は誤っていることが証明されている。太陽黒点は農業生産性に大きなインパクトを与えないからである。しかしながら、現代の何人かの経済学者はこの仮説を復活させようとしている。彼らは、「人々が太陽黒点説を信じているという理由だけによって、この説が有効になることがあるのではないか」と考えたのである。たとえば、すべての経済主体が、「太陽黒点が現れれば米価はP_1になり、消えればP_2になる」という理論を満場一致で信じているとしよう。このとき、驚くべき、また多くの点で革新的な結果が生じる。すなわち、太陽黒点説を満場一致で信じることによってこの仮説が自己実現される、言い換えれば、米価はこの理論の予想どおりに変化するのである。この結果は、経済学において支配的な客観主義的見解と根本的に断絶している。なぜなら、このような結果によると、経済主体がどのように経済法則を解釈するのかによって、財の価格が左右されるからである。これと同様の状況は、金融の分野においても数多く見いだされるだろう。すなわち、期待が経済の基礎的条件に適合しているから、予想が実現されるのではなく、予想が誘発した特定の行動によって予想が事後的に現実化するのである。

正統派理論は、以上のような考察の真価を見極めていない。今までのところ、正統派理論はこのような考察を珍奇なものとしてしかみなしておらず、自分たちの研究プログラムに根底的な転換を強いるだろうとは思っていない。しかし、以上の分析をまじめにとらえるならば、経済諸関係の「認知的」次元と呼ばれるものに精力的に取り組まなくていけない。「認知的」次元の働きを通じて、社会は集合表象を構築し、その集合表象が提示する支配的解釈が私的主体の意思決定を条件づけるのである。このような「認知的」次元こそ、まさに本書が対象としているものである。本書では、金融部面の調整《コオルディナシオン》はコンベンション（共有信念）を生み出すことを目的としていると考える。ここで、コンベンションとは、経済を理解し経済の将来を予測するための共有されている（認知的）方法のことである。このコンベンション仮説に従うなら、金融市場とは、買い手と売り手が利得最大化を目指して、ランダムかつ定期的に相対《あいたい》する場であるだけではなく、規範性の源泉でもある。なぜなら、株式市場という公共空間において、金融取引の中で形成されてくる集合知は、広範なコンセンサスの対象になると、事実上、規範《ノルム》の性質を獲得するからである。〔そのような集合知の〕最近の事例に、われわれが「インターネット・コンベンション」と呼ぶものがある。「インターネット・コンベンション」とは、新しい情報テクノロジーを中心として経済発展を眺めるならば、景気循環もインフレーションもない成長が予想されるだろうという見通しである。このコンベンションへの一般的同意が、二〇〇〇年三月までアメリカで観察された投機バブルの核心に存在していた。

金融の効率性についての支配的な理論と断絶しているこのような理論的アプローチを練り上げるにあたっては、フランス特有の知的風土に負うところが大であった。経済研究においてフランスが他国と異なるのは、この国には開かれた非主流派経済学が根づいていて、多くの若い研究者を惹きつけている点である。非主流派の潮流の中でも、その中軸に位置するレギュラシオン学派は、ミシェル・アグリエッタ、ロベール・ボワイエ、バンジャマン・コリア、アラン・リピエッツといった経済学者を通じて、日本の読者にはなじみが深いだろう。レギュラシオン学派が元々、関心を寄せていたのは、主にマクロ経済であった。この学派を方向づけているのは、当該経済を決定づける制度的枠組みに応じて、マクロ経済ダイナミクス〔動態〕の形態は大きく異なる、というアイデアである。つまり、単一で普遍的な経済ダイナミクスが存在するのではなく、場所と時代に応じて多様なレジーム〔蓄積体制〕が存在するというのである。さて、その後、一九八〇年代末になって、非主流派に新しい研究グループが登場した。私を除けば、フランソワ・エィマール＝デュヴェルネイ、オリヴィエ・ファブロ、ロラン・テヴノの名前を挙げることができる。われわれが特に力説しているのは、制度の認知的次元である。われわれの経済学は、哲学者デヴィッド・ルイスの研究に連なる集団的な認知装置《コンベンション》を重視することから、フランスで「コンベンションの経済学」と呼ばれている。われわれの研究を方向づけているアイデアは、「商品経済の調整《コオルディナシオン》において価格が果たしている役割が明らかに重要であるとしても、その調整は価格だけに還元できるものではない」というものである。商品経済の調整は、同時に、〔意見を〕収斂させる「解釈」を生み出す共通の「文脈《コンテクスト》」にも依拠している。「コンベンションの経済学」の提唱者は、私的な経済主体がどのように協調するのかを説明するには、私的な経済主体の期待を共通の解釈に収斂させる装置が何であるかに目を向けなければならない、と考える。このように考えると、共有信念《コンベンション》とは、「集団的な認知装置」にほかならない。この〔コンベンションという〕一般的な用語で考察される社会的対象は広範にわたる。たとえば、満場一致で認知された品質の担い手としての商品そのものから、行動の規則性、社会的規範、習慣的な行動《ルーティン》、はては集合表象までがこの用語に含まれる。

日本の読者に届けられようとしているこの本が、信念の自己実現性《オートヴァリダシオン》の問題をめぐって蓄積されてきた正統派経済学の知見に多くを負っているのは事実である。しかし、本書の分析の核心部分を特徴づけているのは、やはり、レギュラシオン研究及びコンベンション研究という問題関心なのである。そのことは、「金融のコンベンション」という概念が果たしている中心的な役割を見れば、すぐにわかるだろう。金融のコンベンションは、投資家の期待と彼らによる企業価値評価を収斂させる集権的《サントラル》装置なのである。しかし、議論はここで終わるわけではない。最終章では、レギュラシオニストが議論しているのと非常に近い問題を扱っている。つまり、そこでは、経済の金融化に影響されながら、欧米で徐々に現れつつある新しいマクロ経済レジームは首尾一貫したものであるのかどうか、が問われている。この問いに答えるために、社会契約の根底的再編成を促している種々の要因——中央銀行の独立性、年金運用における資本化の役割、機関投資家の重要性の増大、「企業統治」、金融的意見の重要性——が取り上げられている。レギュラシオニストの概念で言うところの「フォード主義的」勤労者社会《ソシエテ・サラリアール》をかつて構築していた原理は、今日、急速に陳腐化しつつある。〔その勤労者社会に代わって〕われわれ目の前では、「勤労者《サラリエ》—金利生活者《ランティエ》」という新しい主体像が出現しつつある、と言える。なぜなら、勤労者階級《サラリア》のただ中で、年金、貯蓄、労働力への支払い（ストックオプション）といった形態を通じて、株式所有の分散化が著しく進んだからである。その結果、社会的連帯の政治的形態が衰退し、その代わりに、市場の庇護の下にある何か——ますます抽象的・匿名的になりつつある何か——への依存が進行している。基本的に非効率的・略奪的な存在とみなされている国民国家に対立する形で、このような「資産的個人主義」を肯定しようとする動きが優先的に推し進められてきた。福祉国家を株式市場で代替しようとするこの動きは、どこまで進むのだろうか？ この問いが、本書を締めくくる問いである。したがって、本書では一貫して金融の権力について考察しているけれども、貯蓄と投資を調節する金融の機能だけを論じているのではない。むしろ、広範な人々が小口株主の地位に就くことによって成り立つ社会の編成原理として、金融の権力が論じられているのである。

二〇〇一年二月七日

アンドレ・オルレアン

金融の権力／目次

金融の権力

凡例

一　原文でイタリックの部分は傍点を付した。ただし、原著者にとっての外国語である場合は傍点を付していない。

一　訳者による補足、短い訳注は〔　〕で示した。長い訳注は段落ごとに付した。

一　読み易さのために必要な場合、取り立てて断わりなしに、改行、字下げ、接続詞の補足などの処置を講じた。

一　ルビは、原語の発音に従うことを基本とした。ただし、対応する英語がわが国でなじみのものである場合、必要に応じて、対応する英語の発音をルビに振った。

一　引用文献がすでに邦訳されている場合、引用箇所の訳は基本的に邦訳に従った（表記上の統一は行った）。

一　各章の題名は適宜変更し、副題を補った。

二つの言葉についての予備知識*

＊　本訳書を読み進めていく上で、あらかじめ意味を知っておいた方がよいと思われる言葉を二つ選び、解説を施した。（訳者）

ファンダメンタル価格

株を所有すれば、配当金を受け取る権利が得られる。とすれば、企業が配当を多く支払いそうな株ほど市場で高い値がつき、配当が低そうな株ほど安い値がつくと考えられる。このような原理に着目して株価の動向を予想しようというのが、「ファンダメンタル分析」と呼ばれる株価予測手法である。この手法においては、企業の将来配当を予想することによって、それに対応する適正な株価を割り出すことが目指される。このときの計算上の株価が「ファンダメンタル価格」であり、これを基準にして現在の相場が割高か割安かを見極め、先行きの相場を予想しようというのである。

なお、収益から分配される配当の割合（配当性向）を一定とすれば、将来配当を予想するということは、その企業の将来収益を予想することに等しい。ファンダメンタル分析という名称は、企業収益を左右する基礎的条件《ファンダメンタルズ》（企業自身の経営状態、市場の競争、景気動向など）の全般を分析することによって、適正な株価を求めようとすることからきている。ちなみに、ファンダメンタル分析に対置される予測手法は「テクニカル分析」であり、こちらは、過去の市場の観察から相場の変動パターンを類型化しておき、それを当てはめて先行きの相場を予測しようとするものである。

共有信念《コンベンション》

「〜ということを信じる」という内容で表わされる心的態度を信念《クロワイアンス》という。このときの「〜ということ」の部分は、信念の充足条件（どういうときに信念が満たされたと言えるか）を示しており、一般に表象《ルプレザンタシオン》と呼ばれる。表象の内容が言語命題で表わされるときの心的態度はとくに「命題的態度」と呼ばれ、信念はその一種である。ある人間がもっている信念は、その人間の知覚や行動を合理化したり、その人間のほかの命題的態度（欲する、疑うなど）を合理化する働きをもつ。経済主体の信念を考察することによって、われわれはその行動を機械的な因果関係としてではなく、価値による合理化を追求する「理由関係」として把握することができる。そして、共有信念《コンベンション》とは、集団的に共有されている信念のことにほかならない。

本書では、株式市場をはじめとする金融市場における共有信念が考察されていく。市場参加者たちの共有信念を考察対象に据えることが重要なのは、それが、現在の相場（ないし値動き）が適正であるという集団的な意見《オピニオン》（市場判断）を形成する基礎になるからである。たとえば「インターネット株」のコンベンションについて言えば、「インターネット関連企業は売上げが増大しているので、将来的には収益が上昇する」という共有信念は、（いまだ収益を上げたことのない）ネット企業の今の株価が高いという事実によって満足させられる。このようにして、ネット企業の高株価は、共有信念を反映する金融共同体の多数意見とみなされるようになる。

なおゲーム理論においては、プレイヤーが共有する知識のことを「コンベンション」と呼び、しばしば「共有知識」などと日本語で言い換えられている。本書でも「コンベンション」が指す内容は基本的に同じだと言ってよい。しかし、本書では、株式相場についての意見を形成するときの根拠は単なる知識内容ではなく、「その内容が正しい」という信念であることから、コンベンションは「集団的に共有される信念」として定義される。これに従い、本訳書でコンベンションという言葉に訳語を当てるときには、「共有信念」を基本として、「集団的認知装置」、「慣行＝共有信念」などと文脈に応じて訳し分けを行った。ちなみに、日本語版への序文にもあるように、現在、レギュラシオン学派とその周辺では、コンベンションをキー概念とする経済学アプローチ（コンベンション理論）の構築が進められつつある。

序文

今は、金融優位の時代である。だが振り返ってみてわかるように、これほどまでに金融が幅を利かせるようになったのは、つい最近のことである。この間の様変わりがいかに速いものであったか、次のことを思い起こしていただきたい。すなわち、一九六二年から一九七八年にかけて、パリ株式市場は「不振の一六年」に苦しんでいた。ところが、フランスの経済成長がそのことに災いされるようなことはなかった。この時期、株価指数は実質で七五％下がったけれども、実質国内総生産（GDP）は二倍になったのである。同じことがもし現在起きたら、どうなるであろうか？　もしも当時と同じくらいの株価下落があったならば、国の経済は全般にわたって大きな打撃を被るはずである。まず、家計の消費は、貯蓄に占める有価証券の割合に比例して影響を被るだろう。企業の投資と経営も、株価動向に左右されるにちがいない。また、金融市場での活動を拡大させつつある銀行制度は、健全性の面で影響を受けるだろう。それに、金融のインパクトは経済部面だけにとどまるものではない。アメリカやイギリスでは、年金原資の一定割合が株式市場での資産運用を通じて調達されているから、株価下落は社会的にも絶大な影響を及ぼすことになるだろう。

このように、われわれの経済は「金融化された調整《レギュラシオン》」によって支配されていると言える。その典型的な姿を、現在のアメリカ経済に見ることができる。

すでに一九九六年、ダウ平均（ダウ・ジョーンズ工業株平均）が六四〇〇ポイントくらいの頃、FRB（連邦準備制度理事会）議長のアラン・グリーンスパンは、「根拠なき熱狂」という言葉で株価の上がり過ぎを指摘していた。ところが、それ以降ダウ平均はさらに七〇％上昇し、一万一〇〇〇ポイントを超えてしまった。そして熱狂の頂点を飾ったのが、「インターネット株」であった。たとえば、アマゾン・ドット・コムという会社は、一九九三年の創業以来収益ゼロが続いてきたのに、一九九八年に九六六％の株価上昇を記録した。インターネット株の値上がりはすさまじく、アマゾン・ドット・コムはテキサコを、アメリカ・オンライン（AOL）はゼネラル・モーターズを、そしてヤフーはボーイングを抜き去った。その結果、インターネット株の時価総額は、総売上高に照らして異常な水準に膨れ上がったのである。

正統派の金融理論では、このような株価の動きを説明することができない。正統派の理論によれば、株式相場は、経済の基礎的条件変数《ファンダメンタルズ》〔一三ページを参照〕を反映していなければならないとされる。その通りだとすると、ニューヨーク株式市場の今の相場水準を説明するには、過去の最も良かった時期を大きく上回るような企業収益の伸びがなければならないはずである。しかし、一九九七年以降の収益圧縮の現実を見る限り、そのような説明はもっともらしさを欠いている。

株価の動きだけが異常なのではない。アメリカの家計は貯蓄するのをやめてしまい、消費の一部を株の値上がり益で賄うようになっている。また、マクロ経済の金融化が進んだ結果、物価のインフレは資産のインフレにとって代わられてしまった。このように、「ニュー・エコノミー」*の実態はかなり奇妙なものだというほかない。

* **ニュー・エコノミー**　一九九〇年代を通じてアメリカが好景気を持続させてこれたのは、ＩＴ（情報技術）革命を成功させてインフレも景気循環もない経済を作り上げることができたためである、というのが「ニュー・エコノミー」論。一九六〇年代前半の好況時にも、当時のアメリカ経済を「ニュー・エコノミー」と呼ぶ評論家がいた。

国際面に目を向けても、金融が主導する形での決定的な変容を見いだすことができる。グローバリゼーションが進み、ポートフォリオ投資*の変動性《ボラティリティ》が高まったため、各国の行動幅には強い制約が課されるようになった。これは、自国の対外ポジションを悪化させるような大量の資本移動に対して、どの国も配慮を怠れなくなったためである。現在、パリ株式市場においても、時価総額の三五％以上は外国人投資家の保有分である。メキシコ危機やアジア危機に際しては、いくつかの新興市場国（エマージング国）が外国人投資家の不信を買ったため、国際資本市場から事実上排除されてしまった。債務履行の能力を喪失した新興市場国は、ＩＭＦに支援を求めるよりほかには、解決策を見いだすことができなくなった。しかし、そのような解決策は、国民主権を重大な侵害にさらす恐れがあり、大きな政治的代償を要求するものなのである。

* **ポートフォリオ投資**　海外証券投資は、収益だけでなく経営参加（ないし支配）も目的にしている直接投資と、収益のみを目的とするポートフォリオ投資に大別される。メキシコやアジアの危機については、直接投資より変動性が大きいポートフォリオ投資が危機の引き金となったのではないかという指摘がある。

こうした文脈の中で注目されるのが、マレーシアのマハティール首相がジョージ・ソロスに浴びせた非難である。そこに見られるのは、激烈な金融国際化の流れの中で発生した新しい政治的緊張である。マハティールによる非難とは、ソロスはリンギット〔マレーシアの通貨単位〕の平価切り下げを引き起こす目的で投機資金を使った市場操作を行った、それはアジアを貧困に押し戻そうとする西欧の「陰謀」だった、というものである。その際に、マハティールが告発しているのが、「自然的秩序」に反した資金流通の存在である。「貨幣を売買することは、無用にして不生産的、不道徳的な行いである。これをやめさせないといけない。法律で禁止しないといけない。われわれは貨幣の売買を必要としていない。実物取引に資金が必要なときにだけ、貨幣を入手すればよいのだ。要するに、われわれは、生産物を売買するのと同じように貨幣を売買してはならないのだ」[1]。この談話は、あたかもその昔貨殖《クレマティスティケ》*に対してアリストテレスが行った批判を繰り返すかのようである。マハティールが糾弾しているものも、自己増殖する貨幣が国内経済を脅威に陥れるという倒錯であるからだ。

＊ **貨殖《クレマティスティケ》**　利殖を目的とする経済活動。アリストテレスは、使用を目的とする経済活動であるオエコノミアのみを正当なものとして認め、クレマティスティケを批判した。

要するに、マハティールの談話に見られるように、寄生的な金融フローに対して国民国家および伝統社会は狼狽を隠し切れていないのである。寄生的な金融フローが国民国家や伝統社会に侵入し破壊していくその勢いは非常に強く、押しとどめ難いものである。そしてまた、「一ドルの商品取引に対して五五ドルの資産流通」といった数字によって、実物フローに対する金融フローの肥大化が指摘されるとき、識者たちもまた、全く同じ混乱に陥ってしまう。ものすごい速度の情報伝達手段を、途方もなく大勢の人が利用できるようになった今日、実物と金融の乖離が不安の種になるのは当然とも言える。発散されているエネルギーは莫大であり、すでに多くの国がそれに対する抵抗力を失っている。東南アジア諸国のケースでは、数ヶ月の間に、国内総生産（GDP）の一一%に当たる資本フローが〔流入から流出へと〕方向転換した。

以上のような変容について考察をめぐらすためには、金融を中立的な（すなわち、与えられた数値を計算し公表する機能しか果たさない）作用因子とみなすことはやめないといけない。そうした理論的アプローチは役に立たない。そのようなアプローチで考察できるのは、せいぜい、年金基金の〔企業経営への〕介入主義について、や、企業統治（コーポレート・ガバナンス）によって企業経営に規範を課す方法といったものにすぎない。われわれのアプローチによればむしろ、金融を自律的な権力とみなさなければならない。この見方に明確な説明を与えるために、本書では、流動性の概念を中心とした分析を提示するつもりである。

本書の分析を先取りして言えば、金融市場とは、「債券を譲渡可能なものにせよ」という債権者の独自な要求に応えるために創発された、制度的創造物にほかならない。この分析の強みは、市場金融が本来的に逸脱《トランスグレシオン》であることを明確にできる点にある。まず、ここでの債権者の要求とは、生産資本という固定物（不可動物）を、自由に譲渡できる資産へと変換することである。この変換が可能であるためには、評価メカニズム（すなわち価格）が確立していて、証券需給の均等をもたらす均衡相場が決定されるのでなければならない。そして、そのような評価メカニズムが形成されるためには、流動性の存在が前提になるのである。こうして本書においては、金融共同体が債務を集団的に管理するために手に入れた自律的制度、それが市場なのだと理解される。また価格とは、共有された信念《クロワイアンス》にほかならず、われわれはこれを共有信念《コンベンション》〔一四―一五ページを参照〕と呼ぶ。「価格は経済の客観的条件を忠実に反映している」と考えてよい理由は存在しない。たとえば、今日のように投資家の大部分が「企業統治」の効率性を信じているときであれば、企業は株価をつり上げるためには、「企業統治」原則への賛同を表明しさえすればよいのである。

本書は、相補い合う二つの視角から、流動性を分析している。第一の視角は、内部メカニズムを分析するというものである。最初の三章がそれに当たる。そこでは、次のような順序で金融の理論が提示されていく。まず「第一章」では、固定化の概念と対立させながら、流動性の概念が定義される。次に「第二章」では、抽象的な投機モデルが提示される。そして「第三章」では、このモデルを道具に用いながら「金融の論理」が解明される。以上を通じて提示される理論においては、ほかのアプローチとは異なり、投資家間の相互依存という問題に焦点が当てられることになる。その中でもとくに私は、模倣的合理性が演じる役割について詳説した。この論点は、金融についての従来の正統的な考え方と全く違う部分である。このほとんど人跡未踏の地を行くにあたって私が道標としたのは、ピエール・バレーやジョージ・ソロスといった実務家による研究である。本書では、彼らの著作から頻繁な引用を行っている。その理由として二点だけ挙げておこう。一つは、彼らが金融に精通していることである。もう一つは、最近まで大学の研究者の中に、金融市場の効率性仮説に異議を唱える理論家がほとんどいなかったことである。それに対して、おおかたの実務家はそのような仮説を共有していない。私にとって彼らの著作が大いに助けとなるゆえんである。なお、市場の経験に基づいて形成された異端的思考の別の例としては、ジョン・メイナード・ケインズによる分析を挙げることができる。

金融に対する理論的アプローチを提示した後で、金融的流動性が経済および社会に与えるインパクトを考察していくことにしたい。これが、流動性を分析する第二の視角であり、「第四章」でそれを展開している。まず、経済の部面に限って言えば、大きな問題となっているのが、「企業統治」を通じた企業の金融化[*1]である。私の分析を先取りするなら、市場の意見《オピニオン》と情報伝達という基礎の上に金融の権力は成立している。そうした点に着眼して、何よりもまず機関投資家を分析に付すこととした。次に、金融の作用は経済の部面にとどまるものではない。なぜなら、共同生活についてのわれわれの考え方も転換を促されているからである。自由化された金融は、「新しい社会契約」に向けた対応を現代社会に迫っている。新しい社会契約は個人的権利の肯定が基本であるが、個人的権利という概念には金融的な規定が施されている。つまり、個人的権利が証券〔の権利〕と同一視されることになる。私は、この文脈において「資産的個人主義」という言葉を用いることにしたい。この新しいタイプの個人主義は、従来からある市民的個人主義の諸形態とは異なっている。資産的個人主義の中心的形態は小口株主なのである。そして、このような中で研究対象として浮かび上がってくるのが、資本化された〔確定拠出型〕年金制度や中央銀行の独立性である。そうした制度諸形態[*2]が、萌芽状態にある新しい主権を特徴づけているのである。

＊1　**企業の金融化**　この場合は、高配当・高株価を重視する経営姿勢への転換。なお、企業資産に占める金融資産の割合が高まることをこう呼ぶこともある。

＊2　**制度諸形態**　著者に影響を与えているレギュラシオン理論は、いわゆる「制度の経済学」の一潮流であり、一定のマクロ経済パターンを出現させる制度の役割を重視する。その際の制度とはすぐれて歴史的・可変的な存在であることが強調されるので、とくに「制度諸形態」という術語が用いられる。

本書の執筆にあたって、ミシェル・アグリエッタ、ロベール・ボワイエ、フレデリック・ロルドン、ブルーノ・テレ、エレーヌ・トルジュマン、ヤミーナ・タジェディーヌから貴重な助言をいただいた。深く感謝申し上げたい。トレント大学〔イタリア北部所在の国立大学〕の招聘による三ヶ月の滞在期間中、私は本書の一部を平穏のうちに執筆することができた。マシモ・エジーディ、ルイジ・マレンゴには、この場を借りてお礼申し上げたい。文献資料および統計資料を見つけられず難儀していたとき、ヴィンセント・ビニョンとジャン＝フィリップ・トゥフから助けをいただいた。彼らにも感謝の意を表したい。

第一章　株式評価の原理——流動性の高まりと投機の支配

第一章の要約

株式市場は、経済の効率性を高める働きをしてくれるのだろうか？　本章では、少なくとも現在の株式市場ではそうはいかないことが、理論的分析によって示される。

まず、投資家の行動には、ファンダメンタル価格を重視する「企業」と、投機価格を重視する「投機」の二種類がある。もしも証券の流動性を禁じてよいのであれば、「企業」だけが行われるようになり、株式市場は安定し、経済の効率性は改善されるだろう。しかし、リスクを回避したいという投資家の要求を満たすためには、流動性は不可欠である（以上第一節）。

その流動性を支えているのが、気配価格の周期的公表、市場の厚み、取引費用の低さ、情報の規格化といった人工的・制度的な要素である。ここ数年の制度的改編によって市場の組織化が進み、流動性は高まった（以上第二節）。

流動性が確保されるとき、「投機」が合理的な行動となり、「企業」を支配することになる。しかし流動性を享受するのは個別の投資家であって、市場全体としては証券を手放すことはできない。この「流動性のパラドクス」には、資本の固定化を求める資本所有者（企業）と、流動化を求める投資家（投機）との間の利害対立が表されている。流動性の高まりの背後には、「投機」を優位に立たせるような社会的力関係の変化があった（以上第三節）。

このようにして「投機」が「企業」を支配するようになったため、投資家は流動性による利益を享受したものの、経済の効率性を高める株式市場の機能は損なわれた（以上第四節）。

利益を上げられる企業を設立するためには、一定規模の資本が必要である。ところが、資本の規模が大きくなってくると、一個人（または一家族）の力では資金調達ができなくなってくる。そこで、株式会社が役割を果たすようになるのである。資本規模が大きければ、資本所有権を分割して、所有者同士が連携をとるようにすればよい。そのような工夫はずっと昔からなされていたが、先進資本主義のニーズに合っていたのは、「物的会社（＝株式会社。人的会社（＝合名会社・合資会社）の対立語）に対する権利」について法的なルールを定めるという方法であった。こうして、現代の企業所有は、株式の権利という形態をとることになったのである。

株式に証されているのは、会社設立または増資の際に自己資本の形成に寄与した、という事実である。つまり、株式は所有証券であり、株主は出資割合に応じて会社を所有することになる。また、株式はその所有者に二つの重要な権利、すなわち、収益権と経営管理権を授ける。前者は、配当金（利益のうち、企業に再投資されない部分）の受け取りを通じて行使され、後者は、株主総会の議決権によって行使される。どちらの権利も持ち株数に応じて行使される。

資本所有を編成する一般的な諸原理は、以上のような一連の法的枠組みによって定義されている。しかし、これらの原理が実際に適用されるときの経済や法の構造は、多様なものでありうる。[1] 国際比較をしたり、一国の歴史的変遷を考察してみれば、そのことはすぐに確認できると思う。さて、経済や法の構造の多様性を規定する要因にも様々なものがあるが、その中でも重要なのが、「所有の管理・移転のプロセスにおいて、市場メカニズムが果たす役割が大きいか小さいか」ということである。この点に着目するなら、市場メカニズムの役割が副次的であるドイツ・日本と、その役割が中心的であるアメリカ・イギリスとの間には、顕著な差異を見いだすことができる。(2) 現在は、どの国でも規制緩和やグローバリゼーションの動きが市場的金融を後押ししつつあり、国による差異は小さくなる傾向にある。ただし、差異が完全になくなったわけではない。はたして、現代資本主義を根底的に変容させつつあるこのような動きは、有益なものなのであろうか？　株式市場は、効率的な資本配分を保証するのであろうか？　（ちなみに、市場価格を自由な変動に委ねておくことと、所有権の移転を需給法則に従わせることとは別のことである）。以上の問いに答えるためには、株式の評価が資本所有の編成・管理の原理として適切であるのかどうか、ということを吟味しなければならない。

問題を解きほぐすために、本章ではまず、「企業」と「投機」という株式評価の二つの形態を対置することにしたい〔第一節〕。二つの形態は、対照をなす二つの現実、すなわち物的資本の固定性と市場の流動性を表現するものである。このうち流動性を中心に論じたのが、本章の第二節である。第三節では、考察から得られた結論をまとめながら、われわれの中心論点が証券の二元性にあることを強調する。従来のアプローチはこの論点を軽視してきた。われわれの議論で示されるのは、市場の流動性が十分に確保されているときに限って、「投機」が「企業」を凌駕する傾向が見られるということである。第四節では、本章全体の結論が述べられる。

一　株式評価の二元性——企業と投機

ファンダメンタル価格

株式〔以下では単に「株」と呼ぶこともある〕を所有すれば、金銭収益を受け取る権利が得られる。このようにもっぱら収益の観点だけから株を眺めるとき、自明なことであるが、「株を所有する」ことは「将来配当フローを所有する」ことと同じ意味をもつ。そして、株の所有がこのような意味をもつことに着目することによって、われわれは次のような単純な評価原理を得ることができる。すなわち、株の価値を知るには、その株が将来の年月にわたって受け取らせてくれる配当を合計すればよい。ただし、計算を正しく行うために、n年後に獲得される一フランが今日の一フランにではなく、$(1+r)^n$で割った一フラン〔ここで、現在割引率rは当該時点の金利とする〕に等しいことを考慮しなければならない。このような原理に基づいて得られる評価を、われわれは「ファンダメンタル価格」と呼ぶことにする。

ファンダメンタル価格を計算するには、第一に、分配されるであろう将来配当を予測すること、第二に、予想配当を現在価値化する〔現在の価値に換算する〕のに必要な、その時点の金利を観察することが必要である[3]。それに加えて、通常は、企業の存続期間〔無限なのか、有限なのか〕についての補助的な仮説が立てられる。そうすると、互いによく似た二つの公式が得られることとなる。企業が無限に存続することを仮定した第一の公式においては、ファンダメンタル価格は、割引された配当の無限流列〔毎期の数字を並べたものを「流列」と言う〕を現在価値に直したものに等しくなる。企業が一定期間しか存続しない第二の公式では、現在価値化された配当流列は営業終了時までしか考慮されず、あとは、それに営業終了時の企業の残余価値〔債権者が債権を回収した後に残る企業資産の価値〕（これも現在価値に直される）を加えることになる。以上のことから得られるのが、次の（1）と（2）の公式である。

$$VF = \frac{d_1^{(a)}}{(1+r)} + \frac{d_2^{(a)}}{(1+r)^2} + \cdots\cdots \frac{d_n^{(a)}}{(1+r)^n} + \cdots\cdots \qquad (1)$$

$$VF = \frac{d_1^{(a)}}{(1+r)} + \frac{d_2^{(a)}}{(1+r)^2} + \cdots\cdots \frac{d_n^{(a)}}{(1+r)^n} + \frac{V_n^{(a)}}{(1+r)^n} \qquad (2)$$

記号の意味は次の通りである。VFはファンダメンタル価格、$(d_1, d_2, \cdots, d_n, \cdots)$は配当列、$Vn$は解散時企業の残余価値、rは現在割引率である。一定の変数（すなわち、配当と残余価値）が観察値でなく予想値であることを強調するため、(a)を付け加えてある。

言うまでもないことだが、実際に上の公式で計算を行うのは、あまり容易ではないのである。配当を複数年にわたって予想する必要があるけれども、短期的な配当予想を立てることさえ容易ではないのである。計算の難しさについては、いくつか理由を挙げることができる。まず、配当が利益の一部でしかなく、利益に対する配当の割合〔利益分配率〕は必ずしも一定ではないという事実がある。利益分配率は企業の戦略的な選択によって決まるのであり、何年かたてばその選択は修正されるのである。次に、利益それ自体がかなり不確実なものであるという事実がある。利益が多くのパラメーター（部門に関連したパラメーターとマクロ経済のパラメーター、景気のパラメーターと構造的パラメーター）に左右されることは、損益対照表——アングロ＝サクソンの人々は巧みにこれを「決算（ボトム・ライン）」と言い表している――を見れば一目瞭然である。たとえば、実現価格や売上高といった市場動向の変化は、どんな小さなものであれ、利益の数字に影響を与える。利益は経済のパラメーターに対してきわめて感応的なのであり、その分、利益の予測には危険がともなう。

金融の解説書には必ず（1）と（2）の式が載っているが、（いま述べたように）それを適用するのはかなり難しいことである。ピエール・バレーは、この公式に関説しつつ、次のように述べている。「この問題に寄せられたコメントはほぼすべて、この上ない厳密さと、したがって科学的装いをまとった定義から出発している。しかし不幸にも、用いられている言語、扱われている市場のいかんを問わず、そのような定義からは、ほとんど実用的な結論を引き出すことができない[4]」。

しかし、このような実際上の困難があるからといって、計算式がとらえようとしているものの妥当性まで否定する必要はないであろう。ファンダメンタル価格は、資本主義的生産の本質的な次元を、すなわち、「資本とは、時間経過の中で価値を増殖させるプロセスである」という事実をよく表現している。資本の価値とは、まさに、利潤を生み出す能力なのである。ファンダメンタル価格が言おうとしているのは、そうしたことなのだ。ファンダメンタル価格においては、資本家の第一の関心が将来利益にあるということが、明確に示されているのである。この評価原理がどんな特殊性と妥当性をもっているかを知るためには、企業が保有する生産財の評価のみによる資本評価（「時価評価額」と呼ばれる）と比較してみればよい。二つの評価を比較することは興味深いものがある。どちらか一方が他方よりも劣っているというよりも、両者は、二つの異なった戦略的態度を反映している。

まず、時価評価額は、マルクスが「死んだ資本」と呼んだものを尺度する。時価評価額を知るためには、バランスシート〔貸借対照表〕を検討することによって、固定資産の価値を評価すればよい。この評価は、〔企業資産の〕「切り売り」が行われたときに得られる評価、つまり、企業が分割されてその資産をバラバラに売却したときに得られる評価にちょうど対応している。これに対して、ファンダメンタル価格においては、全く別のものが尺度される。そこでは、「資本のパワー」と呼ばれるもの、すなわち、利潤を生み出し、死んだ不活性の価値〔設備財〕を新しい価値〔利潤〕に変換する能力が評価されているのだ。ファンダメンタル価格には、企業を担いその採算に配慮する資本主義的企業家の観点が表現されている。企業家の目的からすれば、バランスシート評価は不明確なデータしか与えてくれない。そのようなデータには興味がもたれるけれども、慎重な取り扱い、解釈が要求される。というのも、尺度されるべき対象は、設備財の価格や減価償却率ではなく、設備財が効率的で競争力のある集団組織に組み込まれる可能性であるからだ。企業の競争力というのは総合的な与件なのであり、バランスシートだけから把握できるものではないのである。

一般的に言えば、企業が利潤を生み出す〔利益を上げる〕能力は、非常に多くの変数――競争相手企業の戦略、技術革新、消費者の選好、必要資源の価格、賃金水準――に左右される。このような複雑さが市場経済と不可分であることを、われわれはよく理解しなければならない。なぜなら、市場経済の進化は、総じて分権的になされる多数の個人的意思決定の所産だからである。そこから、強い不確実性、そして将来の動態に関する極端な不透明性が帰結する。しかし、はっきりしているのは、資本主義がこの不透明性に立ち向かい、それを低下させるよう努めねばならないということだ。とくにそのような必要が強く感じられるのは、〔企業家が〕投資を決意するときである。投資の決意には、企業の将来を強く拘束する戦略的意思決定が含まれている。つまり、どの部門に、どれだけの規模で、どんなテクノロジーを用いて投資するかを決定しなければならない。ケインズが述べているように、「われわれの将来を蔽い隠している時間と無知の暗い圧力を打ち破ること」(5)が要求されるのである。よって、ファンダメンタル価格の計算が難しいのは、人為的な原因によるものではない。たまたま公式に欠陥があったから計算が難しい、ということではない。逆である。資本が将来を見通そうとするときに突き当たる現実の障害を〔公式が〕忠実に表現しているから、計算が難しいのだ。資本主義が効率的かどうかは、ひとえに、この困難を克服して商品経済の不確実性を低下させる能力にかかっていると言ってよい。資本主義にとって死活の問題は、不生産的な（すなわち、消費者の欲望に適合していない）プロジェクトに資本を投じてしまわないよう、将来の変化を正しく予想できるかどうかにある。言い換えれば、ファンダメンタル価格にのしかかる不確実性は、資本主義の客観的与件、すなわち、資本主義が直面せざるをえない争い難い事実なのである。

ファンダメンタル価格を評価するという行為は、企業家がもつ本質的な欲求に対応したものである。というのも、投資選択を行うときに究極的な拠り所となるのは、「様々な投資戦略の収益性を算定・比較した上で、最も収益性の高い戦略を選んだ」という事実だからである。そして、その際に複雑な分析が必要になることは、商品生産の特徴である情報不足――われわれが商品生産の根本的に不確実、不透明な性格と呼んだもの――の存在を示唆するものである。しかし、情報不足という理由から、直ちに商品生産の正統性〔公的主体・社会制度の存在や行動が社会的規範に合致していると認められること〕が低下するわけではない。むしろ、情報不足という重荷を引き受けてくれるものがあれば、資本の効率的配分が実現され、商品社会は過剰なまでの効率性を手に入れることができるのである。

一般に普及している見方によれば、そのような任務〔情報不足の克服〕を担うのが株式市場である。株式市場の社会的有用性はそこにあるとされている。情報を集中し、解釈し、ファンダメンタル価格について適切な推定を行う集合的行為者、それが株式市場だというわけだ。さらにそこから先へ議論を進めようとするのが、効率性の仮説である。この仮説によれば、株式市場は利用可能な情報を織り込むことによって、考えられる限りで最良の〔ファンダメンタル価格の〕推定を行うのだとされる。このような考え方からすれば、不確実性に支配された商品世界においては、金融市場が行う情報収集・予測・計算の活動が極めて重要な意義をもつことになる。金融市場のおかげで、「時間の圧力と将来についてのわれわれの無知の圧力を打破する」(6)ことができるようになるはずである。

後で、われわれは以上のような考え方を明確に批判するつもりである。しかし、ここではひとまず、そのような考え方がそれなりに首尾一貫したものであるということを分析しておきたい。投資家の行動と、市場メカニズムの役割という二つの主要論点を取り上げてみよう。

まず、右の考え方によれば、投資家がもっぱら注意を向けるのは、企業の長期的な収益力であるとされる。このとき投資家は、広い範囲にわたる第一次的なパラメーターの集合——生産組織、経営、競争環境、需要動向、技術進歩の予想、マクロ経済的景気状態——を考慮にのぼらせることとなる。これらのパラメーターは経済の「基礎的条件(ファンダメンタルズ)」と呼ばれるものであり、経済の諸条件はこれらパラメーターを決定することを通じてファンダメンタル価格を左右することになる。ちなみにワルラス理論においては、パラメーターは三つのカテゴリー(テクノロジー、利用可能な資源、消費者の嗜好)に分類されている。投資家は各自で、以上のような基礎的条件を考慮しながら、当該企業のファンダメンタル価格を推定していくのである。[7] その推定は、各投資家が経済の将来進化をどう予想するかにかかっているという意味で、主観的なものである。しかし、推定によって測ろうとしているものは、市場の変動から独立した客観的な大きさである。つまり、市場参加者は市場についてではなく、実体経済について予想を立てるのである。よって、投資家の株式投資戦略は次のようなものになる。すなわち、自ら計算したファンダメンタル価格よりも相場が高ければ売り、逆ならば買いである。この戦略を「ファンダメンタル戦略」、それに従う投資家を「ファンダメンタル主義者」と呼ぶことにしよう。

次に、このときの株式市場のイメージは、普通の市場とよく似たものになる。ほかの市場においては、市場参加者は、通常、「交易可能財に固有な効用」という客観的条件を考慮して決定を行っている。表示価格が上昇するときに需要が減少するのは、商品の効用が変化するためではなく、同種の効用をもった代替品が相対的に安くなるためである。これと同じことは株式市場でも見られる、というのがファンダメンタル主義者の見方である。つまり、相場が上昇すると、市場参加者は別の銘柄を選好するようになり、その結果、需要は減少するというわけだ。こうした市場の属性（価格が上昇するとき、需要は減少する）は、従来「ワルラス的」と形容されてきたものであり、われわれはこれをとくに「需給法則」と呼ぶことにする。「需給法則」が重要なのは、それが市場の安定性をもたらすとされるからである。ファンダメンタル主義者の見方を前提にすれば、市場の安定化メカニズムを描き出すことは容易である。すなわち、実際の価格がファンダメンタル価格を上回るや否や、売りに向かう動きが発生し、価格は自動的にファンダメンタル価格に戻っていく。価格がファンダメンタル価格を下回るときにも、同様のことが起きる。もしも、観察される相場がファンダメンタル価格から持続的に乖離していれば、それはいわゆる「投機バブル」である。

このように、ファンダメンタル主義者が行う分析には、それなりの首尾一貫性がある。そこで想定される投資家は、独立に行動し、情報を利用して最良のファンダメンタル価格を推定することに努め、そして、市場が提示する価格に従ってポートフォリオの構造を決定している。こうした投資家たちが重視するのは、ほかの市場参加者の行動ではなく、経済の基礎的条件である。投資家たちが予想形成の根拠にしているのは、市場の外にある現実、すなわち投資の実質的な収益性なのである。またその際、需給法則によって価格修正のプロセスは安定的であり、したがって、価格は必ずファンダメンタル価格を中心に揺れ動くとも考えられている。

注意すべきは、商品の市場でさえ常にこのような仕方で機能するとは限らないことである。いわゆる「流行品」が売買される市場を考えてみれば、この点はよくわかる。流行品の場合、効用は、もはや客観的なすなわち市場に外的な与件だとは言えない。なぜなら、流行品の効用は、ほかの消費者の行動に左右されるからである。実際、流行品は、買う人が増えれば増えるほど欲しがられるようになる。そこでは、需給法則が必ずしも成り立たなくなってくる。価格が上昇したときであれば、「買う人が多いから価格が上がったのだろう」と皆が考えるので、かえって需要が増加してしまうかもしれない。つまり、価格の上昇は、製品の望ましさを高める効果をもつことになる。したがって、流行品のような市場においては、ワルラス的な安定性は必ずしも見いだされない。均衡価格を小さなショックが襲っただけでも、需要増加と価格上昇が互いに規定し合うことによって、累積過程が始まってしまうかもしれないのだ。

このタイプの市場が普通の市場と状況を異にしているのは、どのような点においてであろうか？　後者の場合、取引品目の品質は、市場で生起する事象から独立に決定されている。これに対して前者の場合、取引や価格によって、品質そのものが変わってしまう。たとえば、価格が上昇したとき、「商品の品質が向上したのだろう」という推測から、かえって需要は増加することがある。これは、後者の市場には見られない状況である。品質が製品固有の属性によってではなく、取引従事者の行動によって決まるとき、市場はワルラス的な安定性をもたなくなり、上昇(または下落)の累積過程が発生する。つまり、価格の上昇(または下落)によって品質が変わり、製品がより望ましい(または望ましくない)ものになるために、価格の上昇(または下落)が自己強化的に進行するのである。逆に言えば、市場がワルラス的な特徴をもつためには、商品の品質が、主体の行動から独立の与件になっていなければならない。

金融についてのファンダメンタル主義者の見方に同意できるとすれば、それは、株の「品質」が一定の条件を満たしている場合に限られる。その条件とは、株の品質がファンダメンタル価格(経済の基礎的条件にのみ左右されるところの)によって決定される、ということである。逆に、もしも株式銘柄の品質が価格によって決まるのであれば、ファンダメンタル主義者の仮説は根本的に修正しないといけなくなる。その場合、株価はアプリオリな与件ではなくなり、金融共同体が示す判断に大きく左右されるようになる。よって、株価についての根本的に新しい見方を構築しなければならなくなるのである。また、市場の安定性についても、先に挙げたような諸属性は妥当しなくなる可能性が大である。

投機価格

金融市場を観察すると、ファンダメンタル価格のほかに、もう一つ評価形態があることに気づく。われわれはそれを「投機価格」と呼ぶことにしたい。投機価格においては、価格の変化が金融的収益〔後述の総利回りのこと〕に与えるインパクトが考慮される。

t時点に、投資家が株をp_tフランの値で買ったとしよう。$(t+1)$時点に、この投資家はどれだけ価値を増やすことができるだろうか？　付け加わる価値には、配当金d_tと、値動きによる資本利得《キャピタル・ゲイン》（ないし資本損失《キャピタル・ロス》）の二種類がある。投資の総利回りはこの二つの変数によって決まる。単純化のために、t時点において投資家は、将来価格がどうなるかわからないが、分配されるであろう配当額は知っているものとしよう。その場合、投資家は、（3）式に従って、予想利回り$R_t^{(a)}$を計算することができる。二つの項の和からなる（3）式は、次のように、分配配当に予想値上がり益（差益）を加え、投資額p_tフランで割ったものになる。

$$R_t^{(a)} = \frac{d_t}{p_t} + \frac{p_{t+1}^{(a)} - p_t}{p_t} \qquad (3)$$

投資家は、価格が上昇するか下落するかによって、差益を得たり差損を被ったりする。短期的には、総利回りに対する差益または差損の寄与は、配当の寄与を大きく上回る。だから、短期的な利回り最大化を追求する人は、予想される相場の動きに対して非常に敏感なのである。（3）式に示されているのは、まさにそういうことだ。なぜなら、この式による計算は、次期価格の予想$R_{t+1}^{(a)}$によって大きく変わってくるからである。

こうした投資家の行動を前提とするとき、株式銘柄の評価はどのようなものになるだろうか？　投資家がリスクに対して中立的であり、株と（金利rをもたらす）安全資産〔国債のように、信用リスクがない資産〕との間で裁定を行うとすれば、ｔ時点の価格は次のようになる。

$$p_t = \frac{p^{(a)}_{t+1}}{(1+r)} + \frac{d_t}{(1+r)} \qquad (4)$$

利回りの計算に基づくこの評価式は、将来時点の予想価格に左右される点に、その本質的な特徴がある。つまり、ファンダメンタル価格のときのように、配当のみで評価がなされるのではない。そして、この（4）式で評価された価格が「投機価格」にほかならない。また、金融的収益性を最大化することを目的にする投資家を、われわれは「投機家」と呼ぶことにする。

「ファンダメンタル価格」と「投機価格」の対立は、生み出される推定結果が量的に違う(8)という点よりむしろ、認知的態度の取り方が質的に異なっている点にある。ファンダメンタル主義者の態度が外向的であるとすれば、投機家の態度は内向的である。つまり、ファンダメンタル主義者は実体経済を探索しようとするのに対して、投機家は市場そのものに注意を向けている。投機家にとって重要なのは、「明日はどのような値動きがあるか？」ということだ。よって市場の信念《クロワイアンス》が重視される。これに対して、ファンダメンタル主義者が把握しようとするのは、実体経済の動向を見極めるのに役立つ基礎的条件である。

このように株式の評価は二元的になされているのであり、この「評価の二元性」という論点が、われわれの分析においては重要な位置を占めることになる。しかし、議論を進める前に、ここではまず、否定し難い一つの経験的事実をつかんでおきたい。その事実とは、市場を観察すれば、市場に二つの観点が同時存在することは一目瞭然だということである。この点を確認した後に、評価の二元性は株式市場の本質的二元性を意味している、ということを論じていくことにする。

すでにケインズが、評価の二元性を中心論点に据えて株式市場の分析を行っている。われわれの関心から、ここでその内容を振り返っておくことにしよう。ケインズは、『一般理論』の第一二章において株式市場を論じ、その中で、「投機」と「企業」という二つの行動をタイプ分けしている。ケインズは、「投機という言葉を市場の心理を予測する活動に当て、企業という言葉を資産の全存続期間にわたる予想収益を予測する活動に当てる」[9]よう提案している。ここで言われているのは、まさにわれわれの二つの評価、すなわち投機価格（(4)式）とファンダメンタル価格（(1)式）にほかならない。とくに興味深いのは、「資産の全存続期間にわたる予想収益」を計算する活動を指すのに、「企業」という用語が用いられている点である。ここで論じられているのは、もっぱら株式市場における戦略、すなわち、金融市場に特有な投資行動であるはずである。とすれば、企業家の経営活動をイメージさせる「企業」という用語は、誤解を与えかねないものである。しかし、われわれの分析に照らしてみれば、この用語選択は十分に妥当だと言ってよい。すでに述べたように、株式市場の行動と企業家の行動は密接に関係している。ファンダメンタル価格において考慮されるのは、生産的収益性を追求する企業経営者の取り組みである。よって、ファンダメンタル価格は企業の現実と密接不可分なのである。これに対して、投機というのは全く別の営みである。ケインズが強調するように、投機の活動は市場に注意を向け、「市場の心理が将来の相場動向をどのように条件づけているか？」を知ろうとする。要するに、「企業」は生産資本の価値増殖の論理に適合した市場行動であるのに対して、「投機」が従おうとするのは市場の論理なのである。では、どうして〔投資行動が〕このような両義性をもつに至るのだろうか？　以下では、この点を説明しておきたい。

注意しておきたいのは、この仮想的な金融組織の下でも特定の銘柄に投資家が殺到することはあるが、ただし、そのような行動をとる投資家は一定の集団だけに限られるということである。つまり、それを目撃したほかの投資家たちを巻き込むような伝播《アントレヌマン》の効果は見られない（もっとも、買いの動きによって値が上がってしまい、投資してもつまらなくなるということはあるだろう）。とにかくにも投資家にとって重要なことは、将来配当の実現性なのである。金融的な成功のいかんは、ひとえにこの基準にかかってくる。他人がどう行動するかということは、この変数（将来配当）には全く影響を及ぼさない。この変数は、市場の外にある客観的な与件である。たとえば、多くの人がある銘柄を買い向かうとしても、それが思い違いによるのであれば、その銘柄の利回りには変化がないだろう。ここで言われているのは、「銘柄の品質（すなわち企業の収益性）は、投資家の行動から独立である」ということ、すなわち、ファンダメンタル主義者の見方の核心である。このとき、銘柄の品質は実証的に把握できるものとなる。

　株式市場における行動の両義性を把握するために、ここでは、次のような金融組織を仮定することにする。すなわち、この金融組織においては、いったん取得された所有証券（株式のこと）は二度と売ることができないものとするのである。この条件の下では（4）式は使えない。なぜなら、株を取引する市場がないので、株の所有者にとって株はもはや利益獲得（企業によって分配される配当のこと）の源泉でしかないからだ。すべての銘柄が安定所有されていて売買はなされないのだから、企業の業績だけを考慮すればよいことになる。高い利益を上げている企業の銘柄に投資すれば、高い利回りを実現することができよう。逆の場合には、投資利回りは低下し、ゼロになることもあるだろう。このような金融組織の下では、利回りを確保できるかどうかは、将来配当を正しく予想する投資家の能力次第ということになる。したがって、たとえばF社株とG社株の二つの投資を比較するには、両者のファンダメンタル価格だけを比較すればよい。

重要な情報はすべてファンダメンタル価格の水準に織り込まれているのだから、ファンダメンタル価格だけを知っていればよいのである。この金融組織の下では利得の源泉は配当しかないので、取引主体は将来配当についての良質な予想を立てるよう促されるだろう。よって、「投機」の活動は消滅して、「企業」の活動だけが行われるようになる。

付け加えておきたいのは、殺到する買いの動きを見た人が、「買い手は投資の利回りについて隠れた情報をもっているのではないか?」と考えるかもしれないということである。その限りでの間接的な影響は存在するであろう。なぜなら、「買い手たちは信頼できる情報を入手できたのだろう」と考える投資家が、自らの評価を修正するかもしれないからである。このような現象を、われわれは「情報の影響」と呼ぶ。

以上のことから、ここでの仮想的な金融組織の下で高い利得を追求するためには、次のようにすればよいことがわかる。すなわち、一方では、企業のファンダメンタル価格をできるだけ正確に予想すればよいし、他方では、ほとんど情報をもたない、または無知な投資家の行動を気にかけないようにすればよい。ここでの制度的な枠組みの下では、そのような形で「合理性」が行使されることになる。われわれは、これを「ファンダメンタル主義的な合理性」と呼ぶことにしたい。ここで強調しておきたいのは、将来配当をうまく予想するよう〔投資家に〕促すことが、経済全体の生産性に好影響を与えるということである。つまり、新規の生産的投資を基幹的な産業部門へと効率的に振り向けることが可能になるのである。ここに見いだされるのは、資本主義の本質的な要求をうまく満たすような構造である。バラバラの個人が最良の情報を利用しながら、めいめいファンダメンタル価格を計算することによって、経済発展に必要なシグナルが与えられ、経済全体の効率性が改善されていくのである。

このような効率性が得られるのは、なぜなのだろうか？　その理由を説明することは難しくない。仮定されている金融組織においては、証券〔株〕の譲渡が完全に禁じられているので、投資家と企業家は同一の存在となり、「投機」という考えは思いつきもしなくなる。またこの場合、証券の所有は完全に固定されているので、証券は自らが代表している物的資本と一体化しており、独立した存在形態をとることができない。要するに、この金融組織においては、証券の流動性が完全に否定されているのである。逆に言えば、金融を自律的な活動にするもの、それが証券流動性である。証券流動性が存在するときには、株式相場はファンダメンタル価格から乖離する。そして、流動性がなぜ求められるのかと言えば、それは、債権者の意志、すなわち、「物的資本が価値増殖過程に課している制約から免れよう」という債権者の意志によるのである。この意志から、ファンダメンタル主義的合理性とは別の特殊な合理性の形態〔後述〕が派生し、さらにそれが投機発生の基礎になっていくこととなる。したがって、投機は、封じ込めるべき偶発的事件などではなく、流動性の最も純粋な表現形態なのである。そして、金融共同体は、投機という形で、集団としての自らの自律性と「力への意志」――すなわち、自分自身の価値に合致するように生産過程を形成する能力――を主張している。金融共同体の目的が、信頼できるファンダメンタル価格を推定することにあるのだとすれば、証券の譲渡は無条件に禁じなければなるまい。しかし状況はそれを許さない。投資家は、何よりもまず流動性を要求している。市場は流動性を生み出すようにまず求められるのであって、株式評価の妥当性は副次的な目的にすぎない。これはわれわれの重要な仮説であり、以下ではその分析を行うことにしたい。明らかにしたいのは、投資家にとって流動性がどれほどの重要性をもつかということである。

二　市場の流動性

流動性の決定要因

上記の仮想的な金融組織においては、株の所有が固定されていた。この「証券の固定化」は、投資家に対して非常に強い制約を課すことになる。投資家の貯蓄が完全に凍結されてしまうからだ。どれほど制約が強いかを推し測るには、不測の困難に対処せねばならないときに投資家が追い込まれる微妙な状況を考えてみればよい。投資家は、突然の流動性要求〔債務支払いのための貨幣が必要になること〕に直面するとき、金融資産をもっていても、破産に追い込まれることがある。ポートフォリオを迅速に売却できなければ、自分の債務を履行できないからである。結局のところ、このような制約は、投資性向の大幅な低下をもたらすだろう。よって、ここで仮定されている金融組織は非常に有害な影響を及ぼしていると言える。この状況の下でもなお金融的投資を行える人がいるとすれば、それは、十分な資源と流動性を個人的に処分できる人に限られてくる。そういう人だけが、過度のリスクを引き受けることなしに、不測の事態に対処できるのである。ただし、いずれにしても、〔全体としては〕金融的貯蓄は著しく阻害されるだろう。

このような困難を克服し投資を容易なものにするには、金融的投資を流動的すなわち譲渡可能なものにしなければならない。われわれの議論全体の中で、これは非常に大切な論点である。要求されているのは、将来配当についての個人的な賭けにすぎないものを、即座に流動化できる資産へと変換することである。そのためには、個人的・主観的な評価を、誰にでも受容される価格へと変換しなければならない。つまり、流動性が生み出されるには、まず基準評価が形成され、銘柄の取引可能価格がすべての資産家に告げ知らされなくてはならない。そして、基準評価が形成されるには、市場という社会構造の働きが必要である。金融市場の働きは、投資家たちの個人的意見を突き合わせ、集団的意見へと組織化することにある。この集団的意見が基準評価の役割を果たすことになる。よって、株式相場とは、金融共同体のコンセンサス（合意）をまとめ上げた一種の協定であると言ってよい。また相場は、公に告げ知らされることによって、基準《ノルム》の地位を占めるようになる。なぜなら、相場とは、当該の銘柄を当該の時点で売買することを市場が受け入れている価格だからである。そして、以上のようにして証券の流動性は確保される。金融市場は、集団的意見を参照基準《ノルム》として提示することによって、金融共同体が満場一致で認める株式評価を形成するのである。[10]

ここで強調しておきたいのは、ファンダメンタル価格とは違って、流動性は証券の固有属性ではないということである。流動性は、制度的な創発《アンヴァンシオン》――この場合は組織的金融市場――によって生み出されたものなのである。この点は、われわれの分析の中心論点である。流動性は、純粋に人工的な現象、すなわち逸脱《トランスグレシオン》なのだ。金融市場は、もっぱら自らが推進するルール〔後述〕の働きによって、証券を流動的なものにしてしまう。それに対して、相場を付けられる当の資本には、「流動的なもの」は何もない。所有証券は売買されても、資本の方は位置を変えないのである。提示される価格は、所与の時点で取りまとめられた一時的協定としての実在性以外、どんな実在性ももっていない。株価は集団的意見なのであり、もっぱらそのようなものとして分析されねばならない。つまり、流動性の基礎にあるのは、もっぱら金融共同体の意志の働きだけである。どういう意志かと言えば、それは、不確実な所得をめぐる個人的な賭けを、即座に処分できる価値に変換することを目的として、金融共同体が市場の中で自己組織化しようとする意志にほかならない。そこに反映されているのは、個人的なリスクを制限しようという強い要求である。証券が譲渡可能になれば、投資につきまとうリスクは軽減されるだろう。なぜなら、必要だと判断されるとき、即座に証券を手放すことが可能になるからだ。この可能性は、投資家の神経（それに収益）を落ち着かせる効果をもつ。その結果、経済全体としては貯蓄が促される。

　しかし、この構造がもつ人工的性質はすでに明白である。いかに証券が流動的であろうとも、生産資本は常に固定されたままである。個人は、あまり競争力がないと判断した企業の株を手放すことができるけれども、市場全体としてはそのようなことはできない。全体としての市場には、一つの株式銘柄を手放してしまうことはできないのである。[11] 一人が証券を売るためには、ほかの人が買うことを申し出なければならない。市場で評価される資本（生産資本の形態をとっている）が一定であるのと同じように、買いが入ろうと売りが入ろうと、証券の数量もまた一定であり続ける。これをわれわれは、流動性のパラドクス〔逆説〕と呼ぶことにしよう。なぜそう呼ぶのかと言えば、それは、流動性の選好が矛盾した欲望であるから、すなわち全員によって同時に追求されるや否や破壊されざるをえないものだからである。こうして、流動性は、個人的な合理性と集団的な合理性との間に距離を生じさせるのである。

　以上の分析を踏まえるとき、われわれは、市場を組織（すなわち、流動性を生み出す諸ルールの総体）として把握するよう迫られる。その際大いに頼りになるのが、金融構造について、そして金融構造が株価に与える影響についての経済学的研究である。[12] ここでは、そうした研究を参考にしながら、諸ルールの総体とその機能を正確に説明しておくことにしたい。市場が成立するためには、制度的な規定《コード》によって、市場参加者、参加者各々の責任、参加の明確な様式、がきちんと特定されていなければならない。条文化《コード》の内容としては、気配価格〔現在の相場を示すために公表される価格〕が出される周期、気配停止の手続き、注文者確認に関する情報の透明性、インサイダー犯罪の防止、相場形成のルール、そして持続的均衡の〔価格・数量に関する〕諸特性がある。こうした制度的な構築物は複雑なものである。どれほど複雑なものかイメージしてもらうために、二つだけ例を挙げておくことにしよう。

第一の例は、均衡価格の決定ルールに関するものである。このルールは常に複雑なものにならざるをえない。なぜなら、非常に広範な可能性のすべてに対して、明確で一義的な反応が定められねばならないからである。ジャック・アモンは、この問題を扱った著書の中で、パリ市場で使用されている決定ルールに言及している。そのルールは、九つのルールを要素にもつアルゴリズムによって示されているとのことだ。(13) ここではその詳細には立ち入らない。ここで注目しておきたいのは、各時点の市場において決定されているのが、単一の価格ではなく値幅なのだという点である。値幅においては、所与の時点で取引される可能性のある最良の値が示される。たとえば、八五―九〇という値幅は、最も気前のよい買い手が買う用意のある最高価格〔買い呼値《ビッド》〕が八五、最も要求の少ない売り手が取引する用意のある最低価格〔売り呼値《アスク》〕は九〇だということを意味している。気配価格の提示が値幅のどちらの数字になっているかによって、取引が売り手側からなされるか、買い手側からなされるかが決まってくる。値幅が拡大すると、当該の株における出入りの費用は高くなる。なぜなら、最良の売り手から九〇で買って、最良の買い手に八五で売り戻すことになるからだ。理論の上では単一の価格しか存在しないのに、現実の市場では、二つの価格、売り手価格と買い手価格が付けられているのである。

第二の例は、気配価格の細かさに関するものである。気配価格の細かさは、事前に特定化されていなければならないパラメーターである。現実的に考えて、小数点以下の数字があまりに多すぎる気配価格は受け入れられないだろう。では、どれくらい細かい数字まで受け入れねばならないのだろうか？　それは、慣行によって定められるべき問題である。ニューヨーク証券取引所（NYSE）では、ティック（tick）という気配価格の基本単位が用いられている。ティックの使用は次のような慣行に従っている。[14] すなわち、一ドル以上の値が付いている株の場合、ティックは一律八分の一ドルに相当する。同様にして、相場が四分の一ドル以上一ドル未満ならば一六分の一ドルに、相場が四分の一ドル未満ならば三二分の一ドルに、それぞれ相当する。この慣行は実体経済に影響を与えるものではない、と考えるのは誤りであろう。実際には、この慣行は、変動性《ボラティリティ》に対して、また取引費用の額に対して影響を与えるのである。なぜだろうか？一つの理由は、相場水準に対して概数が比例していないことである。価格が一ティック上がるとき、一ドルの値が付いている株であれば一二・五％の上昇になるが、一〇ドルの株は一・二五％しか上昇しない。もう一つの理由は、値幅が基本単位の倍数にならざるをえないために、値幅の変更と最小値が制約を受けることである。たとえば、一九八九年にアモンはこう述べている。「IBMの場合、八分の一ドルは値幅の四五％に当たり、値幅は気配価格の基本単位によって制約を受けることになる。気配価格の基本単位がもっと小さければ、提示される値幅ももっと狭くできるかもしれない。気配価格の基本単位は歴史的な変動性に影響を与えて、真の変動性を過大評価する傾向を生じさせている」[15]。そして、値幅が過大評価されれば、その分だけ取引費用も影響を被ることになる。

　以上二つの例によって、取引が組織化される様子をかなり細かく知ることができる。あらゆる状況に一義的に適用されるルールを獲得しようと望むならば、どうしても条文化《コード》の程度を考慮しないといけない。

二つの例は、条文《コード》化の程度についてのイメージを与えてくれる。肝心なのは不偏性と透明性である。この二つが確保されなければ、金融共同体において価格は正統性と信頼性を獲得できないだろう。様々な投資家カテゴリーの間の厳格な公平性を維持することは、絶対的優先事項の一つである。ここでは、ルールの詳細に立ち入ることはしない。それは、本書の枠を外れることである。しかし、われわれの分析視野を明確にするために、いくつかの論点については強調しておこうと思う。はじめに注意しておきたいのは、ここまでの分析では、大雑把に「譲渡性」ないし「流動性」と呼んできた現実、すなわち「株を自由に売買できること」に話を限定してきたということである。しかし、現実に近づこうとするとき、話はもっと複雑になってくる。

実際、株の自由な売買には、多次元的な現実が関与してくる。たとえば、考慮しなければならないパラメーターには、上述したような取引費用の大きさや情報の透明性のほかに、気配価格が出される周期も含まれるだろう。このような現実を理解するためには、「投資家が迅速にかつ過度の費用なしにポートフォリオを組み替えられること」が根本的な要求であるということを、改めて確認しておく必要がある。そこにわれわれの理論的出発点がある。この観点から見れば、基準価格（または基準値幅）が制度的に設定されることは、条件の一部をなすにすぎないことになる。投資家にとって重要なのは、実際に彼が取引できる価格、そして取引を実行するために負担しなければならない時間的・金銭的費用である。流動性の概念は、このようなことまでを含んでいる。

まず、公表される価格（あるいは値幅）が実際に取引できる価格であるかどうかは、市場が過度な価格変化を伴わずに大口の注文を吸収できるかどうかに決定的に依存している。市場が感応的すぎれば、投資家はt時点の価格がPであったことを確認できたのに、(t+ε)時点ではPよりずっと低い(P—δ)でしか売ることができなくなってしまう。t時点から(t+ε)時点の間に、市場の取引価格が感応性を示したからである。このことからわかるのは、一定の条件の下では価格Pが基準としての意味を低下させる、ということである。つまり、投資家にとっては、価格Pは、実際に取引できる価格を非常に不完全にしか表していない。一般に、「大幅な価格のシフトをともなわずに大口の注文を吸収する市場の特殊な能力」は、厚みと呼ばれている。市場の厚みが増せば増すほど、公表価格は、現実に取引がなされるときの価格をよく表すようになる。よって、厚みは、市場の流動性を判断する際の最重要パラメーターである。そのおおよその大きさを測るには、経済学者が言う「数量弾力性」を計算してみればよい。「数量弾力性」とは、取引数量の変化に対する価格変化の関係のことである。

次に、流動性を決定するほかの要因として、取引費用を挙げることができる。それは、多様な手数料、仲介費用、税、気配価格の細かさ、値幅の開きから成る。取引費用の大きさも、市場によって、そして組織ルールによって違いがある。

以下で市場の流動性について語るときには、とくに断わりがない限り、上のようなパラメーターの多次元的な総体を指すものとする[16]。要約して言えば、市場の流動性とは、即座に合理的価格で証券を売買することがどれだけ容易かを示す尺度である。あまり流動的でない市場の場合、公表される価格は、実現された直近の取引価格を示しているだけで、次の取引価格がいくらになるかを教えてはくれない。投資家にとって、そのような価格はあまり有用でない。市場が流動的でなくなったために大幅な相場シフトが生じた例としては、一九八七年十月の株式市場危機〔第二章第三節で詳述される〕が挙げられる。このときには、買い注文を出す取引相手がいなくなったために、流動性は完全に枯渇してしまった。また気配価格の公表も停止してしまった。これをわれわれは「株価大暴落《クラッシュ》」と呼ぶ。

さて、ここ数年の間に、世界の金融市場は大きな制度的変容を経験した。変革の大部分は、証券の流動性を高めることを目的としていた。目指された内容としては、市場の開放、気配価格をより頻繁にかつより長い時間にわたって出すようにすること、金融仲介機関に競争を課すことによって取引費用を低減させること、そしてそのために金融仲介機関の業務分野規制を撤廃すること、透明性・規則性・信頼性の高い情報を公表すること、零細株主の保護、を挙げることができる。その結果、まさに革命がもたらされた。その例として、一九八六年十月二十七日のロンドンにおける「ビッグ・バン」を挙げることができる。その内容は、委託売買業者（ブローカー）と反対取引業者（いわゆるジョバー）の厳格な役割分離という伝統的システムの放棄、固定委託売買手数料の廃止、電子気配価格情報システムの設置、そしてロンドン取引所会員への外部からの出資を禁じていた規則の撤廃、であった。パリ株式市場の変化（いわゆるプチ・バン）もかなり大きなものであり、同じ論理の帰結であった。内容としては、CAC（連続的気配価格情報）システムの設置、立会場の廃止（一九八七年七月十五日）、取引仲介独占の撤廃[17]、手数料の自由化、新しい金融市場（第二部市場、MATIF〔パリ国際金融先物取引所〕、MONEP〔パリ証券取引所オプション市場〕）の創設、がある。

これらの制度的変容についての詳しい分析は省くことにする。ここでは、金融システムを理解する上で流動性の概念が重要な役割を果たす、というわれわれの考えを知ってもらえればよい。大部分のアナリストは、流動性の概念を論じるための理論を展開しようとしていない。それというのも、彼らからすれば、流動性の問題は分析的視野をさほど必要としない問題、与件を記述すれば基本的に片がつく問題に見えるからである。[18] しかし、われわれはそういう見方をとらない。まず議論の出発点で、われわれは、流動性が株式の自然的属性などではけっしてなく、リスク削減という投資家特有の意志から帰結するものだ、ということを明確にした。だからこそ、株が金融共同体の中で十分な譲渡性をもつように要求されるのである。[19]次に、そのために必要なのは、主観的信念という純私的な部面から離れたところで評価が形成されることであった。すべての人に受け入れられる集権的な評価形態が存在するとき、初めて大規模な証券流通が可能になるのである。集権的な評価プロセスにおいては、金融共同体の集団的意見が基準的評価としての位置を占める。そして、組織的市場とは、価格という形態を与えることによって、集団的意見を出現させる役割を果たす制度形態のことであった。このようにして生み出される株式相場は、一定の代表的性質をもつことになる。「株式相場の代表性」とは、取引参加者が公表価格で現実に売買を行う可能性のことを言う。価格の代表性は、われわれが流動性と呼んだ非常に広範なパラメーターの総体（気配価格が出される周期、市場の厚み、取引費用、等）に依存している。

まだ挙げていなかったが、流動性のパラメーターにはほかにも重要なものがある。それは、品質の規格化である。市場が流動的であるためには、取引される商品の品質が完全に条文化《コード》され、すべての人に知られていないといけない。たとえば「魚市場」のように、著しく多様な品質（の商品）が共存している市場は、流動性が低いはずである。これは、価格を知るだけでは情報として不十分なためである。どのような品質の商品かが取引の可能性を主に左右するにもかかわらず、その品質を見極めるのが難しい。そうした状況の下では、基本的に個人的な鑑定に頼らざるをえず、その分だけ可能な取引範囲は限定されてしまう。一次産品市場の関係者がしばしば直面するのが、この困難である。それが克服されない場合、技術的知識を豊富にもつ専門家しか市場に参加できなくなってしまうのである。十分に流動的な市場が生み出されるためにはまた、取引に関係する特殊な品質——過去においては慣行的に決定されていたであろうが——を正確に定義づけることも不可欠である。たとえば、アルミニウム原料の場合、値づけされるのは特定の合金である。一次産品の中には、公認生産者のリストが特定されているものすらある。このような裁量的な規格化は、流動性を高めるための強力な手段である。取引される商品が同質的でその諸性質が定義されているので、専門家以外の者でも市場に参加できるようになるのである。極端な場合、価格を観察するだけでも市場に参加することができる。

金融市場でもまた、規格化は重要な働きをする。そこで規格化が果たす役割は、一次産品市場におけるのと同じである。金融市場の場合、商品の品質を左右する戦略変数は企業の収益性である。よって、企業の収益性を特定化するとともに、その公表を義務づけることが要求される。そうすれば、私的解釈に委ねられる領域が制限され、専門家の介入が不要になり、すべての市場参加者が情報を共有する広い公共空間が創出される。戦略的情報が広くかつ偏りなく伝達されればされるほど、「参入障壁」は低くなり、市場はより流動的になる。いまや市場は、厳密に均一な条件の下、すべての人に開かれることになる。もちろん不確実性が消滅することはないけれども、不確実性が現れる空間は明確に限定される。そのためにはまた、情報を規格化するだけでなく、その漏洩を厳しく規制することも必要である。この点で注目されるのは、情報伝達に関する禁止事項が、ドイツ・日本よりもイギリス・アメリカの方が厳しいという事実である。資本を発行しようとするイギリス・アメリカの企業は、ドイツや日本の競争相手よりも多くの情報が漏洩規制の対象になっている。

情報の規格化が最も明瞭に見いだされるのは、バランスシートと会計ルールにおいてである。どちらも、企業の健全性を判断するときに、とても重要な役割を果たす。アメリカにおいては、健全性への要求が非常に強く、バランスシートは三ヶ月ベースで公表され、決算公表が市場のフォーカル・ポイント〔皆の注意の焦点となるもの〕になっている。しかし、ここでは会計ルールについて少し述べるだけにとどめておく。ここで説明しておきたいのは、会計ルールによって厳密さが違っていることである。会計業務の裁量幅は、国によって大きく違う。この点を確かめるために、われわれは、ヨーロッパの異なる国の会計士に頼んで、同じ国際企業の会計を比較してもらったことがある。格差が最も小さかったのはイギリスであった。イギリスの会計原則に従うとき、利益には一〇一から八九までの幅があり、よって格差は一二ポイントであった。格差が最も大きかったのはドイツであった。利益は一〇五から二〇までの幅があり、よって格差は八五ポイントであった。[20] 一般に、アングロ＝サクソンの会計法は、大陸欧州で施行されているそれよりも柔軟度が低いと言える。金融グローバリゼーションを推し進めるためには、会計業務の調和が前提になる。そのためには、国が違っても信頼度が同じ情報をすべての投資家が利用できるよう、共通のルールが採用されなくてはならない。だからこそ、現在の規制緩和プロセスの中で、金融情報の伝達基準《ノルム》を規格化する動きが生じているのである。この動きは、機関株主の新たな要求への対応である。情報の通路は増える一方である。新聞発表、株主レター、株主総会、口コミ、企業グループ総会、サイト訪問。投資家の要求を満たすよう、企業は透明性の改善を迫られているのである。

　以上のように、流動性には、非常に強い統制、極めて厳しいルールが前提されている。複雑で緻密な制度的装置体系《マシヌリ》が流動性を支えている。しかし流動性には社会的費用がともなうのであり、その社会的費用というのが、ほかでもない投機なのである。

流動性と投機

流動性がなければ、投機も起きないはずだ[21]。それは明白なことである。流動性がなければ、価格変動を利用することはできないからだ。だからといって、（3）式〔三八ページの投機価格の計算式〕が意味をもたなくなるわけではない。たしかに、株の所有者がファンダメンタル価格を唯一妥当な評価とみなすのは、ごく自然なことである。株の譲渡ができない仮想的な金融組織の下では、とくにそう言えよう。そこでは「企業」の活動しか行われないからだ。しかし、より正確には次のように言わないといけない。すなわち、たとえば取引費用が高くなったために、流動性が低減し、売買の費用が高くなり、売買が困難になる。そのようなことから、投機が儲からなくなるのである。投機が利益を生むには、投機利得が取引費用を上回っていなければならない。

こうした流動性と投機の密接な関係については、ケインズも明確に視野に収めていた。当時ケインズは、投機行動を抑えるために、高い税金の賦課も含めて取引費用を引き上げるよう主張していた。ウォール街とスロッグモートン所在のロンドン株式市場を比較すると、後者においては投機がそれほど活発ではなかった。これは、ロンドンでの取引にかかる費用が大きく、重い負担となったからである。「ロンドン株式取引所がウォール街に比べて罪が軽いという事実は、国民性の相違によるよりもむしろ、スロッグモートン街が普通のイギリス人に対して、ウォール街が普通のアメリカ人に対するのに比較して、近づきにくく、きわめて金のかかるものであるという事実によるのである。ロンドン株式取引所における取引に付随するジョバーの『売買差益』、ブローカーの高い手数料、大蔵省に納める重い移転税は、市場の流動性を減少させ、ウォール街の特徴となっているような取引の大部分を取り除いている。合衆国において投機が企業に比べて優位である状態を緩和するためには、政府がすべての取引に対してかなり重い移転税を課することが、実行可能で最も役に立つ改革となるであろう」[22]。流動性を高めるために費用を減らそうとする現代の動きとは、まさに正反対の主張である。つまり、費用を引き上げることによって、長期を志向する態度、すなわちポートフォリオ中に長期間保有する目的で証券を購入する計画に優位を取り戻させようというのだ。「ケインズの提案においては」短期変動から利益を引き出そうとして短期間に何度も売買を繰り返すような戦略には、禁止的な高費用が課せられる。主にこのような考えからケインズは、次のように述べている。「現代の投資市場の光景を見て、私は時々、投資物件の購入を、あたかも結婚のように、死とかその他重大な原因による以外には解消することのできない恒久的なものにすることが、おそらく今日の害悪を救う有効な方策となるであろう、という結論に駆りやられた。なぜなら、このようにすれば、投資家は長期予想に、しかも長期予想のみに注意を向けざるをえないからである」[23]。言い換えれば、ファンダメンタル主義者と投機家の相対的比重は、市場の流動性によって決まるということである。市場の流動性が低ければ低いほど、長期的な予想が立てられるだろう、すなわち、将来配当および資本のファンダメンタル価格への関心が強まるだろう。逆に、市場の流動性が高ければ高いほど、短期間に頻繁に売買を行うことが有利になり、市場で支配的な行動になるだろう。

現代の金融において流動性の程度がどれくらいか考えるとき、アメリカにおける株式の平均保有期間が一九六〇年に七年だったのに、今日では九ヶ月になっているという事実は注目に値する。年金基金だけをとれば、それは実に七ケ月でしかない。流動性と投機が相ともなう存在であるという仮説は、いわゆる「トービン税」の根拠になっている。ジェームズ・トービンは、為替市場をより安定的なものにするために、取引税を導入して流動性を低下させるよう提案した。取引税は、純投機的な活動の比重を減らす効果をもつものとされる。

三　金融市場の二元性

流動性のパラドクス

株においては二つの異なる経済的論理が交錯しており、しかも二つの論理はどちらも同じくらいに正しい。つまり、株が根ざしている現実は常に二元的である。したがって株に対する見方も二元的なものになり、そこから株式評価の二元性が帰結する。一方のファンダメンタル価格においては、株は、固定された物的資本（時間の流れによる作用にさらされた価値）を代表＝代理するものとみなされている。他方の投機価格においては、株は、（市場の集団的判断に従属する）流動的資産とみなされている。この二つの次元（固定資本の代理としての株と、流動的資産としての株）が位相を異にした存在であることは明らかである。資本の固定性は第一次的な与件であり、この次元における資本は、ほかの何にも還元できない現実的存在であり、競争的諸力の影響を被る生産組織として現れる。それに対して流動性は、創発物（すなわち、特定の人間社会にのみ見いだされる特殊な制度）であり、資本主義がどのような形態をとるかに応じて異なった展開を遂げるものである。そして、二つの評価には、それぞれ、特殊な戦略的目標を追求する特殊な利害が反映されている。

すなわち、企業家は経済的収益性という目標を追求するし、金融投資家は金融的収益性〔利回り〕という目標を追求する。こうした事情を考えれば、二つの評価が分岐するのも当然だと言える。どちらの評価が支配的になるのかは、経済が全体的にどういう状況にあるか、すなわち金融権力と産業権力がそれぞれどれだけの比重を占めるかによって決まる。そして、「企業統治」を論じた本書の最終章で示されるように、現代経済を特徴づけるのは、産業に対する金融の完全な支配である。

流動性の目的は、資本の固定化によるリスクを軽減することにある。流動性は、金融業者たちによって創り出されるものである。しかし、金融共同体を全体として眺めるとき、投資の流動性と呼べるものは見当たらなくなってしまう。生産資本を代表＝代理する証券が売買されたとしても、当の生産資本は固定されたままである。これが、先に流動性のパラドクスと呼んだものだ。ケインズはこの矛盾を強調して次のように述べている。「……株式取引所は多くの投資物件を毎日のように再評価し、その再評価は個人に対して（社会全体に対してではないが）彼の契約を変更する機会を頻繁に与えている。それはあたかも農夫が朝食後、晴雨計に打診して、午前十時から十一時までの間に農業から彼の資本を引き揚げようと決意することができ、またその週の終りに再び農業に戻るかどうかを考え直すことができるようなものである」[24]。生産資本の固定化は与件なのであって、証券の流動性によっても動かすことができないものである。市場を全体的に眺めないと、この制約は見えてこない。市場を全体としてとらえれば、売買がなされても証券の総数量には影響がないのだということが明白になるはずである。つまり、すべての人が同時に証券を手放す決意をすることはできない。あらかじめ買い手を見いだすことなしに、売ることはできないのである。

流動性という性質は、個人的状況にしか影響を与えない、いわゆる局所的なものである。つまり、流動性が存在していても、市場が集団的に物的資本へ関与しているという事実には何ら変わりはない。このことは、行動の個人的合理性と市場の集団的合理性が互いに乖離する可能性のあることを意味している。個人レベルで合理的なことが、集団レベルでは必ずしも合理的ではない。これが、市場の中心的特質なのである。ここでの議論の要点を明らかにするために、模倣《イミタシオン》について述べておくことにしよう。ある戦略が〔模倣を通して〕市場全体へと拡散するときに、矛盾が起こることがある。そのような困難は、バレーによって次のように考察されている。いま、値上がりの動きから利益を引き出そうとする投資家がいるとする。市場が天井に達して反転するとき、彼は売り戻しをしようとする。ところが、そこで困難に直面するとバレーは言う。「値上がりを見込めなくなったとき、彼が売ろうとするなら、買い手、すなわちさらなる上昇を信じる人を見つけなければならない。二人〔売り手と買い手〕のうちどちらか一人が間違っているはずだが、では、なぜそれが相手であるに違いないと言えるのだろうか?……他人の愚かさを当てにしすぎることは、結局、自分の知性を悪用することに等しいのである」[25]。ときに流動性のパラドクスは、不合理であるがゆえにユーモラスでもあるような状況を引き起こすことがある[26]。素人投資家がネブラスカの小企業の株を推奨され、相場が六と四分の一のときにそれを買うとする。数日後に彼は、相場が八と二分の一に上がっているのを知る。再び彼は新規投資をすることに決め、しかも前回よりも多く投資しようとする。その後、相場は一二まで上がる。約二倍になった相場に満足して、彼は、ブローカーに売り注文を出す。するとブローカーが尋ねる、「お客様、どなたにお売りすればよろしいのでしょう?」と。投資家やアナリストは、全体的な流動性が存在しないという事実を忘れがちである。しかし、市場を全体的に見れば、生産資本に対する市場の関与は、ほかの何かに還元されるというものではないのである。流動性とは、単に、企業の所有権を投資家の間に分配するプロセスであるにすぎない。市場の力では、所有権を除去することも増やすこともできないのである。

以上述べてきたことから容易にわかるのは、金融が仮想現実《ヴィルチュエル》的な性質をもっていることである。アナリストたちがしばしば主張するように、金融は生産部面から切り離されている。金融の仮想性は、金融が〔自律した活動として〕形成される条件と、そこに課せられた目的性とから直ちに帰結することである。〔自律した活動としての〕金融の形成とは、資産家たちの集団的判断に基づく新しい評価ルールを定めるとともに、生産資本固定化の有害な影響から金融投資を守ろうという動きのことであった。よって、起源からして金融は逸脱《トランスグレシオン》である。つまり流動性の世界とは、慣行によって規制された人工的世界である。金融によって生み出されるもの、それは、生産時間から切り離された時間性、そして企業管理上の諸制約から切り離された評価諸形態である。金融的形態をとった資本は生産資本を代表＝代理しているけれども、その性質は生産資本とは異なっている。生産資本は、不可逆的に固定された物的投資というその性質によって、来たる何年かの間、利潤を生産するよりほかのことができない。

このとき、われわれは、金融の形態と生産の形態の間に矛盾が発生しうることを知る。どういう矛盾かを知るには、「投機」と「企業」の間にどういう利害対立が現れるかを考えればよい。流動性は、投資家の利害に関わる要求に応えるものである。しかしその要求は非常に不完全にしか受け入れられないのであり、しばしば資本所有者たちによって阻止されてしまう。それというのも、投資家の要求が、資本所有者側の戦略目標や利害に沿ったものだとは限らないからである。たとえば、資本所有者たちは安定した同盟関係を求めることがある。彼らの間では、所有管理の方式として、流動性はあまり喜ばれない。彼らは流動性よりも、資本所有の維持と連続性を選好するかもしれない。だからこそ、フランスのハードコア〔中核的企業集団。公企業が大きな比重を占める〕や日本のケイレツ〔六大企業集団〕のような組織形態が現れるのである。いずれも、緊密な株式相互持合いの効果によって実現された安定的株主集団であり、市場の影響あるいは支配を免れてきたものである。両者〔投資家と資本所有者〕の論理が互いにどれだけの重要性を占めているのかを知るためには、社会の全体的構造に目を向けねばならない。流動性の自律度および金融を構造化する流動性の役割を決定しているのは、まさに社会の全体的構造なのである。

金融問題についてのわれわれの説明は、正統派の経済思想からは大きく隔たっている。正統派の思考は、二元性や両義性という発想に対しては、どんなものであれ、アレルギーを示すのが普通である。正統派の理論経済学において常に見いだされるもの、それは総体化と統一化の観点、合理性と経済計算の観点である。そこでは、道具的合理性の働きにより、多様な目的が優先度に従ってウェイトづけされる。その結果として、異質性は解体され、対立は調停され、統一的な評価が形成される。金融の内部には「投機」と「企業」という二つの評価論理があって、一方は金融投資家のもの、他方は企業家のもの、そして両者の間には矛盾が存在する、といったアイデアは全く顧みられない。正統派の考え方からすれば、ただ一つの評価だけが最終的に勝利を収めなければならないのであり、その評価が良い評価だということになる。社会の調和はもっぱら市場価格の働きによって確立されるという、非常に強固な観念がそこにはある。つまり、市場価格が利用可能な情報をすべて織り込んでおり、経済の効率的管理を可能にしているというわけだ。こういう見方に立つなら、「投機」と「企業」を対立させる必要はなくなってくる。投機家の評価が企業家の評価に対立する理由もなくなる。裁定と競争の論理が一般的である状況の下では、企業家的な制約だけが力を発揮するのであり、それゆえ、生み出される評価はファンダメンタル価格に一致することになる。「市場の効率性」理論に述べられているのは、まさにこのような事柄である。この理論によれば、まず市場は、生産の現実を表現する一つの形態である。そして市場の論理は資本の性質に適合的である。よって、市場の論理は、資本の性質を表現する格好の場を提供する。

われわれの主張は、これとは全く異なる。資本は矛盾した性質をもつ。資本においては、「企業」と「投機」という二つの特殊な論理が接合されている。よって、われわれの場合、「金融市場」という形態は中立的な形態ではない。流動性は、金融にはらまれている自律性と支配の意志を表現している。またそれは、強力な利害諸関係の所産でもある。流動性によって追求されている特殊な目的は、生産資本の管理者によって追求される目的を不完全にしかカバーしていない。そして、流動性がマクロ経済に与える一般的影響は、商品社会を貫いている諸々の力関係に——したがって金融と産業との利害対立関係にだけでなく、とくに債権者と債務者の関係にも——及ぶものである。

企業に対する投機の支配

ここまで行ってきた投機の分析は、かなり一般的な観点からのものであった。そこで提示された一般的な理解枠組みは、投機の特殊性、そして生産の現実に対する投機の矛盾的な関係を理解するのに役立つものであった。さて、その中でも述べたように、投機は自然的な性向から帰結するものではなく、一定の制度的構築物の所産である。この点を明確に分析するために、本項では市場のメカニズムを詳しく考察しておきたいと思う。以下で示そうとするのは、金融市場の論理そのものが投機の盛行をもたらすということである。流動性の高まりとともに様々な制約が姿を現すようになるが、投機はそれに対する適切な反応なのである。投機は、大きな組織的金融市場の存在に適合した行動形態である。われわれは、「企業」に対する「投機」の優位を理由づけるために、短期変動の制約とリスク管理という二つの論点を取り上げることにする。これらを考察することによって、投機の支配はけっして錯誤などではない、ということを明らかにしてみたい。投機とは、金融市場が築き上げる諸制約に対する合理的な反応なのである。

理解を促すために、投資家がF社株のファンダメンタル価格を完全に知っているという仮想的状況を考察してみよう。たとえば、F社株のファンダメンタル価格は三〇だとする。現時点の相場は二五であるとする。ファンダメンタル主義の理論がわれわれに教えるのは、この場合、投資家は買いに出るべきだということである。つまり、相場が真の価格三〇に上がるときに五の利得が得られるよう、二五でF社株を買っておけばよい。ファンダメンタル主義者の行動とは、本質的にこのようなものである。しかし、市場心理に関して信頼できる一定の情報を、ほかでもないこの投資家がもっているとしたらどうだろう。たとえば、F社株は三ヶ月後に二〇になるだろうということを、その情報が確実に示しているとしたら。そのような状況であれば、最適戦略が「今日売る」であることは明白だ。あとは、相場が二〇に下がった時点で買い戻し、市場が真の価格を付けるまでその銘柄をポートフォリオに保有しておけばよいのだ。そういう戦略をとれば、一五の利益が得られる。我が投資家はファンダメンタルズ評価に従い強気筋に加わるけれど、それと同時に、短期的には押し下げにも荷担することとなる。

この例――ケインズから借りてきたもの――からは、株のファンダメンタル価格をかなり正確に知る投資家でさえも、市場の一時的な変動は無視できないものなのだということが非常によくわかる。一時的な変動を無視できないのは、それが重要な利益源泉だからである。言い換えれば、価格のあらゆる変化（すなわち、短期の値動きも含めて）を考慮に入れる投資家が得る利回りは、長期を支配するファンダメンタル評価だけに従って得られる利回りよりも高い。これは論理的には自明なことである。というのも、ここで言われているのは、中長期的な評価のみを重視して短期的変動を無視するときよりも、利用可能なあらゆる情報を考慮に入れるときの方が、よりよく事をなし遂げられるということにすぎないからだ。しかし、このような状況がもつ経済学的含意は重要である。ここでは、「短期変動を支配する市場心理を考慮に入れなければならない」という制約が、回避不可能な制約としてすべての人に課されている。毎日、毎時そして分刻みに気配価格が公表されているとき、投資家は、それが存在しないかのように振る舞うことはできない。なぜなら、それは利益または損失の源泉であるからだ。投資家たちは、長期的見通しとは別に、その都度の気配価格をも戦略に組み込まざるをえないのである。「純市場心理的な情報から値下がりの予想を立てて株式投機をする強気筋」の例で見たように、こうした現実は、逆説的な状況をもたらすことになる。

このような仕方で諸主体を拘束する力を市場がもつということは、非常に興味深く、かつ非常に目を引く社会的事実である。われわれは流動性から逃れることはできない。たとえ単なる幻想に見えようとも、われわれは、流動性がもたらす価格変動に無関心ではいられない。価格変動は、行動に対して非常に強い圧力を及ぼす。日々の金融市場を観察すれば、そのことを示す例には事欠かない。しかし、それ以外の場所でも、市場の力を示す例はある。ロンドンのアルミニウム市場がそれである。ロンドン金属取引所（LME）のほかの非鉄部門市場に比べれば、この市場の創設は比較的最近のことである。LMEの非鉄部門における主な商い物は、銅・亜鉛・スズである。アルミニウム市場を新設することは、大手生産者の意向に反していた。大手生産者は、アルミニウムのゲームに新しいプレイヤーが突然侵入してくるのを快い目では見ていなかったのである。市場創設に対抗して、大手生産者（の大部分）は、自分たちの基準価格を公表し、ＬＭＥが公表する日々の気配価格からそれを切り離そうとした。これによって、過大な変動を回避し、秩序ある価格調整を可能にすることが目論まれた。しかし、市場の外にとどまろうとする生産者たちの意図は――大規模な対抗措置ではあったが――失敗に終わった。実際のところ、気配価格が毎日出されることは、逃れようのない強い影響を及ぼす。だからこそ、日々の市場価格を通じての証券評価が、そのまま利得または損失の原因になるのである。たしかに、いくつかの理由を挙げて、「アルミニウム産業の実物的条件とは無関係な、幻想的な値動きにすぎない」と主張することもできるだろう。しかし、現実に利益を得る可能性が与えられているのに、それを存在しないものとみなすのは難しいことである。Ｆ社株の例と同じように、値動きを利用しながら在庫管理を修正していくことは、合理的なのである。なぜなら、それは、企業の収益性を高める方法であるからだ。ただし半面では、そのことを通じて、価格の適切さを認めることになり、回避しようとしていたメカニズムにはまり込んでしまう。こうして今日では、ＬＭＥの価格が基準価格になっているのである。大手生産者が公表している価格は、ＬＭＥの価格に同調する傾向にある。

以上が、流動性の力、すなわち様々な経済プレイヤーの行動を変容させながら自らの論理を貫徹する流動性の力を示す第一の議論である。これによって、投機的態度がすぐれて合理的な態度であることが明らかになった。なぜなら、投機的態度は、頻繁に出される気配価格を戦略に組み込み、気配価格を利用した収益性向上の金融的戦略を立てようとするからである。次に、以上の分析を補強する第二の議論を提示し、結論を述べていくことにしたい。今度の問題は収益ではなく、金融的戦略にともなうリスクである。実際には、新しい利益機会が得られることだけでなく、ファンダメンタル主義者の戦略よりリスクが小さいこと(同じ収益で比べれば、リスクはより小さい)もまた、投機的戦略が追求される理由である。この点を理解するために、少し前に言及した〔F社株への〕投資家を再び考察してみよう。三〇というファンダメンタル価格に依拠してF社株を長期的に保有しようとし、かつ市場の一時的変動を考慮しないとすれば、束《つか》の間、彼はきわめてリスクの高い状態に置かれるかもしれない。もしも三〇という値から大きく乖離して価格が推移するならば、彼のポートフォリオの価値は大きく低下するだろうからだ。この間に緊急の流動性要求に直面したとしても、大きな損失を被らずにポートフォリオを流動化することは不可能である。F社株が大きく値下がりすれば、そういう事態は避け難い。このようなリスクを回避するためには、相場の一時的変動に対して自らのポートフォリオを調整するのが得策である。

このような理由から、投資家は日々の価格を考慮しないわけにいかないのであり、それを参照基準としながら戦略を決定せねばならない。借入れ資本を用いて取引している場合、このような強制力はとくに強く働く。その場合、貸し手もまた日々の気配価格を見て、自分が大きなリスクにさらされていることを知る。ケインズはかなりのページを割いて、市場に由来する順応主義《スュィヴィスム》への強制力を分析している。この強制力は、短期変動への追随、それに、長期予測に基づいた独立の言説を行使することの困難さとして直接に観察される。「実際上最も多く批判の対象とされているのは、公共の利益を最も増進させるはずの長期投資家である。……なぜなら、普通の意見をもつ人々の目に、彼が常軌を逸し、型破りで、無謀に映るのは、彼の行動の本質からみて当然だからである。彼が成功した場合には、それは彼の無謀さについての一般の信念が正しいことを証明するにすぎないし、他方、きわめてありがちなことだが、彼が短期的に不成功な場合には、彼は容赦なく批判されるであろう。世俗的な知恵が教えるところによれば、世間の評判を得るためには、慣行に従わないで成功するよりも慣行に従って失敗した方がよいのである」[27]。

四　結　論

以上の議論からわかるのは、「投機」が（金融理論で言うところの）「企業」を支配しているということである。すなわち、とるリスクが同じだとすれば、投機の方が、もたらす収益は大きいし、収益が同じだとすれば、投機の方がリスク引き受けは少なくてすむ。このように投機が支配的であることは、驚くべきことではない。「流動性が与えてくれるあらゆる機会を利用する」という戦略を想定するなら、投機の支配は直ちに言える。この戦略が短期変動から利益を上げようとするものであるとすれば、ファンダメンタル主義者の戦略は、もっと長期的な見通しに立って展開される。このとき、「企業―投機」の対立項を、個人的性向――とくにリスクに対する――の表現として解釈する必要はない。つまりこの対立項は、アプリオリに特定される集団同士の静的な関係を記述したものではない。むしろ、ここで分析されているのは、流動性が喚起する発展と誘因とによって「企業」の論理が破壊されていくプロセスにほかならない。このプロセスが理論的・実践的に重要であることを、われわれは強調しておいてよいだろう。「発達した市場において投機が企業を支配することは避け難い」という主張は、そこで形成される評価がファンダメンタル価格から離れざるをえないということを含意している。この状況の下では、金融の論理は、適切な投資選択を可能にするシグナルを――経済のほかの領域に対して――与えることができない。形成される評価は、長期的成長条件に関する情報を反映するのではなく、市場参加者の短期的心理状態を表しているにすぎない。このように見ていくとき、古典的な経済理論を根底から覆すような結論が導かれることになる。なぜなら、われわれの見方は、（投機によって支配された）市場の評価が経済の一般利害を表すものでないことを肯定するからである。周知のように、正統派の理論が依拠しているのは、「市場は私的利害と一般利害の調停を可能にする」というアイデアである。そこでは、競争的行動が、パレート的な意味で集団的に効率的な状況をもたらすと考えられている。ところが、われわれの分析が展開した概念は、これとは全く異なっている。ケインズも述べているように、「社会的に有益な投資政策が最も大きい利潤を生む投資政策と一致するという明白な証拠は、経験からは得られない」[28]のである。われわれの分析は、このような判断をより明確に説明することを可能にしてくれる。市場は、投資家に対して流動的投資を提案するその能力によって、プラスの影響を及ぼすことができる。ここには、明らかに社会的利得が発生しているのである。そして、投資が増大したとき、それに応じた分だけこの利得が実現されることになる。ただしこの利得には、相場の撹乱、ファンダメンタル価格からの乖離といった費用がともなわざるをえない。これらの事柄を含む投機の論理については、章を改めて分析していくことにしよう。

第二章　投機と市場のダイナミクス——自己言及的投機とは何か

第二章の要約

投機的な投資行動が支配する株式市場は、どのようにして安定と危機のダイナミクスを描くのだろうか？本章では、その仕組みが解明される。

まず、投資行動において作用している合理性には、①ファンダメンタル主義的合理性、②戦略的合理性、③自己言及的合理性の三つがある。このうち金融市場に独特な③は、皆が自分の信念に基づいた意見（市場判断）をもっていないという特殊な条件の下で、他者の意見を見抜き、市場の多数意見を見いだそうとする認知態度である。③に関してケインズは、投資家が互いの意見を見抜こうとする中で信念を高次化させていく「鏡面的戦略」を論じたが、本章で重視されるのはシェリングの「標識的戦略」である。これは、文化的・社会的文脈によって条件づけられた集団的な参照基準を発見することによって、多数意見を見いだそうというものである（以上第一節）。

実際には、繰り返しの「純粋協調ゲーム」に示されるように、前回以前の多数意見を模倣するというプロセスを通じて、満場一致への収斂が達せられる。これによって、多数意見の根拠となっている信念が共有され、共有信念《コンベンション》となるとき、他者の意見を見抜く必要はなくなり、事実上①の合理性が支配的になる。共有信念の安定は、その説得力・論証力を通じて正統性を得ることを前提とする。戦略的行動をとる投機家によって共有信念が問い直しを受けるとき②の合理性が力を増し、最終的に不信が一般化するとき③の合理性が純粋に作用するようになる（以上第二節）。

以上の理論的分析は、一九八七年十月の株価大暴落によって例証される。この事例は、「共有信念の安定—問い直し—自己言及的危機」の三段階からなる市場のダイナミクスを詳細に観察させてくれるとともに、流動性を支える市場組織化の重要性、危機回避のための市場外の寄り所の重要性を示唆している（以上第三節）。

前章で行った市場の定義を振り返っておこう。個人的意見の総体から基準的な評価を形成するという任務をもった組織――これが、本書における市場の定義である。たとえて言えば、市場とは、多数意見を形成・表現する働きをもった議会、すなわち株主の議会なのである。実際、金融市場の関係者の中にも、株式相場を政治投票になぞらえてはばからない人がいる。たとえばバレーは次のように述べている。「理屈がどんなに正しかろうとも、株式市場――より正確には、株式市場で支配的な集団的意見――によって否定されてしまえば、それで一巻の終わりである。政治家と同じように、資金運用責任者やアナリストたちもまた、選挙民の多数意見に逆らって行動するような理由をもち合わせてはいない。投票を行うのは市場なのだ(1)」。

では、市場価格はどのようにして基準価格の地位を占めるようになるのだろうか？　市場価格が基準価格になるのは、経済の諸条件を正しく評価する能力が認められたためではなく、金融共同体の多数意見を反映しているという理由によるのである。これが、株式相場を考えるときの基本である。株式相場が正統性をもつための拠り所となるのも、最終的にはこのような理由にすぎない。いくらわれわれが、形成される相場が適切な評価ではないと思っても、その値で証券は売買されるのである。多数意見は、内容のいかんを問わず、法の力をもつのだ。こうした状況の下では、投票の場合と同じように、結果の正統性にとって唯一重要なことは、多数意見の形成過程を規制する制度的手続きが厳格に尊重されているかどうかということである。だから、この手続きが尊重されていないと判断した株主たちが監督機関（フランスのＣＯＢ〔フランス証券取引委員会〕、アメリカのＳＥＣ〔米国証券取引委員会〕）に抗議するというのは、きわめて正常、かつありがちなことなのである。たとえば、インサイダー取引の摘発や情報公開が不十分なとき、株主たちは抗議の声をあげるだろう。しかし、建てられた相場が経済の基礎的条件に合致していないという理由では、そのような抗議は起こらないだろう。

以上のような分析が興味深いのは、企業の状態を正確に評価する洗練されたモデルを市場に与えたとしても、市場がその評価に耳を傾けなければ何にもならない、ということをわれわれに教えてくれるからである。投資家が気を配らなければならないもの、それは意見の動向である。意見の流れが株式市場に影響を与え、ファンダメンタル主義的なアプローチが提示する評価とは異なる評価へと市場を導いていくのである。このような市場の意見を拠り所とする金融行動を、われわれは投機と呼ぶ。投機家とは、価格が市場の意見によって支配されていることを知った上で、意見の動向を予想することによって利益を上げようとする金融投資家にほかならない。

したがって、投機的な態度をとることは、市場に対して外部者的な態度をとることを意味する。経済関係の事件が起きたとき、投機家は、その事件が現実にどういう影響を与えるかということには興味を示さない。むしろ彼は、その事件がほかの市場参加者の予想をどう修正するのかを知ろうとする。他者の行動についての良質で正確な理解が得られれば、投機家は、値動きの予想から大きな利益を上げることができる。投機の合理性は他者の信念を考慮の対象にするけれども、自分自身は経済についての固有の信念を欠如させている。投機の合理性は市場に向かい、市場における多様な相互作用を把握しようとするが、そうした相互作用が適切かどうかを判断するわけではない。投機の合理性は流動性に縛りつけられているのだ。

投機家は自ら行動を起こすことによって、強引に市場から特定の反応を引き出そうとすることがある。そのとき、投機の合理性は、易々と単なるごまかし《マニピュラシオン》に堕してしまう。G・トーマスとM・モーガン＝ウイッツツによれば、一九二〇年代に典型的だった投機のやり方は次のようなものであった。まず、投機家たちが示し合わせて大量の買いを発動することによって、何も知らない人々の買いを促し、人為的な値上がり〔バブル〕を引き起こす。その上で、値上がりが頂点に達したときに、売り戻しによって大きな値上がり益を手に入れ、バブルの瓦解を引き起こす。[2] この簡潔な事例からわかるように、投機の合理性は市場に対して安定化の作用をもってはいない。投機の合理性にできるのは、投機バブルを生み出し、それを膨張させることだけである。よって、ファンダメンタル価格に対応した水準へと相場を導くような復元力はどこにも見いだされない。

ここでの理論的な根本問題は、市場参加者が投機の合理性につき従っているときに、市場がどのような動き方をするかということである。つまり、「価格は市場の集団的意見を表現したものにすぎない」ということをすべての投資家が知っているとき、市場はどのような動き方をするのだろうか？　このような状況の下で、均衡価格は存在するのだろうか？　市場は自ずと安定化を達成することができるのだろうか、それとも無限の動揺に果てしなく翻弄され続けるのだろうか？　本章では、こうした問いを解明してみたいと思う。

本章で想定されている状況においては、市場の意見は、各人が予想する対象であるだけではない。市場の意見とはまた、各人が多数意見を見いだそうとするときに、諸々の個人的意見の中から生み出される「生産物」でもあるとされている。この特異な論理が支配する状況を、われわれは「自己言及的な構造」と呼ぶことにする。本章の目的は、自己言及性の一般理論を提示することに置かれる。読者の理解を容易にするために、金融に関する事例を数多く引用するけれども、基本的には本章の分析は抽象的なレベルにとどめてある。本章では、自己言及の論理の一般的諸特性を、その現象領域から切り離してつかみ出しておきたいからである。このようにして明らかにされた諸概念をいわゆる「金融の論理」に適用することは、続く第三章の課題としたい。とくにそのような取り扱いは、共有信念《コンベンション》の概念において顕著である。第二章では、共有信念《コンベンション》の最も一般的な定義しか与えないでおく。金融の部面に見いだされる共有信念《コンベンション》の特殊な表現形態は、第三章において解明される。

本章は三つの節に分かれる。第一節では、自己言及的合理性についての理論的・実証的な分析を行う。自己言及的合理性とは合理性の特殊形態であり、ファンダメンタル主義的合理性および戦略的合理性に対置される概念である。第二節では、集団の満場一致をもたらす意見の模倣的ダイナミクスが、自己言及的合理性によって生み出されていく様子を描写することにする。この節の内容が、ほぼ本章の結論となる。結論とはつまり、自己言及的な集団は、全員に認められる信念を内生的に〔模倣プロセスによって〕産出することを通じて、自らの安定を図ることができる、ということである。模倣プロセスを通じて集団が獲得する信念を指して、われわれは「コンベンション」と呼ぶことにする。金融市場は、こうした方法を通じて、共通の参照基準の不在を克服していく。つまり、投資家が自分の行動を明確に規定するためには共通の基準が必要であるが、市場には元々そうした基準は欠如している。しかし、共有信念《コンベンション》の軸を得ることによって、市場は構造化されるのである。ここに見いだされるのは、自己組織化の現象である。全員に承認された信念《コンベンション》は、いわば「第二の自然」となる。すると、共有信念《コンベンション》は、旧来のモデルにおいてファンダメンタル価格が演じるのと同じ役割を果たすようになる。つまり、共有信念《コンベンション》が不在のときには市場参加者たちはあらゆるものに意味を見いだそうとしてしまうけれども、共有信念《コンベンション》によって私的予想の方向性が与えられれば、彼らの行動は方向づけを獲得することになる。しかしまた、市場を構造化する共有信念《コンベンション》は一時的な安定性しかもたない。投機家の中には、共有信念《コンベンション》に対して保留または不信の態度をとり続ける者もいる。そのような状況の下では、共有された信念《コンベンショナル》から外れた意見も不断に醸成されてくる。こうして、共有信念《コンベンション》が侵食される可能性も生じてくるのであり、ときにそれが完全な自己崩壊に至ることもある。第三節では、このような危機のプロセスを詳細に考察することにしたい。取り上げられるのは、一九八七年十月十九日の株価大暴落である。この事例がわれわれに示すのは、共有信念《コンベンション》の問題が重大なものであること、その消滅が深刻なパニックの動きを引き起こしうること、である。そして、パニックが訪れると、今度は新しい共有信念《コンベンション》が姿を現すことになる。

一　自己言及性の理論モデル

ケインズの美人投票

日常生活で経験する状況において、われわれは、「他者言及的《エテロレフェランシエル》」または単に「言及的《レフェランシエル》」と呼べるような構造に出会っている。その状況というのは、「集団の外部に明確に定義された参照基準が存在していて、諸主体はこの参照基準に従って行動を決定するが、反対にそうした行動が参照基準の決定に影響を及ぼすことはない」、というものである。たとえば、企業の経営陣が一定の収益目標《ノルム》を課すというケースがそれである。雇用者集団は収益基準《ノルム》に順応せねばならないが、彼らの行動が当の基準《ノルム》そのものに影響を及ぼすことはない。

同じようなケースを、新聞主催の写真コンテストについても考えることができる。たとえば、懸賞応募者は掲載写真の中から最も美しい写真に投票することになるが、新聞側はコンテストの規則の中で、どの写真が最も美しいかを決めるのは（専門家からなる）審査委員会であることを定めているとする。「一番美しい写真」という追求目標は参加者の投票に左右されないから、これは明らかに他者言及的なゲームである。この目標は、ゲームが読者に提示される前にすでに決められている。このゲームを、われわれはゲーム（H）と呼ぶことにしよう。その〔ゲームの〕構造の中では、どんな戦略を追求したらよいかは直ちに明らかである。すなわち、投票者たちは集団の外部に真理を求め、それを発見しなければならない。ただ実際には、審査委員会のメンバー構成が知られているかどうかによって、真理発見は異なる道をたどることになるだろう。委員会のメンバー構成が公表されているケースであれば、審査委員たちの美的趣味についての情報を集めることによって、彼らの選択を予想すればよいだろう。それに対して、メンバー構成が秘密になっているケースでは、各参加者が美についての一般的観念を作り上げなければならないだろう。参加者がめいめいモデルを作成した上で、頭に思い浮かべたモデルに照らして写真を検討していくことになる。二つのケースに共通すること、それは、発見される対象がゲーム開始に先立って明確に認知されていることである。すなわち、いずれのケースにおいても、発見されるべきは、審査委員会が一定数の掲載写真の中からどれを一番美しい写真として認定するかということである。発見される対象はプレイヤー〔投票者〕の行動に対して外生的であり、プレイヤーはそれに影響を及ぼすことができない。

以上のゲームとよく似ているのが、『一般理論』第一二章でケインズが投機の論理を考えるために提示したゲームである。「美人投票」の名で知られるこのゲームは、よく引き合いに出されるので、われわれにはなじみが深い。ここでは引き続き一番美しい写真〔ケインズにおいては一番の美貌〕を選ぶ投票で考えていくが、ケインズの論じたゲームは、審査委員会が存在しない点で先のゲームとは違っている。つまり、賞品は、「その選択が投票者全体の平均的な好みに最も近かった者に与えられる」[3]とされるのだ。このゲームを、われわれはゲーム（Ａ）と呼ぶことにしよう。見いだされる構造は、先のものとは全く異なっている。なぜなら、今度の場合には、追求目標がプレイヤーの行動に左右されるからである。どの写真が一番美しいかは、投票者の選択に先立って決まっているわけではなく、投票者の選択の結果として初めて決まる。このような想定の下では、もはや、（われわれが分析している）プロセスの外部に規範があって、それが諸主体の行動に際しての参照基準になるということにはならない。重要なのは、プロセスそれ自体によって作り上げられる変数（この場合、集団の多数意見）なのである。よって、われわれは「自己言及の《オートレフェランシエル》」プロセスについて語らなければならない。ゲーム（Ｈ）からゲーム（Ａ）へ移るとき、プレイヤーの選択の中身は一変してしまう。

プレイヤーの選択がどう変わるか確認するために、先にゲーム（Ｈ）の検討によって見いだされた二つの戦略を順次考察してみよう。一つの戦略〔審査委員会のメンバー構成がわからないケース〕は、自分自身の判断によって最も美しいと思う写真を選択するというものであった。これを戦略Ｓ０と呼ぶことにする。もう一つの戦略〔メンバー構成が公表されているケース〕は、同じ問題に直面したとき、他者（この場合、審査委員会）の意見を探り当てようとするものである。これを戦略Ｓ１と呼ぶことにする。

まず、戦略Ｓ０は、特定の評価（公平で情報に通じた審査委員会であれば表明するであろう評価）を直接に得ようとするものであるから、自己言及的な構造に適用できないことは明白である。自己言及的な構造において問題なのは、「正しい意見」をではなくて、「他の参加者がどんな意見を選択するか」を見極めることだからである。二つの意見がたまたま一致することはあるかもしれないが、その場合でも、プレイヤーが後者の意見を採用していることには変わりない。プレイヤーがある意見を採用したのは、戦略S０に合致した正しい意見であることが証明されたからなのではなく、もっぱら、ほかの人々も同じ意見を選択するだろうと考えたことによるのである。[4] では戦略S１なら、ゲーム（A）にもっとよく対応していると言えるだろうか？

戦略S１をゲーム（A）に適用すると、「ほかの参加者たちが正しい意見だと考えるものを発見する」という内容になる。言い換えれば、考察されているプレイヤー（これを（a）と呼ぼう）が関心を寄せるのは、ほかのプレイヤーが自己判断で正しいと思える意見を選択するとき（すなわち、われわれの言うS０に従っているとき）、どのような多数意見が現れてくるかということである。ここで言われているのは、ゲーム（H）の枠内で戦略S１を定義したときと同じことである。ゲーム（H）で問題になったのは、審査委員会のメンバーがどのように判断を形成するかを知ることであった。ゲーム（A）の枠組みにおいて重要なことは、良い意見を発見することではなく、「他者が正しい意見だと考えているもの」を発見することである。よって「S１によって」ゲーム（A）は初めて戦略的に分析されるようになるのであり、この点は、前の戦略S０に比べて一つの進歩である。しかし、戦略S１を適用するということは、主体（a）が暗黙のうちに「ほかの人々は、正しい解を探求することによって選択を行っている」という仮説を立てていることを意味する。この仮説においては、他の諸主体のとる行動は、主体（a）がつき従っている行動とは別のものであるとみなされている。つまり、主体（a）が行動を決めるときには、正しい解だと信じているものではなく、他者の意見が何かということに依拠しているのに対して、他の諸主体は個人的な信念に従って行動するものと想定されているのである。これは公平な仮説だとは言えない。他の諸主体は主体（a）よりも合理的ではない、とどうして言えるのだろうか？　主体（a）だけでなく彼らもまた、利益を得るためには、個人的意見に固執するのではなく、他者の意見を発見しなければならないことを知っているはずである。この簡単な推論から、彼らもまた、主体（a）と同様に戦略S0を放棄するに違いないと言える。主体（a）の立場から見ても、主体（a）がほかのプレイヤーの選択を発見しようとするとき、他者に行動S0を帰することは不合理である。むしろ、他者もまた自分と同様に合理的に行動し、したがって「他者が正しい解だと考えているもの」を探し求めることによって選択を形成しているものと想定せねばならない。以上のことから、戦略S1もゲーム（A）には適用できないのである

要するに、ゲーム（A）で勝つためには、自分自身の意見を採用（戦略S0）してもいけないし、他者の意見を適用（戦略S1）してもいけない。考えなければならないことは、他者がめいめい多数意見を予測しようとする（戦略S∞）とき、どのような選択が形成されるのか、ということである。「自己言及的」と形容されるこの戦略は、その視線を自分自身に向ける（S0のケース）のでも他者に向ける（S1のケース）のでもなく、集合的な固まりをなす集団それ自体に向けるのである。見極めなければいけないのは、集団の自己同一性を代表するのに最も適した意見はどれかということである。

ここで注意しておきたいのは、たいていの場合、三つの戦略がもたらす結果は異なっているということである。たとえば、私は、「美とは何か」の省察から得られた判断に従うとき、写真P0を選択するだろう（戦略S0）。ところがまた、私は、審査委員がこれまで表明してきた美的基準と写真の構成とが合致するこ

とからして、審査委員会が支持するのはＰ１であろうとも考える〔戦略Ｓ１〕。最後に、私は、人々が何を集団的意見とみなしているかに考えをめぐらすことによって、正統的な趣味によく合致する写真Ｐ∞を選び取るだろう〔戦略Ｓ∞〕。私は、写真Ｐ∞こそが、「その時点の人口において多数を占める趣味を代表するだろう」と誰もが認める美的コンセンサスを代表していると考えたわけである。金融市場の機能を理解する上で、この三つの戦略を区別することは非常に重要である。そこで以下では、これらの戦略が、それぞれ特殊な性質をもった合理性の三つのタイプに対応しているということを示しておくことにする。三タイプの合理性はそれぞれ、ファンダメンタル主義的合理性〔戦略Ｓ０〕、戦略的合理性〔戦略Ｓ１〕、自己言及的合理性〔戦略Ｓ∞〕と名づけることにする。多様な金融のモデルが作られる理由の一つは、こうした多様な合理性の存在に求められる。

まず、ファンダメンタル主義的合理性とは、戦略Ｓ０において発動されている合理性である。その目標は、客観的真理――先の例では美についての観念――を発見することである。その際、普遍的な言説を仕立て上げるために、思惟の力を動員しなければならない。普遍妥当する知識を生産するときに科学研究が動員されるのは、この合理性の働きによるものである。この意味では、「客観的合理性」という用語を用いてもよいだろう。しかし敢えて「ファンダメンタル主義的」という形容詞を選んだのは、企業のファンダメンタル株価を推定する際に作用しているのがこの合理性だからである。実際にこの推定をうまく行うためには、経済の実体と法則に対して知性を働かせ、一定のマクロ経済環境の下で企業収益が競争諸力からどのような影響を受けるかを示すモデルを作成しないといけない。

次に、戦略的合理性は、戦略Ｓ１において利用される合理性である。それはもっぱら他者の理解に努めるが、追求される目標は機会主義的〔＝日和見主義的。他者の出方をうかがい、利用しようとする態度〕なものにとどまっている。試みられるのは、他者の信念および行動をモデル化した上で、他者が自身の利益を引き出すためにどう反応するかを予想することである。チェスのゲームのように選択の集合が非常に大きい場合には、戦略的な分析はかなり複雑なものになるだろう。ゲームの理論は、戦略的合理性の諸属性を研究する社会科学の一部門である。G・トーマスとM・モーガン＝ウィッツによって分析された一九二〇年代の投機家[5]〔七二―七三ページを参照〕は、戦略的合理性の格好の例である。当時の投機家が行っていたのは、ほかの主体の信念を知ることによって、ほかの主体を操作することであった。投機家たちはほかの市場参加者が「トレンド〔価格趨勢〕追随者」であること、すなわち値上がりすれば買い始めることを知っていたから、自ら買いに出て人為的に値上がりを引き起こすことによって、追随買いを誘発しようとした。つまり、投機家はバブルの拡大を促したのである。そうして価格が一定水準に達したとき、今度は売りに出て値上がり益を獲得したのである。投機家の売りは、バブルの破裂を引き起こした。

　最後に、戦略S∞に関与する合理性は「自己言及的」と形容される。一見すると、この合理性は、戦略的合理性の一特殊形態であるとみなしたくなるものである。なぜなら、どちらにおいても、他者の意見を見抜くことが要求されているからである。しかし、自己言及的合理性においては、他者の意見はもはやアプリオリな信念を表すものではない。いまや、他者の意見それ自体が、集団の多数意見を発見しようとする探求の結果でもある。この特殊な条件の下で、他者の意見が洞察されていくのである。そして以下に示すように、この特殊なケースは、一つの名前を付して特殊な研究対象とするに足るだけのユニークな特性をもっている。つまり、自己言及性においては、戦略的態度が一般化してすべての個人のものとなる。ほかの主体の行動を検討して戦略を立てようとする人は、ほかの諸主体がファンダメンタル主義的な信念に従っておらず、むしろ（自分と同じように）他者の戦略についての分析をもとに行動しているのを見いだす。こうした状況の下では、皆が同じ態度をとるから、戦略的態度を特徴づける突出的な態度は消滅していく。自己言及性の珍奇さは、個人的確信がすべて追放され、誰もが他者の考えを見破る以外の目標をもたなくなることにある。では、もしそうだとすると、いったい選択はどのようにして形成されるのだろうか？以下ではその点を分析することにしたい。そして、分析の中で明らかになる自己言及的合理性の諸特性は、われわれの金融投機論の基礎として役立てられることになる。

自己言及的合理性

この合理性を最初に分析したのはケインズである。「美人投票」[6]に関して、彼は次のような説明を加えている。「この場合、各投票者は彼自身が最も美しいと思う写真を選ぶのではなく、他の投票者の投票を最も多く集めると思う写真を選択しなければならず、しかも投票者の全員が問題を同じ観点から眺めているのである。ここで問題なのは、自分の最善の判断に照らして最も美しい写真を選ぶことでもなければ、いわんや平均的な意見が最も美しいと本当に考える写真を選ぶことでもないのである。われわれが、平均的な意見は何が平均的な意見になると期待しているかを予測することに知恵をしぼる場合、われわれは三次元の領域に到達している。さらに四次元、五次元、それ以上の高次元を実践する人もあると私は信じている」[7]。先の分析を踏まえれば、この引用文は容易に理解されるだろう。最初のフレーズは、達成されるべき課題、すなわち、すべての投票者が同じ観点から眺めるときに最多の票を集めるであろう意見を発見するという課題の確認にすぎない。そこには、自己言及の複雑性が明瞭に述べられている。二番目のフレーズは、個人が課題を達成するためには、「最善の判断に照らして最も美しい写真を選ぶ」のでも、「平均的意見が最も美しいと本当に考える写真を選ぶ」[8]のでもいけないと強調されている。ここでは、戦略S０およびS１とわれわれが呼ぶものが却下されている。このフレーズの後、ケインズは、高次元の意見が存在するという新しいアイデアを導入している。戦略S１は他者の意見に関係するものであるが、同様にして、「他者が平均的意見について抱く意見」についての意見——さらにその続き——も考えることができる。われわれはこれを「投機的戦略」と呼ぶ。すなわち、高次元の意見を予測するという戦略である。この論理を理解するためには、「……についての意見についての意見についての意見」という類の言い方を回避するために、いくつかの記号法を導入しておいた方がよいと思われる。このような言い方では、たちまち何を言っているかわからなくなり、非常に議論しにくいからだ。

われわれは、「ゼロ次の信念」という用語によって、個人的意見ないし個人的信念を指すことにする。ゼロ次の信念は、写真の美しさや企業のファンダメンタル株価のような、本源的事実に関係している。これは、ファンダメンタル主義的合理性を分析した際に見いだされたものである。戦略S０はこの信念に基づいている。われわれはこの信念をCx［P0］と表記するが、その意味は、「個人（x）は、命題P０が真であることを信じている」ないし「（x）はP０を信じている」というものである。次に、個人（y）の「一次の信念」とは、その個人が他者のゼロ次の信念についてもつ信念である。[9] これはCyCx［P1］と記され、その意味は、「個人（y）は、個人（x）がP１を信じているということを信じている」というものである。この信念を、P０すなわち個人（x）の信念と混同してはならない。P１は、「個人（x）はそう思っていると個人（ｙ）が信じていることなのである。よって、Ｐ１は、個人（ｘ）の真の信念であるＰ０とは別のものである。また個人（ｙ）は、集団のすべての個人における一次の信念から、集団の多数意見（だと信じるもの）を予測することができる。これを C_yC_M［P1］と記すことにする。すなわち、「Ｍで記される集団の多数は命題Ｐ１が真であることを信じている、ということを個人（ｙ）は信じている」。意見Ｐ１に依拠して行使されるのが、戦略Ｓ１である。あとは、繰り返しによって、より高い次元の信念を予測することができる。後論においてわれわれは、他者の信念についての信念を指して、相互的《クロワゼ》な信念または予想と呼ぶことがある。その際、日常語で言い表すよりも、公式で表現する方が簡単である。たとえば、$C_yC_MC_M$［P2］は、「集団の多数がＰ２を信じている、ということを集団の多数が信じている、ということを個人（ｙ）は信じている」という意味である。もっと簡単に言えば、これは、集団の多数意見についての個人（ｙ）の「二次の信念」である。次に考えたいのは、なぜケインズはさらに高い次元を考慮に入れるのかということである。

アイデアはさほど複雑なものではない。ゲーム（Ａ）に加わるとき、われわれの個人（ａ）が最初にとる対応は、自分の個人的意見に従うことであろう。しかし、ゲームの試練は、たちまちのうちにこの戦略が不適切であることを暴露してしまう。ゲーム（Ａ）で肝心なのは、他者の意見に接近することなのである。では、他者の意見を予測するにはどうすればよいだろうか？　他者の意見についてのモデルを作成するに際してまずとられる方法は、集団成員の個人的信念を探るということであろう。その結果、個人は集団の多数意見について一次の信念を獲得する。これは C_xC_M［P1］と記される。言い換えれば、個人（ｘ）は自らを他者の位置に置くことによって、ほかの人々が抱く個人的信念がどんなものかを見極め、そこから集団の多数意見を予測しようとする。しかし、すでに強調したように、その際に個人（x）が依拠している仮定は、「他者は彼のゼロ次の意見に合致した選択を行うけれども、自分自身は一次の信念をもとに決定を行う」というものである。この仮定は適切なものとは言えない。個人（x）は、自分と同じ合理的能力を他者にも認めるならば、自らの意見を修正しなければならなくなる。すなわち、他者もまた自分と同じように一次の信念から決定を行うものと仮定せねばならないのである。しかし、一次の信念に基づく他者の選択を予測しようとすると、式 $C_xC_MC_M$［P2］（他者の一次の多数意見についての自分の意見）によって、個人（x）は二次の信念を獲得することになる。そして、このときの構造にも前の批判が妥当してしまう。なぜなら、個人（x）の選択が二次の信念に基づいてなされているのに、他者は一次の信念に従って行動することが仮定されているからだ。（x）が行動する仕方と、「他者はこう行動するだろう」と（x）が想像する仕方との間には格差があるのである。どの個人も同等に合理的であると仮定するとき、この格差を正当化することは難しくなる。このような格差が存在するために、予想複雑化のプロセスが進行していくのである。ケインズが述べているように、このプロセスが進んでいくにつれ、個人はより高い次元の信念を選び取るようになる。このプロセスにおいては、個人は常に、他者の位置に身を置こうと努力し、かつ他者が自分と同じ計算と予想形成の能力をもつことを仮定している。このようにして、信念の次元は高まっていくのである。われわれはこれを「鏡面のプロセス」と呼ぶことにする。相互に向き合った意識は、互いの動機を探ることによって、向かい合わせられた鏡と同じような働きをしている。各々の意識は、相手がより高い次元の信念を獲得していくという事実を考慮している。その結果、多数の鏡像が現れることとなる。鏡面性とは、信念の相互的《クロワゼ》ダイナミクスから帰結する多数の反射のことである。(10)

「相互的な問いかけ《クロワゼ》」という鏡面の原理は、金融の論理を根底において支配していると言ってよい。投資家は、新しい情報を入手したとき、その実質的内容（ファンダメンタル主義的合理性の意味での）だけでなく、市場がそれを解釈する仕方をも探ろうとする。現実に、そのようなことはしばしば見られる。われわれは、新しいものに反応しているというよりもむしろ、全員に等しく影響するであろうものに対して反応している。この点をとくによく示唆している例を、われわれは一九八七年十月十二日付の『ニューヨーク・タイムズ』紙から得ることができる。そこには、ドルが十分に低下したことを告げるロナルド・レーガン大統領の声明を受けて、ドルが上がったという記事が載っている。一見すると、この記事の内容に説明を与えるのは、簡単なことのように思える。ファンダメンタル主義的にこう説明すればよいからだ。すなわち、為替ディーラー〔自らポジションをとって仲介取引を行うトレーダー〕は、レーガン大統領が公式声明の際に提供した新しい情報を考慮に入れた。その情報とは、ドルのファンダメンタル価格についての評価を大統領が上方に修正した理由であった、と。しかし、詳しく記事を読んでいくと、この説明は間違いであることに気づく。実際、ディーラーに質問を行った記者は、経済に関する大統領の評価を深刻に受け止めたディーラーがいなかったことから、「誰も大統領の言うことを信じなかった」と書いているのである。では、なぜドルは買われたのだろうか？　改めて訊けば、誰もがこう答えるに違いない。すなわち、「自分としてはレーガン大統領の言ったことを信じないけれども、ほかの人が大統領の話から影響を受ける可能性はあったと思う」と。この状況はわれわれにとって非常に示唆的である。各人が個人的信念として抱いている意見Pによれば、「大統領の話には、正しい情報は含まれていない」けれども、それと同時に、誰もが「自分以外の人は大統領の話に重要性を付与している」と考えていることになる。そこで、「レーガン大統領の声明にはなにがしかの情報が含まれている」という命題をRで表すことにしよう。われわれの直面している状況とは、市場で取引するすべての個人（x）について、C_x［P］であると同時にC_xC_M［R］でもある状況だということになる。為替ディーラーは、個人的にはファンダメンタル分析に従って命題Pを真とみなしながらも、なおかつ、他者と市場についての表象から、市場が別な風にすなわち信念Rに従って動くだろうと信じることができる。ところが、市場の自己言及的形態においては、投機家は自分が信じることに従ってではなく、他人がするだろうと予想されることに従って行動する。「賢明なトレーダーは、レーガン大統領の声明には懐疑的であったが、ニュースを聞いたほかのトレーダーがドルを買うだろうと考えた。そこで彼は、大統領の話の内容を理解するよりも前にすでにドルを買っていたのである。このようにして為替相場は上昇した。賢明なトレーダーは、相場が上がった時点で手持ちのドルを売り戻せるだろうと期待していた」[11]。利益を上げるためには、正しい意見をもっているかどうかではなく、市場の動きを予想することに成功しているかどうかが肝要なのである。

この結論は非常に重要である。そこに含意されているのは、個人的信念と市場の動きとは分裂する可能性があるということである。すべての個人が一国の実体経済条件について一定の信念を共有しているのに、それぞれの行動は異なっているということがあるだろう。それは、彼らが市場に見いだす信念に差異があるためである。このような効果は、株式市場や為替市場において頻繁に見られる非常に奇妙なエピソードをよく説明してくれる。そのエピソードとは、相場がファンダメンタル価格を大幅に下回っているのに、市場参加者が売りを続行するというものである。なぜそんなことになるのだろうか？　大方の人は、パニックが誘発する一時的な不合理性を指摘することによって、そのような行動の説明に代えている。しかし、われわれの分析から得られる仮説の方がもっともらしい。すべての個人が外部アナリストによる判断を共有しているとしよう。また彼らは、同じ新聞を読んでいるので、下落した相場水準が基礎的条件から見て低すぎることもよく知っているとしよう。数週間で四〇％の切り下げが観察されたメキシコ・ペソやアジア通貨のケースでは、そのような想定は現実のものだったと考えてよい。しかし、市場の下げを目にしたその同じ市場参加者は、低下が続くだろうと予想するのである。このような状況の下では、売りを続けることは全く合理的なのである。われわれの分析によれば、個人的な予想が経済状態についてのものなのか、それとも市場の行動についてのものなのかということを区別しないといけない。投資家の行動を決定するのは、後者についての予想である。そこには、個人レベルでの不合理性は見いだされない。

　以上のような現象からは、認知的な観点から見て市場がいかに複雑なものであるかがよくわかる。なぜこのような複雑さが存在するのかと言えば、それはとりも直さず、自己言及の論理が市場を支配しているからである。自己言及の論理は、諸々の情報を、解釈と評価の激しい渦の中に投げ込んでいく。そこでは、情報の固有な内容が分析されるだけでなく、情報の公表に対する市場の反応についての仮定や、鏡面性の高次のレベル（市場参加者が市場の反応を予想する仕方）もまた役割を演じる。このようにして情報が知的に加工されていく仕方は、おおむね型《ステレオタイプ》にはまったものであり、そのときに人々が想い描いている市場の反応を公式化したものにすぎない。噂に対する極端な感応性は、こうした認知装置が機能していることの証拠である。実際、この〔認知装置の〕メカニズムにおいては、情報の真の内容を分析しようとする努力は優先されず、むしろ、情報を入手したほかの市場参加者がどう行動すると推測されるかの方が非常に重要となる。個人的信念の重要度は、ほかの人が信じていると思われることの重要度よりも低いものとされてしまう。

このような論理に従えば、噂の流通がほかの市場参加者にインパクトを与えることが明らかである以上、人々は噂を考慮に入れざるをえなくなる。短期的に見れば、噂が本当であるかどうかということは、噂が価格に与える実質的・即時的効果に比べて重要性が小さい。このように考えていくと、自己言及性とは、噂を増幅させる特異なメカニズムであると言える。金融市場を観察すれば、そのことは一目瞭然である。

純粋協調ゲームとシェリングの認知標識

自己言及的な状況を表す事例の中でも取り立てて研究されてきたのが、「純粋協調ゲーム」である。これはおおよそ次のようなゲームである。まずわれわれは、互いに見知らぬ（そして知り合う可能性をもたない）二人のプレイヤーに「自然数を一つ挙げる」よう要求する。そして、もし二人が選んだ数が同じならば、その数が何であれ、彼らは一定金額を獲得することができる。逆にもし二人の選択が異なるならば、彼らは何も得られない。このゲームが無限個の均衡をもつことは、容易に理解されるだろう。二人のプレイヤーによって同時に選択される数nがすべて均衡なのだ。問題は、二人のプレイヤーがどのような戦略をとれば協調に成功するか、ということである。このゲームの状況は明らかに自己言及的である。したがって、ゲーム（A）と同様に、各プレイヤーは、利益を得るためには、同じ問いに対して他者がどんな答えを選ぶか予測せねばならない。そして、この課題を首尾よく達成するためには、二人のプレイヤーは、協調を可能にする集団的参照基準を見いださねばならない。

ゲーム理論家のトーマス・シェリング*が大いに興味を寄せたのが、この類のゲームであった(12)。彼は、戦略的合理性だけでは解への到達が不可能であることを知っていた。二人のプレイヤーが合理的であり、かつ利得最大化という目標以外に共通点がないという仮定の下では、このゲームが提起している協調問題は一定の解を見いだすことができない。この主張はわかり易いものである。合理性と利得最大化だけでは、諸均衡の総体から一つの均衡を区別することはできない。戦略的分析に従うときには、すべての均衡は全く同値なのであり、誰もそれらを区別しはしない。このことは、戦略的合理性の観点から展開されてきた古典的なゲーム理論の結論にほかならない。一定の信念が不在であるときには、ケインズが論じた相互的な期待形成による「鏡面のプロセス」からは何も生み出されない。このプロセスが果てしなく続いていっても、一つの均衡を他の均衡よりも優位に立たせることのできるような原理が出現することはない。

* **トーマス・シェリング** 一九二一年生まれ、アメリカの経済学者。現在、メリーランド大学スクール・オブ・パブリック・アフェアーズの特任教授。著書に、『対立の戦略』(ハーバード・ユニバーシティ・プレス、一九六〇年)、『ミクロ動機とマクロ行動』(ノートン、一九七八年)など。

しかし逆説的ではあるが、シェリングが強調しているように、このタイプのゲームでは参加者たちは協調に成功するのが普通である。彼らが成功を収めるのは、戦略的合理性だけでなく、広く認知的資源を活用するからである。彼らは、様々な可能的選択がどのように名指しされるかということに関心を向けるのだが、そのようなことは古典的なゲーム理論では禁じられた行為である。しかし実際には、彼らは、多様な選択の名称を考察の対象に据えて、多数意見を集めるのに最も適した名称は何かということを問うている。「このときものを言うのは、論理よりも想像力、数学よりも詩やユーモアである。興味深いことに、従来のゲーム理論はこの問題にはほとんど関心を示してこなかった。このような仕方で人々が協調しうるということは、アプリオリな推論からは理解されないだろう」[13]。シェリングによれば、プレイヤーが協調に成功するのは、諸均衡の中から標識《サイアン》をもつ一つの均衡――すなわちほかの諸均衡と明確に区別されるような一定の属性をもった均衡――を見つけ出すことによってである。したがって、重要なのは、「明確な結果をもたらしてくれる選択のルール」[14]を見つけ出すことである。数のゲームにおいては、「最も小さい数を選ぶ」というルールがそれに当たる。このルールは常に、一意的で〔単一の〕誰にとっても同一の数、つまり「一」という数を与える。

われわれが以下で「シェリングの標識《サイアンス》」と呼ぶこの選択戦略は、ケインズが論じた鏡面的戦略とは全く別のものである。この選択戦略において追求されるのは、人々の高次信念を見いだすことではなく、問題を知覚する諸方法の中から標識的な方法――誰から見ても明確で一意的な協調点を現れさせるような――を直接に選び出すことである。シェリング自身も、彼の解とケインズの提示した解が違うことを主張している[15]。シェリングの解の場合、認知標識を見つけ出すために、自己言及的合理性が行使される。誰もが同意するような問題知覚の方法を見つけ出すためには、共有される信念に依拠しないといけない。そこで自己言及的合理性は、集団に共通な参照基準は何なのかを見極めようとするのである。このような目的を達成すべく、自己言及的合理性は、選択が名指しされる仕方といった、戦略的合理性では無視される文脈的条件を利用することになる。したがって自明なことだが、この合理性が行使されるかどうかは、プレイヤーが生きている文化的・社会的文脈に左右されることになる。つまり、それは社会的紐帯のうちに埋め込まれている。

シェリングのアイデアを試してみようということで、これまでかなりの数の経験的研究が行われてきた。

ここでは、その中からとくに、ジュディス・マータ／クリス・スターマー／ロバート・サグデンの三人の研究者による研究を利用して、議論を展開しておきたい(16)。彼らは、右に述べたような種類のゲームを二〇の事例にわたって研究しているが、われわれはその中から以下の四つだけを考察することにする。第一のゲームでは、プレイヤーは、「過去・現在・未来のいつでもよいから一つの年」を選択するよう要求される。第二はシェリングのゲーム、すなわち「自然数」を記すというものである。第三のゲームでは、「一年の中の一日」を選ばなければならない。そして第四のゲームでは、「人の名前」を選ばなければならない。

集団P（n＝88）		集団C（n＝90）	
回答	割合	回答	割合
問1（年）:			
1971	8.0	1990	61.1
1990	6.8	2000	11.1
2000	6.8	1969	5.6
1968	5.7		
r＝43	c＝0.026	r＝15	c＝0.383
問2（数）:			
7	11.4	1	40.0
2	10.2	7	14.4
10	5.7	10	13.3
1	4.5	2	11.1
r＝28	c＝0.052	r＝17	c＝0.206
問3（日付）:			
12月25日	5.7	12月25日	44.4
12月10日	1.1	12月10日	18.9
1月1日	1.1	1月1日	8.9
r＝75	c＝0.005	r＝19	c＝0.238
問4（人名）:			
ジョン	9.1	ジョン	50.0
フレッド	6.8	ピーター	8.9
デヴィッド	5.7	ポール	6.7
r＝50	c＝0.002	r＝19	c＝0.264

八八人の個人からなる第一の被験者集団は、協調を追求することなく、問題に回答することだけを課題としている。九九人の個人からなる第二の集団は、他人と協調する能力に関するテストがなされるのだという説明を受ける。第二の集団が目的とするのは、自分とペアになっている（見知らぬ）相手と同じ回答を行うことである。〔どちらの集団においても〕二人の回答が同じであるときプレイヤーは一定金額を受け取り、回答が異なるときには何も受け

取らない。第一の集団は「集団P」、第二の集団は「集団C」とそれぞれ呼ぶことにする。三人の研究者は、協調の総合指数を算出し、それをcで表している。cは、集団の全員が異なる回答をするときのゼロと、全員が同じ回答をするときの一の間の値をとる。[17] 前ページの表が、二つの集団について得られた結果である。表に掲げられている回答は、集団の少なくとも一方において五％以上の人が選んだものだけである。rの数字は、異なる回答の数がどれだけあったかを示している。

問一で注目されるのは、集団Pのケースにおいて、二五％の人が自分の生年を選んでいることである。同じ年齢の人が多くいたという理由で、一九七一年が様式的な回答として現れている。また、テストが一九九〇年十二月十日に行われたことから、六・八％の人がテストの実施年を選んだことも注意を引く。集団Pの回答には、テスト主催者が一次的な標識と呼んだもの——すなわち、問題を出された諸個人が行った多数回答——が見いだされる。この場合には、生年が一次的標識に該当している。次に、集団Cの回答を見たときまず注意を引くのは、協調能力が集団Pよりも高いことである。つまり、達成目標に協調を含めたことによって、プレイヤーの回答は大きく修正されたのである。彼らは、もはや自分の個人的回答を述べているのではない。ここで確認されることは、うまく回答が修正されるときには、集団の協調は目覚しい改善を遂げているということである。実際、どの尺度をとっても協調は改善されている。すなわち、協調指数cは上昇し、回答数rは減少し、回答の中で様式的な選択が占める割合は増えている。では、様式的な選択は何に収斂しているであろうか。われわれは、様式的な回答に転換が見られることに気がつく。つまり、一次的な標識すなわち生年に代わって、テストの実施年が様式的回答になっているのである。この選択行動は、シェリングの主張を完全に裏づけるものである。「自分の生年を選ぶ」のではなしに、「今の年を選ぶ」という選択のルールがプレイヤー全員によって見つけ出されるとき、協調の成功がもたらされる。これは、後者のルールが、一意的な回答を明確に指し示すことを可能にするからである。よって、このルールはシェリングの標識である。集団Pの選択と集団Cの選択を比較することによって、自己言及的合理性の特殊性がどこにあるかよく分かる。〔集団Cの〕プレイヤーは個人的信念から考えていくのではなく、もっと一般的な抽象レベルに身を置いて考えることによって、誰の目から見ても同じ一意的な均衡を与えてくれるような原理を見いだしたのである。「自分の生年を選ぶ」というルールは、ここでは役立たない。このルールでは、満場一致の選択を決めることはできないのだ。

問二からも、同様の結果を得ることができる。被験者集団Pの選択において「一」が現れるのはようやく四番目のことだけれども、「最初の数を選ぶ」というルールは、シェリング標識の定義〔明確で一意的な参照基準であること〕と合致している。最初の選択と最終的選択が異なるということは、諸主体が自己の信念や集団の信念と関係のない観念図式《シェーマ》から自己言及的状況に接近していることを、改めて証明するものである。一般的なものそして共通の参照基準を求めて、認知活動が営まれているのである。

問三と問四からは、〔前の二つの問いとは〕違った行動が観察される。問三においては、厳密な意味でのシェリング標識は現れていない。あるいは、〔集団Cにおいて〕選択の七二・二%を占める上位三つの回答をすべて、同じ数だけの〔三つの〕シェリング標識として分析してよいのではないか、と考える向きがあるかもしれない。しかし実際には、「最も重要な祝日を選ぶ」、「今日の日付を選ぶ」、「年の最初の日を選ぶ」という三つのルールに全員が従うのでない限り、協調の成功はもたらされない。問四については、「ジョン」をシェリング標識とみなすことは難しい。よって、問三と問四においては、シェリングが提示した手続きは役立たないように思われる。その手続きでは一意的な均衡を決定することができない。むしろ、問三と問四においては、集団Pの多数選択がそのまま集団Cの様式的選択になっている。「十二月二十五日」および「ジョン」は、まさに集団Pの多数選択である。三人の研究者は、これを一次的標識およびシェリング標識と区別するために、二次的標識と呼んでいる。だが、われわれは、多数選択を模倣したものという意味で、これを「模倣的標識《ミメティーク》」と呼ぶことにしたい。二つのケースにおいては、あたかも、諸主体が一次的選択の内訳を分析することによって、多数選択を見いだそうと決意しているかのように見える。各主体は、多数意見を代表すると自分が信じる回答を選択している。その回答は、先にわれわれが CxCM [P1] と記したものに当たる。

だがわれわれは、上掲論文の三人の著者とは対立して、「十二月二十五日」および「ジョン」という選択をシェリング標識の特殊事例とみなしてよい。なぜなら、それらは型通り《ステレオタイプ》の選択だと言えるからである。実際、そのような紋切り型《ステレオタイプ》が存在するゲームの場合には、多数選択を見いだすことは容易である。それは、多数選択に型通り《ステレオタイプ》の選択が関与しているからである。たとえば、名前と言えば「ジョン」であり、「ジョン」は最も平凡な名前だと思われている。そういう信念がたまたま共有されていれば、「多数選択を得る」回答を明確に知ることができる。それゆえ、〔このゲームには〕シェリングの原理が貫かれている。これに対して、「一つの年を選ぶ」というゲームのように紋切り型《ステレオタイプ》が存在しない場合だと、「多数選択を得る」回答はもはや一意的な回答ではなくなってしまう。というのも、諸個人の選択がどのような内訳になっているか、われわれはアプリオリには何も知らないからである。これは標識の原理ではない。

ここまでの分析を、われわれは静態的な枠組みの中で行ってきた。つまり、プレイヤーは一回しかプレーしないという想定の下に分析を行ってきたのである。これに対して、以下では考察の領域を動態的状況へと拡張することにしたい。そしてそのためには、シェリング標識および紋切り型《ステレオタイプ》標識と並ぶ、自己言及的合理性のもう一つの重要な形態、すなわち模倣《イミタシオン》を考慮に入れることとする。以下の考察でわれわれが示そうとするのは、模倣衝動的《ミメティーク》な一点集中のゲームによって、満場一致で共有された信念――コンベンションと呼ばれる――がもたらされるとき、自己言及的状況は安定化を達成する、ということである。

二　模倣主義《ミメティスム》と共有信念《コンベンション》

共有信念《コンベンション》の安定性

模倣は、自己言及的合理性の核心である。この点を明らかにするために、今までの静態的枠組みを離れて、動態的《ディナミーク》な自己言及ゲームを考察していくことにしよう。プレイヤーたちはもはや一回限り対面し合うのではなく、繰り返し対面し合うものとする。また、毎回のゲームを始める前に、彼らは、前回以前のゲーム結果について情報をもっているものとする。多数選択を最もうまくとらえた人（または人々）に賞品が与えられる――これをわれわれはゲーム（A）と呼んだ――という設定にすれば、集団の間でたちまちのうちに完全な協調が得られるだろう。二回目か三回目以降には、すべてのプレイヤーが満場一致で、一回目に多数意見だった意見を選択していると思われる。このような動態的枠組みにおいては、「多数選択を模倣する」ことが、シェリング的意味での標識戦略となる。その結果、明確な満場一致の意見が集団的に生み出されるだけでなく、この戦略をとるプレイヤーが満場一致の意見を個人的に見いだすことができるようになる。他者の行動を模倣することによって、何が多数信念になるかを予測できるというわけである。

ここで強調しておきたいのは、こうした模倣行動には、明確に区別される二つの動機が考えられるということである。前回以前の多数意見は集団が本来もっていた信念を反映したものだ——こういう考えに立って、経済主体が模倣を行うものとしよう。このときまず、次回のゲームにおいても人々は自らの個人的好みに従って行動し続けるだろうという考えから、この主体は模倣行動をとるかもしれない。だが、そのような分析は自己言及的合理性の基準には合致していない。なぜなら、その裏には、ほかの諸主体は自らの信念につき従って行動するだろうとの仮説があるからである。自己言及的合理性の基準に従うなら、すべての主体は問題を同じ観点から眺めていなければならない。誰もが次回のゲームで何が多数意見になるかを予測しようとしているものと仮定しなければいけないのだ。そこで次に、厳密に自己言及的な構造を想定するなら、前回の多数選択がシェリング標識になると考えなければならない。つまり、誰の目にも、前回の多数選択が、選択を収斂させるフォーカル・ポイント〔皆の注意の焦点になるもの〕であるように映るということである。このときの模倣は「自己言及的」なものである。というのも、模倣が、「次回に全員が同じ問いを自らに課すとき、集団の多数意見になるものは何か?」ということの予測を可能にしているからである。

シェリングは、純粋協調ゲームの解においては、以前の結果が重要であると強調していた。すでに出会ったことのある状況に直面したプレイヤーは、前回の解を参照しようとするのが自然である。このときには、前回の解がシェリング標識になっているのである。新しいデータがないときには、諸個人は前回の解を再生産する傾向をもつ。というのも、それが明確な解を提供するからである。前回の解がフォーカル・ポイントになることによって、集団の全体的動きを予測しようという意思をもった人々の判断は一点集中することになる。模倣が演じる役割があまりにも大きいことに驚いてはならない。なぜなら、順応主義《スュイヴィズム》は自己言及ゲームの核心をなすものだからである。このゲームが各プレイヤーに要求しているのは、多数意見——内容を問わず、ただ多数であるという特質だけをもっていればよい——を見いだすことである。追求されているのは、独創性でも判断の正しさでもなく、集団の動きを予測する能力なのである。自己言及的な模倣に期待の次元が含まれているという事実は、特筆に価する。模倣行動によって集団の将来行動を予想できるのはなぜかと言えば、模倣を通じて、過去の状況というフォーカル・ポイントへと全員の期待形成が収斂していくからである。模倣行動のおかげで、集団は協調に成功する。この自己言及的な模倣を、群集行動《パニュルジスム》と混同してはならない。後者は、羊たちが機械的に前の羊につき従うよう促すものであり、完全に不合理な行動である。

以上のような単純な設定のゲームにおいては、多数意見を追求する自己言及的プロセスは、満場一致の状況をもたらす。すなわち、ゲームが何度も繰り返されるとき、最終的にどの主体も同じ写真、同じ数あるいは同じ意見を選ぶに至る。様々なモデルを用いた実験によって、このような結果はすでに確認されている。(18) ただし、こうした結果を得るためには、「共同体の他の部分から切り離された閉鎖的な下位集団が存在してはならない」という最低条件が必要である。ひとたび満場一致が達せられれば、集団の意見は安定化する。というのは、模倣が追求されても、もはや状況が変わることはなく、前の満場一致が再生産されるだけになるからである。実際、言うまでもないことだが、満場一致の意見には、それが現れたときからすでに全員の期待形成が一点集中している。誰もがその標識に賭けているのだ。そして誰もが、その意見は全員の票を集めるだろうと予測するとき、自動的に満場一致の再生産およびその安定化が達せられるのである。このとき達せられる均衡状態を言い表すために、われわれは「コンベンション」という表現を用いて、「集団はコンベンションをもつ」という言い方をする。大部分の状況においては、アプリオリには多数の共有信念《コンベンション》が可能である。実際、集団には多様な信念が受け入れられている。ほかでもないその信念が共有信念《コンベンション》として採用されるかどうかは、ダイナミクス〔ここでは繰り返しのゲーム〕それ自体が存在するかどうか、そしてダイナミクスが強いか弱いかということによって決まる。金融においては、経済の基礎的条件とは全く関係ない理由から、特定の値のところで期待形成がなされることがある。たとえば、株価の変動においてシンボリックな数字──ダウ平均一万ポイントなど──が演じる役割を考えてみればよい。こうした数字は固有の標識となるから、自己言及的合理性によってとくに注目を引くのである。

　自己言及的な相互作用の下では、信念の自己実現の働きによって共通意見が形成されてくる。しかし、ファンダメンタル主義の理論家にとっては、こうした分析は奇妙に思われるかもしれない。なぜなら、われわれの分析においては、ある意見が共通意見になるのは、それが本来的に真であるためではなく、全員がそれを真であると信じているためだとされるからである。ケインズは、金融の機能がこの原理に従っていることを理解していた最初の経済学者である。たとえば彼は、債券市場についてこう述べている。「利子率は高度に心理的な現象であるよりもむしろ高度に慣行的《コンベンショナル》な現象であると言った方が、おそらくはるかに正確であるかもしれない。なぜなら、その現実の値は、その現実の値がどうなると期待されるかについての一般的な見解によって著しく左右されるからである。どのような水準の利子率であっても、長続きしそうだと十分な確信をもって認められるものは長続きするであろう」(19)。彼は、利子率の基礎にある信念が任意的性質をもっていることをよく理解していた。利子率は一つの慣行《コンベンション》＝共有信念である。利子率は均衡率（すなわち、完全雇用を可能にする利子率）から大きく離れることがあるが、市場はそういう水準の利子率も選択するのである。共有信念《コンベンション》によって達せられる水準が正しいことを皆が信じているとき、その水準は、自己実現的予言の原理によって自動的に実現される。「利子率が、完全雇用を実現するには慢性的にあまりにも高い水準のところで数十年間も変動することがあろう。……慣行《コンベンション》によって確立された水準でありながら、慣行《コンベンション》よりもはるかに強い客観的な根拠に根ざしていると考えられ……る場合には、とくにそうである」[20]。共有信念《コンベンション》の分析を進めていけば、歴史的に特殊な偶然によって「悪しき」共有信念《コンベンション》が選択された例は枚挙に暇《いとま》がないほど見いだせることだろう[21]。

ケインズの分析はまさに革命的であった。実際、従来の理論においては、金融変数はファンダメンタル変数の反映でしかないとみなされていた。このような理論だと、信念が役割を演じることはない。価格を決定するのは財の稀少性であり、客観界に属する財の稀少性は自然物と同じ力をもってすべての社会的主体に課されていると考えられている。だが、〔ケインズにおける〕自己実現的予言の概念は、このような自然主義的な認識論とは無縁である。この概念に含意されているのは、「信念が創造的役割を果たす」という全く新しい主張である。経済諸主体の考え方や世界を表象する仕方が、価格という諸主体相互の関係に対して影響を与えるというのである。このような概念展開は、危機および危機脱出法についての従来の分析を根底から覆してしまった。ケインズによれば、完全雇用の障害となるのは、資本の物的稀少性ではなく、利子率の正常値についての人々の考え方なのである。彼らが正常だと思う値が高すぎれば、完全雇用は不可能になる。人間と彼らの幸福との間に横たわる障害、それがもはや外的な自然制約にではなく、彼ら自身の信念に求められるわけである[22]。このようなアイデアは人を狼狽させずにいないものだから、ケインズは自らの主張に次のような補足を行っている。「慣行《コンベンション》は確実な知識に根ざしたものでないから、貨幣当局が適度に目的を持続的に一貫して追求することに対しては、必ずしも不当な妨げにはならないだろう」[23]。しかし基本的には、ケインズ主義の政策とは、信念や意見を標的に定めることによって、支配的な金融的共有信念《コンベンション》を変えようとするものである。そこが斬新なところなのだ。彼はこう述べている。「世論は利子率の適度な低下に対してはかなり急速に慣れることができ、将来に関する慣行的《コンベンショナル》な期待もそれに応じて修正されるであろう。こうして利子率がある点までいっそう低下するための途が用意されるのである」[24]。徐々に利子率を下げる漸進主義的政策のおかげで、われわれは少しずつ気持ちを変えることができるというわけだ。たとえば、金本位制放棄後のイギリスにおける利子率低下について、ケインズは次のような解釈を披露している。「公衆の流動性関数が、相次いで行われた引下げに慣れて、情報や当局の政策における新しい誘因に反応する用意ができていた」[25]。

すでに述べたように、一つの共有信念《コンベンション》が現れると、自己言及的合理性の行使条件は根本的に変わってしまう。この点を理解することは重要である。共有信念《コンベンション》が出現すると、個人の認知形態は根本的な質的変容を促される。以前であれば、どんな人も、他人の回答がどういうものかを知るために、他人に対して直接に注意を向けていた。それには繊細な気配りが要求される。しかし今では、全員の信念が参照基準に一点集中することによって、安定化が達成されるようになる。他人が行おうとすることを知るには、私的な期待形成を秩序づけている慣行的《コンベンショナル》なルールに関心を向ければよい。この意味で、共有信念《コンベンション》とは、諸個人と集団との間の事実上の仲介者であると言える。共有信念《コンベンション》の存在によって、諸主体の認知的態度は根本的に変容する。つまり諸主体は、他人を気づかうことをやめ、もっぱら共有信念《コンベンション》に注意を向けるようになる。こうして、集団は他者言及的な活動――ファンダメンタル主義の理論で公準化されているのと類似したもの――を獲得する。その結果、株の取引には高度の連続性と安定性がもたらされる。ここでのわれわれのアプローチが伝統的な分析と異なるのは、集団が参照基準を自己産出すると考える点である。金融共同体が流動性を通じて獲得する自律性は、このような形で現れる。評価は、もはや企業家の目的に縛りつけられておらず、金融市場それ自体によって生み出されている。共有信念《コンベンション》とは、金融共同体の組織化様式にほかならない。したがってまた共有信念《コンベンション》は、金融共同体のあらゆる脆弱性を受け継いでもいる。

一つの共有信念《コンベンション》を堅持しているとき、自己言及的集団は安定的な存在形態を得ていると言ってよい。安定性が問い直されることなく信頼が支配的であるときには、あたかも人々が一つの客観的評価モデルを共有しているかのように、事は進んでいく。繰り返し反復され承認されている共有信念《コンベンション》は「第二の自然」のようなものになるから、外部のアナリストや集団の成員はそれの慣行的《コンベンショナル》な性格を忘れてしまうことがある。つまり誰もが、慣行的《コンベンショナル》な解釈モデルを、現実を映し出す真のモデルとみなし、その信頼性を問題にしようとはしなくなる。すると、ファンダメンタル主義的合理性と自己言及的合理性を区別することができなくなる。皆がコンベンションを信じていれば、他人の意見を予測することとモデルの結果を予測することとが全く同じことになる。このように慣行《コンベンショナル》的性質が忘却されることは、集団《コンベンショナル》的信念の植え付けを助長するので、強い安定効果をもつ。

さらに、全員がその信念を絶対的に共有しているならば、偏向的な行動が全く現れなくなるため、共有信念《コンベンション》に関する満場一致したがってその永続化の機会はいっそう強まることになる。つまり、共有信念《コンベンション》が真に安定的であると言えるのは、集団成員がその正統性を承認しているときに限られる。これは重要な論点である。そのような正統性が欠けていれば、直ちに偏向的行動が現れ、共有信念《コンベンション》の満場一致は問い直されるだろう。われわれが思うに、一つの意見への偶然的な一点集中が起こったとしても、それだけではその意見は安定的な共有信念《コンベンション》に転換するものではない。転換が起きるためには、誰の目にも正しいように見えないといけない。言い換えれば、模倣を通じて共有信念《コンベンション》を選び出す運動は、「排　除《エクスクルュジオン》」という第二の運動によって支えられなければならない。「排除」の運動の中では、集団が認めている諸価値に照らして、共有信念《コンベンション》の正統性が確認される。共有信念《コンベンション》は、説得や論証といった要素に支えられることを必要としているのである。そして、このように認知的制約が強く働くために、均衡値は必ずしも任意なものではなくなる。ファンダメンタル主義者の見解についても、要求される最低限のもっともらしさというものは当然あるだろう。しかし、経験が教えるように――第三章のインターネット株の例がまさにそうなのだが――、かなり大きな解釈の余地が残されているのである。

　次章では、金融部面において共有信念《コンベンション》がとる具体的諸形態を詳しく分析するつもりである。しかし一点だけは今すぐ述べておかないといけない。それは、金融の共有信念《コンベンション》には、人々の期待形成が厳密に同一《イダンティテ》であること――集団全体に対してただ一つの協調解を要求する先の純粋協調ゲームのように――は含意されていないということである。金融の領域では、支配的な解釈モデルが通用すること、すなわちどちらかと言えば質的な性質が問題である。このような枠組みの中で共有信念《コンベンション》を考察するときには、個人の期待形成に一定の多様性が見いだされて当然である。その多様性によって、相場の正常な変動性《ボラティリティ》がもたらされるのだ。第三章でメキシコとアジアの危機を論じるとき、われわれは、変則の蓄積が過度な価格変動性を引き起こすことによって、共有信念《コンベンション》が問い直されていく様子をたどることにする。しかし当面は、抽象的モデルの枠内にとどまりながら、そのような問い直しの論理を分析しておくことにしたい。以下で提示される中心仮説は、危機のプロセスが「戦略的合理性の復活」として分析されるというものである。戦略的合理性が復活するのは、懐疑的な投機家たちが集団的期待に対する批判的な見方を強める傾向をもつときである。彼ら戦略的投機家は、〔実際に〕注文フローを出すことを通じて、共有信念《コンベンション》の安定性とそれを支える信念の強さについてテストを試みる。これによって引き起こされる相場の「過剰変動性」は、集団慣行的《コンベンショナル》な解釈モデルが信認の危機を迎えていることの指標となる。そして、戦略的行動が一般化してしまうと、自己言及的な危機が姿を現す。以下では、そうしたダイナミクスを考察しておきたい。

相場の変動性と共有信念《コンベンション》の脆弱性

共有信念《コンベンション》についてこれまで述べてきたことからわかるのは、争い難い真理に支えられていない共有信念《コンベンション》は、直ちに一定の脆弱性を呈するようになるということである。たいていの場合、共有信念《コンベンション》に捧げられている正当化の理由は、取引主体にとっては不完全なものにしか思われない。だから、懐疑と不信の奔流が形成されていき、その中から戦略的行動が現れ出てくることがあるのである。さて、その戦略的投機家について、われわれは二つのカテゴリーを区別することができる。「懐疑的ファンダメンタル主義者」と「反抗的投機家《コントラリアン》」[26]がそれである。

前者の特徴は、通常は支配的共有信念《コンベンション》に従っているけれども、限界的には、共有信念《コンベンション》が権威づける解釈や価格が変化する可能性の方へ賭けを行うことである。結果として、彼らの行動はそうした変化を増幅させる効果をもっている。「懐疑的ファンダメンタル主義者は、ショックが市場の動きを変えるという原理からまず出発する」[27]。したがって、彼らは何が集団的《コンベンショナル》意見なのかを見定めながら、時おりそれに逆らう賭けを行うことになる。彼らの行動を理解するために、トレーダーたちが意思決定を行うときに見ている情報スクリーンの構造を思い浮かべてほしい。まず驚くべきことは、情報の規格性である。どんな情報が新たに到着するかということが、かなり詳細に公表されている。われわれは、その週の各曜日、そして今後の数週間にどんな情報が公表されるか、何時に公表されるのかを知ることができる。こうした情報の規格化は、「誰もがこの情報の到着を待っているだろう」という客観的標識を生み出すことによって、大きな役割を果たすことが明らかである。次に、こうした情報とは別に、「コンセンサス」と呼ばれるものが存在する。これは、新情報の期待値に関するアナリストの平均的意見である。たとえば、一九九九年一月二十日火曜日十二時、スウェーデンの失業率が公表されることになっていた。その数字についてのコンセンサスは、六％であった。このとき懐疑的ファンダメンタル主義者たちは、ほかの投資家の期待へ注意を向けることによって、戦略的行動をとった。コンセンサスが存在していたので、彼らは戦略的行動のアイデアをもつことができたのだ。コンセンサスの誤りを予測できたときに、彼らは市場に参加し、ショックから利益を得ようとする。ここでの例においては、彼らは、スウェーデンの失業率が六・〇％でないことを予測したので、行動を起こしたのである。彼らの関心を引くのは、本来の情報ではなく、自らの分析がどれだけ市場のそれと違っているかということである。このとき、彼らの行動は二重の意味で相対的である――すなわち、一方では、コンセンサスに対して、他方では、彼が市場参加するときに支配的な市場の相場に対して。そして懐疑的ファンダメンタル主義者が売買に向かうとき、価格の変動性が高まる。つまり、共有信念《コンベンション》によって承認されている正常な相場変動性に対して、新たに変動性が付け加わることになる。

戦略的投機家の第二のカテゴリーは反抗的投機家である。反抗的投機家の戦略は、集団的な《コンベンショナル》意見と反対のポジションをとるものであるから、共有信念《コンベンション》の安定性にとっては、懐疑的ファンダメンタル主義者の戦略よりもずっと危険である。その最も有名な例は、ジョージ・ソロスである。彼の基本的発想は、「市場は頻繁に間違いを犯すので、それに逆らった取引を行えばたくさん金を稼げる」というものである。このアイデアが興味深いのは、何よりもまず、「市場は効率的である」とする自由主義的な主張と真っ向から対立するからである。正統派の金融理論の主張によれば、市場は常に正しいから、それに対抗することはできない。これに対して、ソロスはたとえばこう述べている。「一般に考えられているのは、先行きが不透明であっても、相場は市場の将来の動向を正確に反映するという考え方、つまり、市場は常に正しいとする考え方である。私はこの考え方とは異なり、相場は現在の偏った情報に基づいて予想された市場の将来を反映しているため、市場は常に間違っているという考え方である(28)。ソロスは、自らの戦略的分析の中心にあるこのような観点を繰り返し述べている。「私は『市場は常に正しい』という考え方とは正反対の立場である。……私の主張は、市場の評価は常に歪んでいる……ということである(29)」。反抗的投機家の戦略は次のようなものである。共有信念《コンベンション》を堅持してもほとんど利益が得られない構造になっているとき、しかも、市場逆行的な賭けのリスクが小さくその潜在的利得が非常に大きいとき、この戦略は好成績を上げることができる。明らかに、そのような状況は、反抗的投機家が任務を全うするにふさわしいものである。同じことは、オリヴィエ・ダヴァンヌも指摘している。彼は、強気相場のときこの戦略が行使される点を次のように説明している。「すべての投資家が現在の市場動向について非常に楽観的であるとき、反抗的投機家は売りに出る決意をする……。そのときの反抗的投機家の考えは、市場が上げる可能性よりも下げる可能性の方がずっと大きいので、リスクをほとんどとらずにすむだろうというものである」[30]。このような状況を生じさせる極端な例として、管理された固定平価の下にある為替市場がある。〔投機〕アタックを受けている通貨の金利が低くて、なおかつ潜在的利得が非常に大きいときには、費用をかけずに弱気のポジションをとることができる（一九九二年のポンド・アタックによってソロスが世界的著名人になったことを想起せよ）。一般論として言えば、反抗的な戦略が成功するかどうかは、その投機家が（自分に追随するよう市場に説得する）先導者としての能力を備えているかどうかにかかっている。市場がついて来なければ、アタックは孤立してしまい、共有信念《コンベンション》が存続することになるだろう。これは、自己言及的な論理にほかならない。反抗的投機家の意見が優勢になるためには、誰の目にもそれが新しい標識として映らなければいけないのである。

「共有信念《コンベンション》に反したプレーをせよ」という戦略が、いつも利得をもたらすわけではない。しかし、それこそが投機の真髄なのである。投機の失敗を示す格好の例として、LTCM（ロング・ターム・キャピタル・マネージメント）という投機ファンドの破綻について触れておきたい。理論的には、同ファンドの戦略には全く欠点はなかった。一九九八年夏のロシア・ショックの後、同ファンドは、リスク債券の間に非常に大きなスプレッド（利回り格差）が発生していることを見いだした。ファンダメンタル情報に照らしてみて、スプレッドは過大だと判断された。そのような変則が長く続くはずはない。そこで同ファンドは、市場と反対のポジションをとることを考えた。金融理論から見てもこのときの状況はおそらく異常であったろうから、同ファンドの行動は首肯しうるものであった。〔状況の異常さとは〕すなわち、数週間の間、極端なリスク忌避の態度が目撃されたことである。投資家たちは最も流動的なもの以外のすべての債券を拒否していたのだが、このような投資家の行動を説明するようなはっきりした理由はなかった。問題になっていたのはアクシデントにすぎなかったこと、そのうちに状況が正常に復さねばならないことは明白であった。そのことは、それ以前の市場動向から見ても疑いようがないことであった。

このようなケースでは、ＬＴＣＭは二種類の証券の間で裁定を行う戦略をとればよい。つまり、過高な相場の証券を売り、過安な相場の証券を買い、あとはスプレッドが吸収されるのを待てばよいのである。ところがこの時ばかりは、皆の期待に反して、投資家の不安は鎮まらず、スプレッドの拡大は止まらなかった。想像し難いことが起きていたのだ。すべての投機ファンドと同様ＬＴＣＭもまた、銀行借入れを主な資金源として取引していただけに、そのポジションは傷つき易かった。ＬＴＣＭが損失を被る一方で、債権者からの返済要求が強まり始めていた。こうして、ＬＴＣＭは破綻寸前まで追い込まれたのである。周知のように、このような場合に最も重要なのは時間の問題である。この〔ＬＴＣＭという〕反抗的投機家が失敗した原因も、正常な均衡に復帰する時間が予想より長すぎたことにあった。あらゆる投機の成否は常にタイミングの問題だと言ってよい。先行きの市場の信念を予想することは必要であるけれども、先走りすぎてもいけない。ＬＴＣＭがもっと長く待てたなら、あるいは賭けに成功していたかもしれない。しかし、ケインズが言うように、「長期にはわれわれは皆死んでいる」のだ。それと同じことを職業的投機家の言葉を借りて言えば、「市場は、われわれが支払い可能であり続けるよりも長く、非論理的であり続けることがある」[31]のだ。このような事情のとき一番希求されるのは、ポジションの流動性である。流動性は一種の保険であり、市場逆行的な過度の投機的ポジションからの速やかな解放を可能にしてくれる。しかしＬＴＣＭはそれを享受できなかった。

われわれが考察してきた戦略的行動は、支配的な共有信念《コンベンション》から外れたところで行使されている。そのとき出される注文フローは、信念の安定性を攪乱してしまう。そのような攪乱の程度を測るのが、相場の変動性《ボラティリティ》である。戦略的懐疑によって慣行的《コンベンショナル》な参照基準が攪乱するときには、「過剰な変動性」が発生する。こうした状況の下では、次のような累積プロセスが始まってしまうおそれがある。まず、懐疑的ファンダメンタル主義者や反抗的投機家の影響の下で相場の変動性が高まるにつれ、市場の先行きを予想する上での集団的認知装置《コンベンション》の効率性は低下する。次に、このような状況が、市場参加者全員――それまで現存の共有信念《コンベンション》とぴったり一致した行動をとってきた者も含めて――の行動に影響を与える。共有信念《コンベンション》への追随があまり利益にならないことに気づいた市場参加者たちが、これ以降は戦略的態度を採用するようになる。つまり彼らは、どれだけの買い、どれだけの売りを実行すべきかを決めるために、いまや平均的意見の推移を直接検討するようになる。このようにして戦略的行動が広まっていくと、今度はそのことで不安定性が高まる。最後に、懐疑が一般化したとき、市場のもつ純粋に自己言及的な性質が力を発揮するようになる。ダヴァンヌが言うように、「反抗的投機家は市場の『寄生者』である。彼らは、〔現存の〕利殖方法の欠陥から利益を上げているにすぎない。ひとたび市場が自らの合理性への信頼を喪失してしまったときには、彼らは真に代替的な利殖方法を提起することができないのである……反抗的投機家ばかりがいる市場は非常に不安定になり、経済の基礎的条件から完全に分離するようになる」(32)。このように、相場の非常に大きな不安定性を特徴とする危機の時期とは、純粋な自己言及性が力をもつ時期なのである。

こうした〔危機の〕極端な状況の下では、私的期待の安定化をもたらすような判然とした参照基準は姿を消してしまう。外的な参照基準が存在しなくなると、投資家たちは純粋に自己言及的な行動に走るようになる。つまり、どの投資家も、他者が自分と同じ不確実性に直面し、それゆえ問題を同じ角度から見ているということを承知した上で、「他者がどう行動するか？」を考えるようになるのである。市場参加者がどのように行動するかを教えてくれるような基準点は、もはや存在していない。各投資家が知っているのは、目の前の現実に対して誰もが一様に疑念と用心深さを抱いているということだけである。したがって、極端な不確実性の局面はまた極端な模倣主義《ミメティスム》の局面でもある。本書でのわれわれの理論的分析によれば、解釈を秩序づける働きをする標識的《サイアント》媒体が不在であるとき、諸主体は市場の先行きに関する自らの予測を、過去の傾向の模倣によって根拠づけようとする。このような態度が一般化するとき、相場の推移は経済実体との関係を完全に絶ってしまう。その例は、弱気への一点集中というケースである。すなわち、満場一致で承認された底値が存在することを明確に指し示すような——すべての主体を拘束する——参照基準が存在しないとき、強い売り圧力によって、大きな価格変動が生じる。ところが、売り圧力に対抗する買いの流れは現れないかもしれない。そのとき価格は際限なく下落してしまう。このようなパニック状況は頻繁に起こっている。この〔弱気への一点集中という〕例は、われわれの主張を理解し易くしてくれる。この例からは、市場が自己言及的性質をもつこと、〔その前提として〕基礎的《ファンダメンタルズ》条件による決定が不在であることがよくわかるのである。このような条件の下では、市場外の拠り所〔金融当局や銀行制度〕が中心的な役割を果たすことになる。市場外の拠り所が役割を果たすからこそ、市場は模倣《ミメティーク》の爆発を免れることができる。ただし、その役割が市場にとって信頼に値するものでないと、そのような恩恵はもたらされない。市場外の拠り所がその行動を通じて標識《サイアンス》を与えることができれば、諸主体はその助けを借りて表象を再構築し、評価プロセスを安定化させることができる。

市場のダイナミクスを考えるためにわれわれが提示しようとする一般的図式《シェーマ》は、以上の通りである。ここでは、共有信念《コンベンション》の安定、戦略的問い直し、自己言及的危機という三つの局面が区別された。各局面を性格づけるには、どのような合理性の特殊形態が支配しているかに着目すればよい。まず共有信念《コンベンション》安定の局面においては、ファンダメンタル主義的合理性が支配的である。人々は〔価格水準と値動きについて〕自ら評価を下すために、経済世界に目を向け、現存の共有信念《コンベンション》に照らしてその解釈に努める。次の局面は、戦略的合理性が力を増すことにその特徴がある。懐疑的ファンダメンタル主義者と反抗的投機家は共有信念《コンベンション》に別れを告げる。彼らは、市場の信念に主な関心を向け、それを相手に闘いを演じる。彼らの行動によって、評価の安定性は攪乱を被り、懐疑的態度が広まっていく。こうして戦略的行動が一般化していくと、今度は、自己言及的合理性が支配する第三の局面に突入していく。共通の参照基準は完全に失われ、どの投資家も平均的意見の予測のみに基づいて市場参加を思案するようになる。

以上の諸原理を機械的に適用することのないよう、用心してもらいたい。実際においては、われわれは必ずしも評価の不連続に出会うわけではなく、むしろ、一つの局面《レジーム》から別の局面《レジーム》への漸進的な移行を目撃することの方が多い。それにまた、市場のダイナミクスが局面を「跳び越える」こともある。たとえば、戦略的問い直しの局面が、必ずしも自己言及的危機に転化するとは限らない。

相場の変動性《ボラティリティ》やリスク・プレミアムの推移について考えるとき、われわれのモデルを適用することが重要な意味をもってくる。正統派の理論においては、基礎的条件還元主義《ファンダメンタリズム》が前提だから、ファンダメンタル変数の本来的可変性が相場の変動性に直接反映するものとされる。しかし、経験的にこうした仮説は成り立ち難い。ロバート・シラーの研究が示したように、観察される株式相場の変動は、平均して、ファンダメンタル価格の変動よりも大きい。[33] これが「過剰な変動性」である。これがなぜ確認されるのかは、われわれのアプローチからほぼ説明できる。変動性とは、基礎的条件のランダムさを表現するものではなく、市場を構造化する共有信念《コンベンション》に対する懐疑の尺度である。シラーが観察したものは、その懐疑が引き起こした内生的な「過剰変動性」であると言えよう。しかしここでは、さらに考察を進めてみたいのである。われわれの理論的分析を利用すれば、市場の局面ごとに変動性のレジーム（一定の歴史的状況を表現するような諸変数の組み合わせ・パターン）を区別するアプローチをとることができる。すなわち、区別される三つの状況について、われわれはその各々をかなり図式的に特徴づけることができるのである。

まず、共有信念《コンベンション》安定の局面を特徴づけるのは、リスクが一般に過小評価されていることである。投資家は自分の評価モデルに信頼を置いている、つまりその永続性を信じている。したがって、投資家は、突然にモデル修正を強いられる可能性を無視している。今日のアメリカ株式市場と一九九七年危機以前のアジア金融市場は、そのようなレジームを示す二つの例である。次に、戦略的問い直しの局面では、「収益―リスク」関係の予測が改善される。懐疑的ファンダメンタル主義者と反抗的投機家が、ランダムな動きを正しく評価しようと細かく気を配るので、それに影響されて予測が改善されるのである。最後に、自己言及的危機に対応しているのは、予測の歪みが大きい状況である。一九九八年夏の終わりに投資家たちがあらゆるリスク証券を――リスク僅少なものであっても――忌避したことは先に言及したが、この例のように危機の局面においては、過度のリスク感応性が見られるようになる。そのような「質への逃避」（国債のような確固とした保証付きの資産だけが選好されること）によって、スプレッド（利回り格差）の例外的な拡大がもたらされたのである。要するに、リスク・プレミアムは静態変数ではなく、市場のマクロ的動態《ダイナミクス》に従属して決まるのだ。この従属性を考慮に入れれば、リスク・プレミアムに数多くの変則が見られることもまた理解できるだろう。

二つの節を論じ終えた今、われわれは自己言及性の一般モデルを手中にしている。ケインズの分析と純粋協調ゲームの理論に依拠しながら、われわれはここまでたどり着いたのである。われわれの主要な結論を形づくっているのは、鏡面性、共有信念《コンベンション》の役割、三つの合理性の存在、といった概念である。次章では、そうした一般的概念を利用しながら、金融の論理を分析するつもりである。しかしその前に、金融的自己言及性のメカニズムとその破壊的能力がどのようなものであるかを現実に即して知るために、事例研究を行っておきたい。その事例とは、一九八七年十月の株価大暴落《クラッシュ》である。われわれは、この出来事については豊富で正確な記録をもっている。その検討を通じて、流動性、金融的行動への流動性のインパクト、そしてまた危機発生に際して戦略的合理性が果たす役割とは、具体的にどのようなものであるのか明らかにしてみたいのである。

三　一九八七年十月の株価大暴落

運命の日〔一九八七年十月十九日〕が訪れるまで、非常に長い間、強力な「強気相場」の共有信念《コンベンション》が市場を支配・構造化していた。強気相場は一九八二年第２四半期に始まり、21四半期続いた。この驚くべき長さの強気相場は、一九八七年八月二十五日に頂点に達した。その日、ダウ平均は終値二七二二ポイントで引けた。一九八二年第２四半期以来、一年当たり平均で二〇％ずつ上昇したことになる。つまり、五年で株価は三倍以上になった。

一九八七年八月二十五日以降は共有信念《コンベンション》の問い直しが進んだが、そのことは、変動性《ボラティリティ》の極端な高まりから明らかである。まず十月十三日まで、株式市場は緩やかな下げであった(34)。次に、十月十四日水曜日、十五日木曜日、十六日金曜日と三回の大幅な下落があった（それぞれ指数のポイントで九五、五八、一〇八の下げ）。最後に、一九八七年十月十九日、パニックが起きた。ダウ平均は五〇八ポイントすなわち二二・六％の急落であり、一七三八ポイントで引けた。これは一日の下げ幅としては、株式市場の歴史が始まって以来最大のものである。この日一日だけで、金融資産が七億ドル以上消滅した計算になる。ちなみに、それまで下げ幅の最高記録は、一九二九年十月二十八日木曜日の一二・八％であった（翌日の一〇・三％の下げと合わせて、二日で二三・一％の下げであった）(35)。一九二九年と同様、一九八七年の暴落には、出来高の大きな増加がともなっていた。ＮＹＳＥ（ニューヨーク証券取引所）すなわちニューヨーク株式市場では十月十九—二十日だけで六億株以上の取引があったが、これは一九八七年九月の正常な出来高の三倍に相当するものであった。このことは、市場が直面せねばならなかった弱気圧力の強さを物語るものである。しかし、ＮＹＳＥだけが、ここで関係するアメリカの市場ではない。ＣＭＥ（シカゴ商品取引所）もまた当時大きな役割を演じた。この市場で取引されているＳＰＳＩＦ（Ｓ＆Ｐ五〇〇株指数先物）は、利用頻度の最も高い株価指数先物契約である。十月十九日にＳＰＳＩＦは二八％低下し、取引量も大きく減少した。

このような大きな変動をどう説明すればよいのだろうか？　市場の効率性理論が役立たないことは明らかである。値下がりを説明するような基礎的条件の変化はなかったからである。翌二十日の一日を通じての変動を見るならば、いっそうの確証が得られるだろう。この日は、前日の下落を一部埋め合わせる一二・

一%の反騰で始まったが、その後はまたすぐに一一・四%下げて、正午前には、ほぼ十月十九日の終値に戻った。さらに、その日の終わりにかけて、ウォール街は再び反騰し、強い上げとなった。よってわれわれは、三つの局面（上昇、低下、上昇）からなる鋸歯状の値動きを見いだすのであり、その幅はきわめて大きいものだった。つまり三つの局面の変動幅はその各々が、一九二九年恐慌の「暗黒の木曜日」に観察されたものと同じくらい大きなものだった。ブルース・グリーンワルドとジェレミー・スタインが述べているように、「一日で二二・六%下がったことも問題だが、激しい上下動の方がもっと問題である。基礎的条件のデータを用いて分析しても、これを合理的に説明することは不可能であろう[36]」。われわれが指摘しておきたいのは、このプロセスに作用しているのが純粋に自己言及的な合理性であること、すなわちそこでは誰もが平均的意見を見いだそうとしていることである。しかしその場合、平均的意見を見つけ出そうとする各経済主体には、外的な参照基準は利用できない。そのような状況では、唯一の合理的な態度は模倣である。この態度が共有信念《コンベンション》によって秩序づけられることなく、そのままに表れるとき、意見の揺れ動きが激しくなる。この解釈を明確に裏づけてくれるのが、一九八七年十月の危機についてシラーの行った実証的研究[37]である。

個人の期待

経済学者のシラーがとくに関心をもって論じているのは、運命の一日における投資家の行動である。彼が用いた方法は、質問と面談による分析であった。十月十九日の夕方、彼は二〇〇〇人の個人投資家と一〇〇〇人のプロのファンド・マネージャーをサンプルにとって、いくつかの質問を行った。前者からは六〇五の回答が、後者からは二八四の回答が得られた。分析の目的は、この大暴落を引き起こした原因を見極めることである。

そこでシラーはまず、専門家やメディアの言説から、大暴落に責任がある可能性をもつ事象のリストを作成することにした。とくに、その中で彼は、大暴落の前の週に到着した重大ニュースの集合と、基礎的条件《ファンダメンタル》変数に関するニュースの集合を分けている。それによって、危機の発現と展開においてファンダメンタル主義的な分析が果たした役割を評価しようというのだ。問題の焦点は、相場の変動を「一定の実体経済上の変化が突然判明したことへの、市場の反応」として分析してよいかどうか、ということである。シラーが選んだ情報の中には、アメリカの貿易赤字の発表（十月十四日水曜日）、生産者物価の推移（十月十六日金曜日）、財務省証券金利が大幅上昇して一〇・五％になったこと、さらには、時宜を得ないドイツの金利上昇に対してドル安放置の可能性を述べたジェームズ・ベーカーの声明、が含まれている。

次に、投資家に対して、「一九八七年十月十九日、株式市場の見通しをあなたが評価した際に、これらの多様な事象の中であなたにとって個人的に重要だったもの」に、一から七までのウエイト（「重要でない」の一から、「非常に重要だ」の七まで）を付けるよう要求した。正確にはこうだ――「あなたにとってどれだけ重要であったかを答えて下さい。他人の目から見てどれだけ重要だったかは関係ありません」[38]。機関投資家か個人投資家かを問わず、回答のトップにきたのは、基礎的条件に関する事象ではなく、基礎的条件のリストに付け加えられた二つの項目、すなわち「月曜朝の寄付きでダウ平均が二〇〇ポイント下がったこと」および「十月十四、十五、十六日に起きた下落」であった。二〇〇ポイントの下落は二種類の投資家ともにトップ、先行する数日の下落は個人投資家の第二位、機関投資家の第三位にそれぞれランクしている。

つまり、十月十九日月曜日に弱気評価の流れを開始させたのは、外生的事象ではなかった。むしろ、発生した大幅な値動き――十九日朝のあるいは先行の数日における――への反応として弱気評価が始まったのである。ここには、自己言及性がはっきりと見いだされる。金融主体の評価とは何よりもまず、観察された値動きへの反応なのである。経済実体データの変化に基づいてファンダメンタル主義者が行う分析からは、こうした回答は得られないだろう。財務省証券金利の一〇・五％到達は、個人投資家の第三位、機関投資家の第二位を占めるにすぎない。

シラーによる分析を詳細に理解するために、質問を解析してみよう。一方で、われわれは、伝染《コンタジオン》現象の重要性を明確に読み取ることができる。つまり、機関投資家の二三％と個人投資家の四〇・二％は、ほかの市場参加者たちの不安が自分に伝染したことを認めている。当日株を売った個人投資家に限れば、その割合は五三・九％にのぼる。[39] 他方で、この不安は、一九八七年十月十九日の大暴落が始まったときに、一九二九年恐慌のイメージが投資家の心の中をよぎったことの現れでもあった。個人投資家の三五％と機関投資家の五三・二％は、次の問いに対してイエスと答えている。「一九八七年十月十九日より前の数日間、あなたは一九二九年の出来事について考えたり語ったりした覚えがありますか[40]?」特筆すべきは、個人投資家の二〇・三％と機関投資家の四三・一％が、この数日の間、常ならぬ不安の兆候を感じたと認めていることだ。たとえば、自己集中の困難、手のひらの汗、胸の圧迫、苛立たしさ、心臓の鼓動の高鳴り、といったことである。

こうした不安が物語るのは、強い内生的な集団的ダイナミクスが存在していることである。本質的に言えば、それを成り立たせている基礎は、市場参加者同士の相互作用である。流れてきた噂に投資家が反応するとき、あるいは他人の苦悩の行動を目にするとき、こうした相互作用は直接的に働いている。これに対して、相互作用が価格によって媒介されているときには、それは間接的に働いていると言える。パニック時の自己言及的な集団には、人々が一見したところでは自らを治めているように見えるのに、現実には強く一体化しているというパラドクス〔逆説〕が見いだされる。つまり彼らは相互に緊密な意思伝達を行っているし、彼らの感情は急速に拡散し、融合的な苦悩を引き起こしている。注意すべきは、このような状況にあってさえ、運動は必ずしも純粋に模倣的なものだとは限らないことである。理解不可能な動きを前にして完全な混乱に陥っている市場参加者たちは、人々の行動が生み出しているドリフト〔価格が収斂することなく一方向へ偏倚していくこと〕を理解するのに役立つ認知標識《サイアンス》を求める。常ならぬ推移に対して彼らは意味を付与したいのだ。そのような役割を演じたのが「一九二九年恐慌」であった。一九八七年十月に諸主体が眼前の諸事象を解釈するための参照モデルとして、一九二九年恐慌が登場したわけである。だが、この参照基準は安心を与えるものではなかった。むしろ一九二九年との比較は、苦悩を増す要因となり、不安をいっそう掻き立てたのである。シラーが述べるように、「一九二九年の大暴落との比較は、諸現象を構成する要素であった。歴史比較が引き起こす期待に言及せずとも大暴落を理解できると考えるなら、それは誤りである[41]」。

　この例は、自己言及的集団の集団的表象が構築されるときに、紋切り型《ステレオタイプ》の解釈が演じる役割をよく示している。金融についてこの現象を分析したのはエレーヌ・トルジュマンである[42]。彼女は、一九八七年十月の危機に特別な興味を示している。紋切り型《ステレオタイプ》が演じる上のような役割は、市場が記憶をもつことを示唆している。特定の事象を市場が解釈する仕方は、その歴史に左右される。というのも、過去に市場が類似の状況に直面していることがあるからである。そうした場合、過去の類似の状況が、株式市場の期待を一点集中させる自然的な標識《サイアンス》になる。しかし、紋切り型《ステレオタイプ》は時間とともに変容していく。一九八七年十月に投資家が一九二九年恐慌を思い浮かべたとしても、一九九七年十月にはもはや同じことは言えない。後者の時点においては、諸主体が自生的に参照する標識は、一九八七年の大暴落になってくるからだ。そのとき、反応は全く違ったものになる。一九二九年を参照することが非常に不安定な行動を引き起こしたとすれば、一九八七年を参照することはむしろ鎮静化の効果をもつだろう。一九八七年の危機は、長期的な影響をともなわない局所的なアクシデントとみなされているからである。実際、一九八七年十月の危機においては、一年もたたないうちに投資家はポートフォリオの価値を回復させている。しかし一九二九年恐慌は全く違っていた。[43] それは、経済不況深化の第一幕として発生したのであり、事後的に見ても明らかにパニックだったのだ。

戦略的行動の役割

一九八七年の出来事を観察することによって、われわれは、共有信念《コンベンション》の変化がどのような困難をもたらすのか、知ることができる。実際、一九八七年九月以降、市場は大きく様変わりを見せた。五年以上にわたって期待を構造化してきた「強気相場のコンベンション」は、問い直された。この信頼喪失は、基礎的条件の多くの要素から説明される。すなわち、海外投資家の不安をあおるインフレ再発の懸念、アメリカの貿易赤字とドル安、債券を株と競合する魅力的な商品にする金利上昇、またドイツと日本による景気刺激策の拒否、さらには財政赤字への懸念。[44] こうして、ニューヨーク証券取引所（ＮＹＳＥ）では、大暴落前の二週間で五・二%、大暴落前の一週間で九・二%という顕著な下落傾向が見られるようになった。この下落傾向は、十月十六日金曜日の五・二%という暴落によって頂点に達した。この下げだけでもすでに小さな記録であった。変動性《ボラティリティ》が突然高まったのである。変動性の高まりは、市場が評価を安定させられなくなってきていることを示している。しかしまた、それは、市場参加者たちの懐疑を醸成し、共有信念《コンベンション》の変化および先行き価格の不確実性増大を意識させるものでもある。オプション価格〔変動性予想に基いて設定されるオプション手数料のこと。変動性の理論値として用いられる〕に目を向けることによって、われわれは、市場が事実上変動性をどう推定しているかを知ることができる。それによれば、十月十五日には年率二二%だった推定値は、十月十六日の引けでは三〇%に跳ね上がった。[45] こうしたピリピリした雰囲気は、週末にかけて支配的であった。一九八七年八月二十五日にピークをつけて以降の株式市場の下落は一七%となり、市場は強気の時期が終わったことを知った。変動性の高まりは大きな不確実性を意味している。「最も楽観主義的なプロたちの間に、悲観主義がインストールされた」[46]。このような状況から、一連の重要な出来事が派生していったのである。

第一に目撃されたのは、週末に小口投資家の間から、大きな苛立ちに駆られる者が現れたことである。彼らの苛立ちは、ミューチュアル・ファンド〔クローズド・エンド型投資信託の通称〕への大量の引き出し注文となって表面化した。十月十八日日曜日の夕方には、電話で注文取次ぎができるミューチュアル・ファンドにおいて、電話が非常につながりにくくなってしまった。電話はいつも話し中で、一種異様な活気を呈した。[47] 翌月曜日の寄付き以降強い売り圧力を引き起こし、市場を暴落に叩き込んだ要素の一つが、週末いっぱい続いたミューチュアル・ファンドの引き出しであった。しばしばその例として、大手ファンドのフィデリティが引用される。同ファンドの責任者は、月曜日の市場が開く前に、圧力が蓄積されているのが感じられたと報告している。[48] フィデリティは、十月十九日の一日だけで約一〇億ドルの株を売却することになった。

しかし、十月十九日の強い売り圧力に関して何よりもまず強調しておきたいのは、いわゆるポートフォリオ・インシュアランス*が演じた役割である。ポートフォリオ・インシュアランスとは、〔相場が下落するときでも〕ポートフォリオの最低収益性を確保しようとする投資手法である。株式市場が騰貴するときも、同じ方法が利用されることがある。ポートフォリオ・インシュアランスには、金融資産管理のための様々な手法が用いられている。ここでは、十月の出来事において最も重要だった二つの手法を取り上げておきたい。

＊ **ポートフォリオ・インシュアランス**　市場価格の変動によって資産価値が低下するリスク〔価格変動リスク〕を避ける一つの方法は、値下がりが始まった資産を早目に売ってしまうことである。このようにして損失を限定する方法を「損切り《ストップ・ロス》」と呼ぶ。ポートフォリオ・インシュアランスとは、洗練された数学的モデルを用いて、どのようなケースのときに損切りのための売却を行うかをあらかじめ計画しておく投資技法のことであり、主に機関投資家に利用されている。一九七九年にアメリカでこの技法が商品として売り出されたが、その際、従来の「損失をとめる《ストップ・ロス》」ではなく「価値を保証する《インシュアランス》」という前向きの名前をつけたことが顧客に大いにアピールした。日本でも、証券会社などがこの技法を取り入れた投資信託商品を販売している。

第一は、株と財務省証券だけを利用する手法である。古典的な運用形態とは異なり、ポートフォリオ・インシュアランスにおいては、株と財務省証券の投資比率がダイナミック〔価格変動に応じて売買を繰り返す〕かつシステマティック〔個々の銘柄でなく市場全体の動向を考慮する〕に調整される。どれだけ調整を行うかは、投資期間、株価指数の推移、あるいは株や金利の変動性《ボラティリティ》といったいくつかのパラメーターによって決められている。必要な計算を実行するときには、コンピューター・プログラムに頼るのが普通である。ソフトウエアによって決められた調整幅に従い、市場が上げているときには、財務省証券を売ることによってポートフォリオ中の株の比重を高め、市場が下げているときには、株を売って財務省証券を購入する。ただしこの第一の手法は、多くの取引を必要とし、取引費用と仲介手数料が高くつく。

そこで、同じ結果をより安価に実現しようとする第二の手法として、株価指数先物の市場を利用するものがある。株価指数先物の市場には、株式市場よりも流動性が高く費用がかからないという特性がある。指数契約の先物売りポジションを変化させることによって、株式ポートフォリオのリスク・エクスポージャー〔ヘッジされていないリスク資産の割合〕を調整しよう、というのがこの手法のねらいである。この運用手法は、費用が安いことから、一九八七年十月当時最も人気があった。その頃は市場が下落していたから、指数先物契約が売られた。指数先物には、主にＳＰＳＩＦ（Ｓ＆Ｐ五〇〇株指数先物）が利用された。この種の戦略を大量に採用していたのは、年金基金やミューチュアル・ファンドである。彼らは、戦略実行のために、コンピューター・ソフトを用いて、株や先物契約をどれだけ売買するかを計算していた。これをプログラム売買という。機関貯蓄〔機関投資家への貯蓄〕の増加とともに、ポートフォリオ・インシュアランス戦略によって保護される資金の額は増えていき、一九八七年十月には六〇億ドル以上にのぼっていた[49]。十月十六日金曜日の相場急落に際しては、現物株とＳＰＳＩＦのいずれにおいても、自動的に売りが強まったが、これは、ポートフォリオ・インシュアランスによって推奨された多様な手法によるものであった。十月十九日について言えば、このような売りは最終的に六〇億ドルにのぼり、うち四〇億ドルが先物取引、二〇億ドルは株だったと推定されている。この大量の注文によって、市場の流動性はかつてない低下を余儀なくされたものと、われわれは理解している。

ポートフォリオ・インシュアランスの洗練された戦略は、一九七〇年代末に生み出された。創始者は〔カリフォルニア大学〕バークレー校の二人の教授、ヘイン・レランドとマーク・ルービンシュタインである。彼らが同僚のオブライエンとともに設立したレランド・オブライエン・ルービンシュタイン・アソシエーツ社によって、一九七九年にこの商品が売り出されたのである。[50] しかし実は、金融市場が始まってこのかた、すでにポートフォリオ・インシュアランスの原初的な形態は行われてきたのである。最も単純なものは、(相場が下げているケースにおいて)売らなくてはならない最低相場をあらかじめ決めておくというものである。こうしたやり方をとれば確実に損失を限定することができるが、それは、ポートフォリオの価値がその最低相場以下に低下せずにすむためである。このような戦略を機械的に行使しようとするのが、損切り注文(ストップ・ロス注文)である。価格下落時にとられるこうしたポートフォリオ・インシュアランスの諸形態は、市場の流動性に対してもまた、それを低下させる効果をもってしまう。このような効果は一九二九年恐慌で重要な役割を演じた。

この戦略が決して投機的なものではないという点は、強調しておいてよいだろう。むしろそれ自体は、完全に反応的な戦略なのである。しかし、多くの投機家は、機関貯蓄の日々の運用においてこの戦略が重要性を獲得したという事実をよく知っていた。このときの状況が戦略的合理性にはうってつけであった。なぜなら、〔ポートフォリオ・インシュアランスによって〕保護されるポートフォリオがどのような運用行動をとるか、正確に予想することができるからだ。そのときの考え方は容易にたどることができる。一般に、価格の一％下落はリスク・エクスポージャーの二％低下をもたらすと見積もられている。保護されている資金額が約六〇〇億ドルに増加し、十月十六日金曜日の低下は約一〇％であったから、売りに出されるべきは一二〇億ドルであった。これは、三億ドルの株式と一〇万ＳＰＳＩＦに相当する。[51] 十六日金曜日に売ることができたのは四〇億ドルにすぎなかったから、十月十九日にまだ大量の売り注文が保留されていることは明白であった。このとき〔投機家が〕とるべき行動は明らかである。保留されている大量の注文が実行される前に急いで売り、大量の売り注文の結果として相場が下落した時点で買い戻せば、大きな収益を実現できるだろう。このような内容の戦略的投機は、いっそう売りの動きを強めるので、かなり不安定な作用をもつことになる。

こうした〔戦略的投機を行う〕投資家が果たした役割は、一九八七年の危機を解明する専門部会《タスク・フォース》によって強調されている。[52] 専門部会がレーガン大統領に提出した報告書には、次のような分析が見いだされる。「攻撃的な戦略をとる少数の金融機関の活動が、月曜日の新たな売り圧力の増大にきっかけを与えた。そうした取引主体は、ポートフォリオ・インシュアランスのメカニズムをよく知っていた。……売り注文が相場下落を引き起こすであろうことを、彼らは予想することができた。ポートフォリオ・インシュアランスによる売りが予想されるときには、彼らにとっては、『後で価格が下がってから買い戻すことを目的にした売り』を行うチャンスであった」。[53] この戦略的投機も、十月十九日の下落の流れを促進した要素に加えられよう。[54]

こうして、月曜朝の寄付き以降、ミューチュアル・ファンドの引き出し、ポートフォリオ・インシュアランス、戦略的投機の三要素が合流して、驚くべき強さの売り圧力が生み出されたのである。しかしわれわれはまた、ドル安を懸念した外国人がわれ先に撤退したことも要素に加えねばならないだろう。さらに完全を期すならば、外国市場についての悪いニュースの影響によって、寄付きから模倣が不在でなかったことにも注意を払わねばならない。時差の関係で外国市場はニューヨークよりも前に開く。ところが、外国市場が大きく下げた（日本二・五％、ロンドン一五％）ため、アメリカで苛立ちが助長されたのである。以上すべての要素による売り注文が合わさって、月曜寄付きの大幅下落の条件が形成されたと言える。ＳＰＳＩＦは寄付きで六・五％の下げを記録した。これは、先行相場からのずれとしては、例外的な大きさであった。先物相場が下落したことにより、指数鞘取売買業者（インデックス・アービトラージャー）（株価指数先物と現物株の間に価格の歪みがあるとき、裁定取引を行って利益を得る投資家）は証券を売り始めた。月曜日は終日、先物市場の相場下落が現物相場の下落を誘う展開となった。マーケット・メーカー（自ら呼値を出し、自己勘定を使って顧客の売買注文に応じる業者）は、対応しなければならない売りが大きすぎ、完全に混乱状態に陥った。市場の流動性は枯渇し、取引費用は上昇した。

以上の出来事はどこに特殊性があったのか、それを考える上で興味深いのは、伝統的なモデルを使って計算してみることである。ポートフォリオ・インシュアランスによる売りの大きさを考慮したとき、伝統的モデルで正当化される価格調整の大きさはどれくらいになるだろうか？　言い換えれば、自己言及仮説に頼らずに、大量の売りだけで十分に価格下落の大きさを説明できるだろうか？　われわれは、十分には説明できないと思う。実際、ポートフォリオ・インシュアランスに関係する資金はせいぜいのところ、市場の時価総額三兆五千億ドルのうち二、三％でしかない。とくに、十月十九日にポートフォリオ・インシュアランスの名目で実行された売りは六〇億ドル、つまり時価総額の〇・二％以下だと評価されている。したがって問題は、市場の〇・二％の売りが二〇％の価格下落を引き起こしうるかどうか、あるいは、株六〇億ドルの売却が七千億ドルの損失を引き起こしうるかどうか、ということである。[55] こうした問いへの解答は、経済学者の言う数量弾力性にかかっている。数量弾力性とは、数量変化〔ここでは、売り注文・買い注文の増減〕に対する価格変化の率のことである。よって、この概念を用いれば、価格変化に対する取引数量の効果を測定することができる。思い出してほしいのだが、われわれは本書の第一章において、流動性と数量弾力性との間の密接な関係を強調しておいた。弾力性が小さいということは、証券供給のショックが価格に対して弱いインパクトしかもたないことを意味する。つまり、市場は困難なしにショックを吸収できるのだ。逆に言えば、弾力性が大きいということは、市場の流動性に問題があることになる。なぜなら、数量の小さな変化が大きな価格変化をもたらしてしまうからである。十月十九日のケースでは、この弾力性は一〇〇であった。[56] ところが伝統的モデルが与える値はずっと小さく、〇・一近辺、すなわち〔現実の値一〇〇に対して〕千分の一くらいである。伝統的モデルの値に従って市場が反応していたならば、十月十九日は普通の一日だったであろう。つまり、伝統的モデルは、市場の流動性を過大評価していることになる。

流動性の危機

ジェノットとレランドの研究は、伝統的モデルの弱点が、私的期待についての分析にあることを指摘している。すなわち、「金融市場の重要な側面の一つは、ファンダメンタル情報や資産供給の情報を集めている投資家は一部にすぎないということである。それ以外の投資家は、先行き価格を予想するのに現在価格を用いている。価格のこうした役割を考慮したときの数量弾力性は、伝統的モデルのそれとは全く異なる値になる」[57]。ここに見いだされるのはまさに、われわれの自己言及仮説である。すなわち、投機家は、市場の将来意見を見極めようとするとき、主に現在価格を拠り所としており、ファンダメンタル主義的合理性には頼っていないのである。このとき、以下のような連鎖反応のプロセスが進行するため、数量弾力性が強い影響を被る。まず、下落が観察されるとき、多くの市場参加者は予想を下方修正するから、価格下落が促される。そして、価格の変化が意外なものであれば、一般的な基準は消滅し、このダイナミクスはますます暴力的なものになる。もはや誰も正常な価格がどこにあるかわからなくなってしまう。底値として現れる相場は、最初はとても到達し難いものに見えたのに、いまや、可能《ポッシブル》な相場になってしまっている。

さて、こうした危機の時期においては、もっと根本的に、流動性という集団的な賭け——すなわち、金融共同体が総体として既発証券を保有しようという賭け——が問い直しにさらされる。〔危機の時期には〕各主体が、他人への転嫁という方法でこの制約から解放されようとする。しかし、そのことは、全般的な混乱を増大させるだけである。総体として資本が固定されたままであるということは、不変の事実である。集団としてはこの制約を厄介払いするなど不可能なのである。このような観点から見て、十月十九・二十日の事例は示唆的である。そこに見いだされるのは、流動性の様々な構成要素が脅威にさらされたという事実である。

まず、数量を吸収する市場の能力が損なわれた。尺度である数量弾力性は千倍になった。次に、気配価格そのものが大きく攪乱された。多くの銘柄で寄付きから値づけが不可能になり、月曜と火曜の両日にはしばしば気配の公表が停止した。とくに、注文執行の遅れが長くなるという状況は、僅かな時間での相場変動が大きかっただけに、非常に有害なものであった。その結果は、一定価格での売買可能性に関する不確実性の増大であった。最後に、金融仲介機関および市場自身の支払い能力に対して、警戒が抱かれるようになった。この点まで達すると、システム総体の統合性《アンテグリテ》が問い直されることになる。パニックのプロセスが純粋に現れるとき、その最終局面はこのようなものなのであり、十月十九・二十日はその完璧な例示である。以下では、そのいくつかの側面を順次検討していくことにしたい。この分析によって、株式市場の流動性がもつ慣行《コンベンショナル》的性質が明確に示されるであろう。実際、本質的に危機と言えるのは、流動性の危機、すなわち、投資家が弱気に集中していくときに発生する突然の流動性枯渇のことである。このような点に立ち入って考察していけば、一般に危機の深層にあるプロセス、すなわち正常な時期には見えないが危機の時期にはその脆弱性をいかんなく発揮するプロセスが明らかになるであろう。

ニューヨーク証券取引所（NYSE）では、流動性の組織化において「スペシャリスト」が重要な役割を果たしている。スペシャリストとは、特定銘柄の取引に特化したマーケット・メーカーのことである。彼らは、市場と反対向きのフローを引き受けることによって、流動性をもたらしている。当局が彼らの効率性を評価するときにも、その基準は流動性である。彼らは、秩序ある市場を維持するという機能を果たすために、自己勘定による仲介売買を駆使しながら一時的な需給過不足の埋め合わせを図っている。一九八七年十月十九日の寄付き以降、スペシャリストたちは、次々に押し寄せる売りの波を自分たちの力では吸収できないことに気づいた。株の売買を調節するために彼らが利用できる資金は、数十億ドルの規模で出される売り注文に比べれば、非常に僅かなものでしかなかった。彼らは、均衡価格、すなわち需要が現れる価格を見いだすことを役割としている。しかし、パニック寸前で大部分の〔投資家の〕ポジションが売りになっている状況にあって、それは困難な仕事であった。だから、十月十九日の一日を通じて彼ら全体の買いが総額五億ドルにすぎなかったとしても、そのことは決して驚くべきことではない。[58] このような状況は、彼らが直面していた困難をよく表している。

このような〔市場の〕不均衡は様々な困難となって表面化した。まず、取引開始の遅れと気配停止があり、いずれも行動と評価を著しく攪乱した。たとえば、十月十九日九時半に市場が開いたとき一八七銘柄には気配が出されなかった。これはＮＹＳＥ上場銘柄の八％に当たる。十一時半になっても四一銘柄、十二時になっても二五銘柄が取引を始められなかった。十月二十日には、九時半の取引開始がうまくいかなかったのは九〇銘柄だったが、新たに一七五銘柄がその日に気配停止になったことは無視できない。また、こうした攪乱は、株価指数の公表に重大な影響を与える。実際には、新しい価格がわからないときには、入手された直近の価格を用いて指数を計算する。ところが、すでに明白なように、十月十六日〔金曜〕の株価は十月十九日〔月曜〕の株価よりもずっと高かった。よって、現物指数と先物指数との間には大きなディスカウント〔現物に比べ先物が割安になること〕が発生することになる。このような状況では、〔指数〕鞘取売買業者《アービトラージャー》の介入がある。鞘取売買業者は、先物指数を買い現物銘柄を売った。その結果、ＮＹＳＥの弱気圧力はいっそう高まった。われわれの見積もりでは、そのような鞘取は、九時半から一〇時半の間にＮＹＳＥ出来高の一五％にのぼった。ところが、〔以下述べるように〕ディスカウントは錯覚でしかなかった。

次にわれわれの注意を引くのが、二日間にわたる注文執行の大幅な遅れである。注文回送（ＤＯＴ〔デジネーティド・オーダー・ターンアラウンド〕）情報システムには四五分から七五分の遅れが見られた。ＤＯＴシステムの機能不全による市場への影響は、注文が実現される価格に関して、注文の出し手側に多大な不確実性が発生したことである。そのような不確実性は、とくに株価指数の鞘取売買業者に対して痛手となる可能性があった。彼らは、CME（シカゴ商品取引所）で値づけされる指数先物相場とNYSEの現物相場の間に一時的に発生する価格差から利益を引き出していた。そして、価格差から利益を引き出そうとする彼らの行動が、価格差を是正する役割を果たすのである。二つの価格が連動しているのは、部分的には彼らの行動があるからこそなのである。十月十九日月曜日のように先物相場が現物価格を下回る場合には、鞘取売買業者は先物契約を購入し、指数のバスケットを構成する株の集合（またはその一部）を現物で売る。ただし、この戦略の収益性は注文執行の迅速性に決定的に依存している。どんな小さな価格の動きも彼らの収益性に影響を与える可能性がある。ところが、指数を構成する一連の株を売ろうとするときには、この迅速性を獲得することは難しい。鞘取売買業者は、契約によってDOTシステムにコンピューターを直接つなぎ、それを経由してNYSEのスペシャリストに注文を伝えている。コンピューターから鞘取売買業者が出した大量の注文は、DOTシステムの渋滞、および一九八七年十月十九日の大幅な〔注文執行の〕遅延の一因となった。しかし、彼らはDOTシステムを行き詰まらせた原因だっただけでなく、またその犠牲者でもあった。なぜなら、注文の執行に一時間もかかってしまうと、株の売値がいくらかわからず鞘取のリスクが大きくなりすぎるからだ。結局、鞘取売買業者は撤退せざるをえなかった。(59)

ここで注目しておきたいのは、鞘取売買業者の先物契約購入が果たす積極的な機能についてである。もともと鞘取売買業者は、ポートフォリオ・インシュアランスによって先物契約が売られるときの買い方〔取引相手〕である。こうした活動を通じて、彼らは先物相場を支えるという積極的機能を果たしている。しかし、すでに述べたように、十月十九日には終日にわたって、先物相場の急落が株式市場の売りシグナルとして決定的な役割を演じたのだった。また、鞘取売買業者が直面した困難は、先物と現物の間の大きな価格差を部分的に説明するものである。正常な時期に鞘取売買業者を動かすには〇・二％の差で十分なのに、この日の差は一五％まで達した。これは、二つの市場における重大な機能不全の兆候であった。

さらにまた、注文執行が遅れただけでなく、価格形成のメカニズムまでが揺るがされた。寄付き相場の決定が困難だったことを考えれば、そのことはよくわかる。イースタン・コダック株を取り上げてみよう。これは、最後（十時四十分）に取引を開始した株の一つであり、相場は七六ドルから一四・一二五ドル、すなわち一八％下げた。スペシャリストは、寄付き相場に至るまで大きな困難があったと報告している。その理由は、「先物相場が動くたびに、注文の数が大きく変動したからである」[60]。スペシャリストの報告によれば、同じような困難は終日続いたとのことである。正常な時期には、価格はもっぱら漸進的に修正されていき、大きな不連続が見られることはない。それは、直近の相場をもとにして、そこに小さな幅の変化を付けていくという方法がとられているからにほかならない。株式の流動性を定義するときに非常に重要な価格の「連続性」に関する考え方は、このような事実を踏まえたものである。しかし一九八七年十月の数日間に見られたのは、それとは全く別のことであった。すなわち、通常であれば買いオファー（申し出）が直近の相場より二五セント低ければ「傲慢」とみなされるのに、このときには、直近相場より二ドルも低いオファーが受け入れられた。注文執行の遅れと相場の乱高下を考慮するならば、おそらく、数分の間隔をおいて取り決められた売買取引が、大きく乖離した価格でなされたこともあったに違いない。これによって投資家の不確実性は強められた。たとえば、火曜日の朝に買いを行った投資家の中には、もっと遅い時間帯に取引した投資家に比べて二〇％も高く支払った者がいた。

このような現象の背後には、マーケット・メーカーが圧力を受けて、自らの職務を遂行できなくなったことがあった。弱気に偏った市場の流れに直面したマーケット・メーカーは、買いの動きを喚起するような下値〔売り呼値《アスク》〕を決めるのが難しくなった。〔需給を一致させる価格の〕解を見いだすことのできないまま状況は悪化していき、最終的に市場の流動性は消滅してしまった。もはや買い手を一人も見つけられなくなったのである。このような場合にマーケット・メーカー自身も〔自己勘定を使って〕買い手に回るけれども、それは一時的なことでしかない。自分が気配を出している銘柄を公衆が手放そうとしているときでも、その銘柄企業の資本をすべて買い戻す義務まではマーケット・メーカーにはないのである。NYSEのスペシャリストの一人は『ウォール・ストリート・ジャーナル』紙にこう告白している。「私は、これからどれだけ買わなければならないのかを知っていたし、儲からないことも知っていた。ではなぜ私がそこにいたかと言えば、それが私の義務だと思ったからなんだ。でも、企業を丸ごと買い戻すことは、私の仕事ではないね」[61]。月曜日の最後の一時間は、明らかにパニックであった。経済の現実から市場は完全に切り離されてしまった。市場は一時間に二二〇ポイント〔すなわち一一・二％〕下げたのである。気配公表はきわめて困難になり、多くの投資家はマーケット・メーカーとの連絡がとれなくなってしまった。そして、スペシャリストの支えがないまま、価格は下げ続けた。たとえば、プロクター＆ギャンブル株は、一五分もたたない間に、五千株を超えない規模の売りに対して六八ドルから六〇ドルに下げた。

これらの出来事の結果として、諸主体の支払能力に対する不安、そして決済・相殺システムの全体的統合性にも抵触するような根元的・破壊的な不安が醸し出された。『ウォール・ストリート・ジャーナル』紙の次の一節は、恐怖の伝染《コンタジオン》、そしてそれとともに伝播していく「忍び寄る」不安をうまくとらえている。「ウォール街のすべてのプレイヤー〔規模のいかんを問わず〕が、自らの取引相手の支払能力を警戒し始めた。

一人一人について見れば、警戒心の中身は至極当然のものばかりであろう。しかし、それらが全体としては恐怖の雰囲気を醸し出し、その雰囲気が伝播してウォール街に最悪の時をもたらしたのである」。そして不安が高まり「駆け足」になったとき、市場それ自身が不信の対象となっていった。こう考えていくとき、ＮＹＳＥの一時的停止可能性に触れた証券取引委員会（ＳＥＣ）委員長のデヴィッド・ルーダーの声明が、深刻な不安定効果を与えたであろうことは疑いない。市場参加者の一人が述べたように、とどのつまり声明の内容は、「われわれは銀行を閉鎖するであろう」と言うに等しいものだった。午後の早々にこの声明が出されると、人々は唖然とした。それ以降、誰もがシステムの瓦解を予想するようになった。その日の終わりになって、いくつかのミューチュアル・ファンドは、顧客の引き出しを制限することが可能かどうか、あるいは、現金によってでなくポートフォリオ中の株を引き渡すことによって引き出しに対処することが可能かどうかを弁護士に尋ねている。ここにおいて、システム自体の統合性への不安が新たに現れたのである。われわれがここに見いだすのは、習慣的なもの、集団的に共有された《コンベンショナル》ものの質的断絶が予想され始めたということである。われわれはまた、こうした不安の根源にあるのが、流動性の制約、つまり市場の仮想的流動性を現金（貨幣）に転換しようとする要求であることも知る。しかし幸運なことに、Ｆｅｄ《フェッド》（米国連邦準備制度の全体またはその中の特定の機関を指す俗称）の行動によって、こうした不安には根拠がないことが示されていくのである。

Ｆｅｄによる介入

システム（市場）自身の支払能力が問題視されるに至ったとき、流動性の危機は頂点を迎えることになる。まず、価格下落は多くの金融主体に大損失をもたらした。そのことが直ちに現れてくるのは証拠金請求[62]においてである。証拠金請求の問題は、直接には証券会社や仲買専門証券会社（仲買会社）の問題として現れる。彼らが顧客の肩代わりをして、それに対処する義務をもつからである。たとえば、シカゴ商品取引所（CME）とニューヨーク証券取引所（NYSE）の決済システムは、十月十九日以降、総額三〇億ドル（十月二十日にはさらに二〇億ドル増える）という多額の証拠金を請求した。その結果、決済システムから仲買会社へ、そしてスペシャリストへ、その銀行および顧客へと、滝のように流れ落ちる巨額の信用関係が形成されることとなった。また、十月二十日の朝にも、仲買会社十数社とその取引銀行は、証拠金請求に対処するために、顧客の肩代わりをして信用を拡張した。そこでは、銀行に流動性を求めよう、そして損失の埋め合わせに必要な信用を提供しようという圧力が非常に強く働いていた。

さて、全体のプロセスの中心に位置しているのは、市場の決済システムである。決済システムにおいては、赤字主体の債務を借方に記入することによって、黒字主体に信用を与えることができる。ところが、全般的な困難という理由から、決済システムは大きな遅れを見せた。たとえば、十一時に執行されるべき決済が、十五時になってようやくなされた。その結果、いくつかの大証券会社は、支払不能会社の名前が噂として飛び交う中で、巨額の借入れをするはめになった。このようなとき非常に重要なのが、タイミングの問題である。とくに、二つの有名証券会社、キダー・ピーボディとゴールドマン・サックスの場合にそれが言えた。当時、両社が対処を迫られていたのは一五億ドルの赤字である。これは、両社が証拠金請求の肩代わりとして顧客に前貸しした金額である。また、自らの支払能力だけでなくシステム自体の支払能力についても大きな不確実性が存在する環境の中で、大手投資銀行や仲買会社は大量の短期信用を取り入れなければならなかった。そして証拠金請求が増えるにつれて、銀行は証券会社からの信用増額要求に対処しなければならなくなった。要求してきた会社が有名どころであったときでも、銀行は不安をもち、おおかたの場合、貸出しを渋った。その結果、貸出しは減速し、証拠金請求への対応は遅れることになった。よって、〔証拠金積み立てによる〕カバーをとっていないポジションが徐々に大きくなっていった。こうして、問題が決済システムの総体に及ぶようになったのである。

　この例において気がつくのは、金融流動性が銀行流動性と密接に関係していることである。ここに重要なポイントがある。大きな緊張が存在する状況においては、システム総体が安定するかどうかは銀行の行動によって決まることになる。その際に決定的に重要となるのが、Ｆｅｄ《フェッド》（連邦準備制度）の介入である。Ｆｅｄは、金融システムを支えるのに必要な流動性を提供する用意がある旨を宣言した上で、銀行に対して、個人投資家や仲買会社への信用を維持・拡張するよう促した。このメッセージが了解されたことは、統計数字から見て疑いないところである。二十一日に終わる週を通常の週と比較すると、貸出しが七七億ドル、すなわち四六・一％増えている。シティコープだけをとっても、普通だとこうした貸出しは二―四億ドルの範囲に収まるのだが、十月二十日には一四億ドルにのぼっていた。Ｆｅｄと銀行の介入によって、翌日から決済・相殺システムは正常な機能を取り戻すことができたのである。

　注目されるのは、この数日にわたって、システムの支払能力に関する噂が金融パニックを強く後押ししたということである。多くのトレーダーが、決済システムに見捨てられるのではないかとの懸念から、先物市場を一般に敬遠したのだと報告している。また、噂が果たすこうした不毛な役割を考慮に入れたからこそ、何人かの識者は市場の停止を主張したのである。その主張内容は、市場を停止すれば、虚偽の情報と闘い、魂を鎮めることができるだろう、というものであった。

一九八七年十月の危機を分析して明白になったことの一つは、金融流動性が組織化のプロセスを拠り所としているという事実である。われわれがいるのは、効率性の理論が研究対象にしている「摩擦なき市場」とは無縁な場所である。見てきたように、市場がひとたび基準を失ってしまうとき、価格形成の病理的形態が姿を見せ始める。株式市場の流動性が枯渇したのはなぜかと言えば、それは基本的には、投資家が売りに集中してしまったためである。このとき、あたかも、市場の全体が全銘柄から手を引こうとしているかのように見える。しかし、流動性危機によって、結局そのような要求は不可能であることがわかってしまう。市場はその総体において生産的資本にコミットしているからである。そのことを真っ先に感じ取る主体は、スペシャリストその他のマーケット・メーカーであろう。流動性危機に際して、彼らは売りを押しつけられてしまうため、買いと売りとのつなぎ役であり続けることができない（この点を論拠に一部のアナリストは、スペシャリストの資本を増強して、十月十九日や二十日のときのような巨額の売り圧力に対処できるようにした方がよいと主張している）。スペシャリストたちが急速になす術《すべ》を失ってしまうと、大幅な価格下落にもかかわらず、買いの流れが生み出されなくなる。そもそも、市場それ自体から自生的に復元力や均衡価格が生み出されるということはありえない。そして、市場自身への嫌疑が一般化するとき、不信のダイナミクスが頂点に達する。そのとき流動性は完全に枯渇する。たとえばデグエン報告は、「先物市場の無限の流動性という幻想」がこの数日の間に損なわれてしまった、と結論している。また、相場の連続性という仮説も否定された。危機の時期には、大きな幅をもった不連続な飛躍によって相場が変化していく。そこでは、流動性の主要な要素の一つが破壊されている。

この分析が明らかにしたもう一つの重要なポイントは、金融流動性と銀行流動性との間には緊密なつながりが存在するということである。市場が自己完結しているという仮説は、このことによっても否認される。危機がわれわれに示したように、強い攪乱に対処する能力を市場がもつためには、銀行の役割が不可欠である。株式恐慌によって喚起される大きな流動性需要に対処しうるのは、銀行をおいてほかにない。一九八七年に見られたように、銀行が存在しなかったら、金融ゲームの主要プレイヤーたちは非常に大きな困難に直面していたことだろう。外部の拠り所に頼らないと市場は自己言及の罠から逃れられないのだということを示すもう一つの例は、Ｆｅｄが果たした役割である。この例によっても、自己調整的な金融というアイデアは打撃を被るだろう。一九九八年のＬＴＣＭ危機のときと同様、Ｆｅｄはシステムの保護者として立ち現れた。Ｆｅｄの活動によって、評価の安定が確立し、信頼が再生したのである。

最後に付け加えておきたいのは、商業銀行およびＦｅｄと並ぶ第三の非金融的なプレイヤーが危機の阻止に重要な役割を果たしたことである。そのプレイヤーとは、自社株を買い戻した企業のことだ。これは、外部の拠り所の新しい形態にほかならない。十月二十日正午、終末論的な噂が流れる中で、企業自身が株を買い戻す意思を表明した。このニュースは、市場を支え信頼を回復するのに重要な役割を果たした。たとえば、〔ミューチュアル・ファンドの〕フィデリティは、ＩＢＭが情報処理装置製造業者から五千株の買戻しを行うという発表を行った。Ｓ＆Ｐ五〇〇を構成する一二九企業の全体では、十月二十日に二千二〇〇万株、週の残り数日でさらに九千万株の買戻しがあった。注意しておきたいのは、この買戻しの量が、十月二十日に企業が発表した買戻し全体の一〇分の一でしかなかったことだ。それでも、そのアナウンス効果は絶大であり、市場に信頼をもたらしてくれたのである。

第三章　金融の論理——三階建ての構造を解明する

第三章の要約

金融市場が安定的に機能するための前提条件は、基礎的なものから順に、流動性、価格の連続性、解釈コンベンションである。本章では、これらの条件を支える背後のプロセスに分析のメスが入れられ、それを踏まえて金融のダイナミクスが解明されていく。

まず、流動性を支えるのは——危機のときの通貨当局による外生的保証を除けば——、〈流動性の高まり〉と〈流動的証券への需要〉の好循環によって流動性への信認が内生的に強化されていくプロセスである。このプロセスが作動するためには、市場参加者たちが価格の連続性を信じていないといけない（連続性のコンベンション）。この共有信念《コンベンション》はさらに、価格変動が正規的であるという信念（正規性のコンベンション）を前提としている。しかし現実の株式相場の変動は非正規的であり、短い期間に集中して変動性の高まりが見られる（以上第一節）。

このような特異な変動を説明するには、投資家の価格評価モデルすなわち解釈コンベンションを考察しなければならない。そこで、インターネット株、新興市場、「アジアの奇跡」の三つの共有信念《コンベンション》がどのような生成・維持・崩壊のプロセスをたどったか分析され、その一般的論理が次のようにまとめられていく。強気相場の時期に生成する共有信念《コンベンション》は、ファンダメンタル主義的な現実分析によって正統性を与えられ、また影響・流行・制裁の社会的プロセスによって強固なものになる。共有信念《コンベンション》は経済主体の期待を変化させ、実際に投資の波が起きるとき自己実現される。近視眼的な認知態度によって変則（不良資産の蓄積など）が見えなくなるため、共有信念《コンベンション》は維持される。しかし変則が蓄積され期待が変容していくと、最終的に不信が一般化し共有信念《コンベンション》は崩壊する。これが危機であり、質への逃避、価格の異常な動きによって金融市場の機能は麻痺する。危機のプロセスも経済に対して自己実現的な作用をもつ。こうして、均衡への収斂を説く正統派の見方とは対立して、過剰が反対の過剰によって修正されるダイナミクスが生じる（以上第二節）。

第二章では、自己言及性の理論を提示した。この複雑な理論を解きほぐすために、三つの合理性――ファンダメンタル主義的合理性、戦略的合理性、自己言及的合理性――を順番に俎上に載せ、それらの間の転換がどのようになされていくのかを見た。その際に中心的な役割を演じたのは、共有信念《コンベンション》の概念であった。第二章は議論の大半を金融市場に当てたとはいえ、そこでの主要な考察対象はあくまで理論的なものであった。つまり、われわれの興味の中心は個々の概念であり、それらの結びつきにあった。また目指されたのは、共有信念《コンベンション》のダイナミクスを考えるきちんとした枠組みを作ることであった。それによれば、共有信念《コンベンション》のダイナミクスは、共有信念《コンベンション》を形成する模倣の一点集中から始まり、その脆弱化を経て、懐疑的かつ敵対的戦略による共有信念《コンベンション》の崩壊へと至る。

本章ではパースペクティブをがらっと変えてみる。つまり、議論の焦点を直接に金融に移すのである。前章で提示された抽象的な概念を使って金融に対する理解をどれくらい精緻なものにできるのか、それらの概念によってどんな新しい視点が提供されるのか。以上のことを本章では明らかにしてみたい。

第二章では、自己言及の論理は、ある通念《コンベンション》が満場一致で採用された場合に、安定するのを見た。この全員の一致による採用は、標識《サイアンス》を見いだそうとする集団的な認知プロセスの結果である。シェリング標識と模倣的標識に関する考察によって、このプロセスの論理を解明することができた。「満場一致」がいったん達成されると、この状態は自己言及的な諸力の作用だけで再生産される。実際のところ、不確実性が高い状況下で取引主体が模倣的な行動をとるとき、自分の選択を決定するために他人の意見に頼ろうとする諸主体の行動がうまく協調し合って、〔最終的に〕集団の意見を取りまとめる強い求心力をもつ「満場一致」の意見を生み出すことになる。自分の周りに耳を澄ませてみても、聞こえてくるのはいつも同じ意見ということになる。本書の主要仮説は、金融的評価は自己言及理論によって説明される集団的認知装置《コンベンション》であるということである。この分析視角は、株価はファンダメンタル価格の表現にすぎないと考える「効率性仮説」の考え方と対立している。

本章では、金融という建造物を、流動性、価格、解釈コンベンションという三階建てとして考えていくことにする。流動性はその建物の最も基礎的な階（一階）である。〔前章での〕抽象的な視点からすると、流動性があるということは、金融証券が価値を代表＝代理しているものとして現れているということである。これに対して〔本章での〕具体的な視点からすると、流動性はある特定の制度（たとえば組織化された市場）と関連しており、さらには、この制度を超えて金融的共同体（流動性が証券の流通ゲームを通じて形成する社会的共同体）と関わりをもっていく。次に、価格は建物の二階にあたる。価格は特別な信念の対象であり、それが金融的自己調整〔機能〕に与える影響は大きい。この信念は価格の正統性に関連している。価格が正当であるためには、市場の利用可能な情報全体を適切に表現できていることが要求される。この〔価格に関する〕信念を明らかにするために、価格の「連続性」あるいは「正規性」という共有信念《コンベンション》について、後に説明するだろう。最後に、この建物の三階は厳密な意味での解釈コンベンションである。先の信念が価格を（その真の中身には無関心に）抽象的なメカニズムと考えるのに対して、解釈コンベンション〔解釈を合理化する共有信念《コンベンション》〕は、経済を理解し分析するためのモデルと一体化している。たとえば、アジア新興市場国を分析する際に使われる「アジアの奇跡」というコンベンションについて議論していくことにする。

本章の前半部では、金融評価が集団的認知装置《コンベンション》であるというのは、どういう意味なのかを説明する。ここでなされるのは、第二章のアプローチを金融分野に当てはめるという本質的に理論的な分析である。後半部では、具体的な事例から解釈コンベンションとそのダイナミクスを明らかにしていく。

一　金融的評価のコンベンション的性格

本節では金融という建物の一階と二階、つまり流動性と価格を分析する。その前に、ケインズが発展させた考え方に立ち戻ってみたい。なぜなら、「金融のコンベンション」について初めて語ったのがケインズだったからである。まず、ケインズが考えていたのが「解釈コンベンション」ではなく「連続性のコンベンション」であったことを示すことにしよう。厳密な意味での解釈コンベンションについては、この章の後半部で取り扱う。

ケインズのアイデア

ケインズは、コンベンションというアイデアを二つの重要なテキストにおいて打ち出している。一つが『一般理論』であり、もう一つが『一般理論』の基本概念を紹介した一九三七年の論文(1)である。この論文の中でケインズは次のように書いている。

「われわれは、個人的な判断は間違うことが多いのを知っているので、自分よりも情報に通じているであろう他人の判断を当てにしようとする。言い換えれば、われわれは自分たちの行動を多数派の、あるいは平均的な行動に合わせようとする。各人が互いに相手を模倣しようとする人間社会の心理は、厳密な意味で慣習的《コンベンショナル》判断と呼ばれるものを形成するのである」(2)。

この引用から、ケインズにとって共有信念《コンベンション》と模倣をつなぐものが何であるのかがよくわかる。ケインズが興味をもったのが、情報による模倣主義《ミメティスム》であることに注目しよう。つまり、われわれは、自分たちよりも他人の方が情報に通じていると期待して、他人を模倣するわけである。

しかしながら、ケインズが「金融のコンベンション」についての考え方を最も広範に展開したのは『一般理論』においてであった。ケインズは『一般理論』第十二章第四節をその説明に当てている。そこでは、株が「毎日、毎時間」さらされている再評価がどのように実行されるのかについて説明されている。ケインズは次のように書いている。「実際には、われわれは通常暗黙のうちに一致して、実を言えば一種の慣行に頼っている。この慣行の本質は――もちろん、それはそれほど単純な作用をするものではないが――われわれが変化を期待する特別の理由をもたない限り、現在の事態が無限に持続すると想定するところにある」(3)。一見したところ、ケインズの意見は単なる同義反復のように見える。しかし、ここで重要なのは、「特別の」という形容詞である。つまり、価格の変化を期待させるしっかりとしたもっともらしい〔特別な〕理由がない限り、われわれは現在の評価が適切であると考えるのである。言い換えれば、われわれは価格〔相場〕が維持されるという仮説をそれ以外の予想よりも重視する。われわれが価格変化を予想するのは、それに関する明確な知識をもっている場合に限られる。それがなければ、われわれは現状に固執する。このような行動様式を基礎づけるものはいったい何だろうか？　ケインズは、市場を歴史的に観察してみても、確率を計算してみても、このようなヒエラルキー化〔他の予想よりも現状維持の予想を重視すること〕

を説明できないことを強調している。彼によれば、このような評価方法は「純粋な慣行的信念《コンベンション》」を示している。「われわれは実際には、現在の市場評価は、どのように到達されたにせよ、投資物件の収益に影響を及ぼす事実についてはわれわれがもっている現在の知識との関連においては一義的に正しいものであって、この知識の変化に応じてのみ変化する、と想定しているのである」[4]。

ケインズ理論において、この慣行的信念《コンベンション》は非常に重要な役割を果たしている。なぜなら、「われわれが慣行の維持を頼りにすることができる限り、上述の慣行的計算方法は、われわれの事業の著しい連続性および安定性と両立するであろう」からである。この点に関して、ケインズが行っている理論展開は非常に面白い。彼は、コンベンション仮説と金融主体が認識するリスクの間に密接な関係があることを指摘しているのである。実際、共有信念《コンベンション》は次のような場合、投資家〔の神経〕を鎮静化させる効果をもっている。「もし組織化された投資市場が存在し、われわれが慣行《コンベンション》の維持を頼りにすることができるならば、投資家は、自分の冒す唯一の危険は近い将来における情報の真正の変化の危険だけであって、その変化の可能性については自分で判断を下すことができるし、しかもその変化はあまり大きなものではなさそうだという考えによって、正当に自分を元気づけることができるからである」[5]。実際、慣行＝共有信念《コンベンション》が維持されるとき、価格は徐々にしか変化しない。〔この場合〕新しい情報は、変動の中心点となる現行価格からのちょっとした乖離しか引き起こさない。考慮されている時間自体が短ければ、価格のドリフト〔一方的偏倚〕も小さな幅で収まるだろう。このような状態をもたらしてくれるのが、「連続性」のコンベンションあるいは「正規性」のコンベンションと呼ばれるものである（なぜ、「正規性」のコンベンションと呼ばれるのかは後述する）。短い時間幅では価格の分散は小さく、時間幅が短くなればなるほど価格の分散はますます小さくなる。「もし個々の投資家が慣行《コンベンション》に破綻がないことを信頼し、また多くのことが起こる以前に判断を改訂し投資を変更する機会があることを信頼してさしつかえないとすれば、投資は短期間したがって短期間の連続――どんなに長いものであろうと――を通じて、個々の投資家にとってかなり『安全』なものとなる。社会全体としては『固定している』投資も、このように個々人にとっては『流動的』なものとなる」。[6] この慣行《コンベンション》＝共有信念《コンベンション》は〔金融にとって〕本質的に重要である。なぜなら、ケインズによると、この慣行《コンベンション》＝共有信念《コンベンション》はまさに流動性の源でもあるからだ。価格が正規的であるからこそ、「固定的な資本投資が流動的になる」。

ここで言われていることは非常に重要である。価格は不連続に大きく変動することがないので、投資家は何も恐れることはない。なぜなら、投資家は金融資産から、必要なときに（たとえば、その価格が下がりすぎる前に）、手を引くことができるからである。言ってみれば、証券価格が「連続的に」あるいは「正規的」に変化するとは、価格が一〇〇〇から一に下がるとして、その間のすべての価格を経由することである。[7] そのことが確証されるとき、投資家は、証券を売却することで自分の損失をいつでも制限できると考えるだろう。たとえば投資家は、価格が八〇〇のとき、あるいは手ごろだと思う他の価格のときに証券を手放すだろう。すでに見たように、市場〔における価格の動き〕をこのように考えることが、ポートフォリオ・インシュアランス戦略〔一二一ページ参照〕の基礎となっている。もし、すべての投資家が金融資産価格の変動を上記のように考えているとすると、投資家は損失を、前もって決めた限界内に抑えることが可能になる。このような信念が投資家に大きな鎮静作用を及ぼすことは明らかである。〔前章で〕一九八七年の危機を分析したときに、数多くの機関投資家が損失を抑えるためにこうした資産保護《インシュアランス》の技術を駆使していたのを見た。しかし、相場が不連続かつ大幅に動くときには、投資家を取り巻く状況は一変する。なぜなら、投資家はもはや、自分の都合に合わせて損失を制御することができなくなるからである。この状況において決定権をもつのは市場である。たとえば、価格はいきなり一〇〇〇から一に低下してしまう。一九八七年十月の危機は、このような価格低下が十分起こりうることをわれわれに教えてくれた。流動性が枯渇する状況は、このような危機によって特徴づけられる。

さて、ケインズは第一五章で再度、コンベンションについて論じている（ここでは株式相場ではなく、長期利子率の形成が分析されている）。「利子率は高度に心理的な現象であるよりもむしろ高度に慣行的《コンベンショナル》な現象であると言った方が、おそらくはるかに正確であるかもしれない。なぜなら、その現実の値は、その値がどうなると期待されるかについての一般的な見解によって著しく支配されるからである」[8]。ここで述べられていることは前章ですでに議論した。この指摘がわれわれにとってとくに興味深いのは、「自己実現的な予言」が共有信念《コンベンション》の形成に果たす役割が強調されている点である。私の知るかぎり、この部分は『一般理論』の中で唯一（美人投票の話を除けば）、ケインズが金融のコンベンションを出現せしめる動態プロセスについて関心を示しているところである。

ケインズが展開している議論は、理論的な展望ははっきりしているものの、全体としてかなりちぐはぐである。パズルのピースはすべて出揃っている。すなわち、金融市場の流動性、美人投票のところで提示された自己言及性、一九三七年論文ではっきり述べられている模倣の役割、『一般理論』第一五章で示唆された自己実現的予言、同書第一二章第四節で展開されている金融のコンベンションなどである。しかし、これらの概念集合を一つの定式化された動態モデルへとまとめる確固たる枠組みはどこにもない。また、ケインズはコンベンションという用語を広義にかつ直観的に使用しているだけで、厳密に定義しようとはしていないことにも注意してほしい。その点、本書第二章で示された理論は、ケインズの金融に関する考察を正確に定式化するための、わかり易く総合的な枠組みを提供している。しかしながら、実際に定式化を行うには、金融組織〔という建造物〕を様々なレベル〔階〕に区別する必要がある。

流動性

金融という建造物の最も抽象的なレベルに、われわれが第一章で流動性と呼んだものが位置している。その制度形態は様々である。取引は程度の差はあれ集権的に行われ、その集権度が同じであっても、取引組織のとる形状はバラバラでありうる。だから、為替市場と株式市場は異なった機能原理に従うのである。あるいは、ロンドン株式市場とパリ株式市場は異なった組織構造をしている。しかし、いつも大切なのは、証券が即座に富に、つまり貨幣に転換される可能性である。第二章の考察、とくに一九八七年の危機の分析を想起することによって、われわれは、金融を厳密な意味で創始するこの〔流動性の〕重大さについて理解を深めることができるだろう。

前章の考察でわかったことは、危機は金融流動性の崩壊プロセスであり、決済・相殺システムが、つまり市場の心臓部が脅威にさらされたときに、このプロセスは絶頂を迎える、ということであった。このような事態が一九八七年十月二十日に、CME〔シカゴ商品取引所〕に起こったのである。このような場合、問題はもはや単に、個々の注文を執行するのに遅れが出たことだけではなく〔これだけでも流動性に大きな打撃を与えるのだが〕、とくに証拠金請求の管理において一連の深刻な機能不全が起きたことである。この機能不全はシステム全体への信認の危機を引き起こし、証券会社の支払能力に大きな圧力を加えた。この時点で、多くのトレーダーが市場を離れた。〔この危機の場合〕決定的に重要だったのは、他の銀行に成り代わってFｅｄ〔連邦準備制度〕がとった行動である。なぜなら、それによって、市場が必要とする流動性が市場に供給されたからである。一連の出来事は、市場の正常な機能が普段不可視にしている一つの現実を、容赦なくあからさまにした。つまり、金融流動性は証券に内在する自然な条件ではない、ということを。金融流動性の生産は、最終的に中央銀行のある種の保証に依っている。そう考えると、金融流動性も銀行流動性も、中央貨幣〔現金＋中央銀行預入準備金〕に依存しているという点では、似ていることになる。ただし、後に見るように、両者の依存の形態は大きく異なる。

ここでの分析をうまく進めるために、まず、流動性は、価値の概念とは別のある特殊な社会関係であることを強調しておかなくてはならない。価値をもつものが、必ずしもすべて流動性をもつとは限らない。モノの流動性とはある特別な性質、つまり、当該の共同体において決済手段として受け入れられる能力を意味する。価値と流動性のこの区別をよく表しているのは、個人は流動性を所有していなくても支払能力をもちうるという事実である。個人は自分の純資産がプラスなら支払能力をもつ。しかしながら、この支払能力をもつ個人が流動的な資産〔つまり共同体のほかのメンバーに支払手段として受け入れられる資産〕をもっていなければ、債務の支払いを実行することはできない。したがって、流動性に関して重要なのは、ある特定の共同体の中でその価値が社会的に承認されることである。流動性がなければ、モノの価値は「私的」な性質にとどまる、つまり、そのモノは非常に流通しにくくなるのである。逆に、「流動的な」モノが流通し、交換において受け入れられるのは、その社会的な正統性が認められている場合のみである。

商品社会の現代的な組織において、流動性の高次形態をなすのは貨幣である。全員がある同一の記号を価値の正統的な表現として承認することは、経済的枠組みだけに収まるプロセスではない。貨幣記号について集団で同意する際、前面に現れてくるのは、社会的単位〔統一体〕としての共同体である。それは、貨幣流通において明らかに姿を現してくる。つまり、貨幣流通は個々の経済主体に同じ会計方法を課すことによって、彼らを同一のマクロ経済的フローに取り込んでいくのである。この視角からすると、流動性とは、緊密なコミュニケーションと相互依存の同質的空間（ここで人々は互いに緊密に結びついているのを知る）を構築する統合的〔社会〕関係のことだと言ってよいだろう。つまり、人と人を相互に関係させるのは、私的な意思決定ではない。このような関係が成り立つのは、集団自身の能力（構成員全員の厚生のために自律性を保つ能力）に対する集団の強い信認が築き上げられている場合のみである。このような「社会的信頼《フォワ》」の最も純粋な表現が、われわれが目の当たりにしている、貨幣記号に対する満場一致の受け入れである。記号は、内在的な価値をもたなくても、皆の欲望の対象になるのである。[9]

中央貨幣が流動性の絶対的かつ創始的な形態であるとしても、流動性の様々な相対的形態を考察することは可能である。これは、ケインズが『一般理論』第一七章において、富を流動性の度合いに応じて分類するときに行ったことである。ケインズは流動性プレミアムを、富に関する「安全性と便益の度合い」と定義した。[10]「安全性」とは、その富が適当な価値貯蔵手段となるくらいに、その富の価値が安定していることを指す。また、「便宜」とは、その富が流通空間の一部において支払手段として受け入れられていることである。この考え方はヒックスに引き継がれている。すなわち、「完全に流動的なのは貨幣だけであり、ほかの価値はそれぞれ、様々な度合いで流動的である」[11]。たとえば、一覧払預金は高い流動性をもっている。この預金は、交換手段、支払手段、価値貯蔵手段として広範に用いられるので、貨幣の近似的な代替物なのである。注意を促しておきたいのは、銀行貨幣のこうした流動性は、対照的な次の二つの事実から結果するものだということである。(12)

一つ目の事実は、外生的と呼べるものである。ここで重要なのは、中央貨幣によって一対一のレートで表された、預金価値に直接及ぶ保証である。この保証は、強制準備額、プルーデンス比率（銀行の健全性を測る財務基準。自己資本比率など）、保証金など様々な形態をとりうる。しかし、根本的には、この保証は、苦境にある銀行を救う「最後の貸し手」としての公的権力を拠り所としている。二つ目の事実は内生的なものである。この事実は一つ目と比べて複雑で把握しにくいが、より広い範囲に関わりをもっている。ここで問題なのは、経済慣習《アビチュード》がゆっくりと変化し、人々が徐々に広範に銀行貨幣を使うようになっていく、そのプロセスである（このプロセスのもたらす効果として、人々が銀行貨幣を中央貨幣に兌換するように要求することは目立って少なくなる）。預金通貨の流通空間の拡大はその分発券銀行の安定性を増す効果をもち、したがって、経済主体が発券銀行に寄せる信認を高める。経済主体が外生的な保証（の有効性）を試すのは、もはや危機的な状況においてだけになる。

二つ目の事実を一般法則として言い換えれば、「ある財の流通空間が拡大するにつれて、その財の使用度と比例して兌換要求が減少していく限りにおいて、この拡大は自動安定化効果をもつ」ということになる。この一般法則が、貨幣の純粋に機能的な使用と、貨幣が享受している信認とを関係づけるのである。この一般法則の例としては、金属貨幣が全盛であった時代に、硬貨が含有する実際の金属量が減少しているにもかかわらず、硬貨は額面価値に従って流通していたことが挙げられる。流通関係には、流通しているものの固有の価値を厳密に吟味させることなく、他人にその価値を受領させてしまう、特殊な機能性がある。

重要なのは全員の同意であり、したがって、価値管理は往々にして不要になる。流通するモノは、まさにその流動性によって、固有な価値とは切り離された特殊な価値（この価値は流通価値と呼べよう）を獲得する。同様に、偽札は、経済主体が偽札と知っていても、国家がその使用を断固として禁止しない限り、十分に流通しうる。実際、他人がその偽札を受け取ってくれると、各人が思えば、偽札は広範囲で問題なく流通する。各人がそれを受け取る限り、偽であるかどうかは大した問題ではない。しかし、このプロセスには限界がある。つまり、人々が長期にわたってそれを保蔵しようとする場合である。この場合、保蔵される財の将来価値に対する長期的な信認が必要になるからである。

以上の分析を踏まえることによって、金融証券の流動性とは何かということがよりよく理解できるようになる。まず、流動性を外生的保証と内生的信認からなる二重のプロセスの産物であると考える右のモデルが、金融証券についても適切であることを示そう。次に、金融証券と中央貨幣の関係が銀行貨幣〔と中央貨幣〕のモデルとどの点で大きく異なるのかを示そう。金融証券が構造的に依拠しているのは、公的権力の行動ではなく金融共同体の行動である。そのことがわかれば、金融の流動性とは、金融自律化というすぐれて「政治的」なプロジェクトの呼び名であることもわかるだろう。貨幣対金融という対立関係において、社会的ヘゲモニー獲得の闘争が行われているのである。

金融証券の流動性を支えているものに、気配価格の公表がある（これによって、株価は広く社会的承認を得る）。金融証券が公式相場からあまり離れないで市場外で流通するのは、公表される価格が社会的に承認されているからである。また、この市場外取引を単なる金儲けのためだけに利用しようとする民間組織がある（民間組織が取引仲介者として規制市場と競争しようとする）場合、規制市場はそのようなやり方を手厳しく批判する。

ある機関、たとえば、民間の電子商取引システムのような組織は、非常に低い手数料の（場合によってはマイナスの手数料の）証券取引を提示している。こういうことが可能なのは、それらの機関が証券の価格づけに要する巨額な費用を負担しなくてすんでいるからである。この事例は、流通空間を形成するにあたって気配価格の公表が果たす役割をよく描き出している。こうして考えていくと、証券と貨幣の間に何らかの等価性を保証しようとする市場の行動は、程度の差こそあれ、銀行のそれと類似している。もちろん、この場合の保証は銀行貨幣のときのように固定レートに対するものではなく、公的な評価手続きに関するものである。この保証によって、証券は相対《あいたい》の証券取引とは全く異なった安全性と便宜性を手に入れる。そして、証券は金融資産として広い空間を流通することが可能になるのである。ちなみに、以上のような規制市場の役割が重要であることは、ファンド・マネージャーに次のような質問をしてみればよくわかる。「株式取引において、規制市場が相対《あいたい》取引と比較してもつ長所、短所は何でしょうか？」[13] 八〇・六％が安全性に関して、七七・八％が透明性に関して、六三・九％が形成される価格の正統性に関して、規制市場を相対取引よりも上位に置いている。では、この外生的な保証はいかなる性質をもつのだろうか？

この保証は、気配価格が常に規則正しく公表されるための本質的な条件である。このような規則正しさは、最終的には、すべての流通証券をいかなるときでも吸収できる市場の能力に依拠している。ここに、証券の流動性が提起する問題の核心がある。証券の流動性は、投資家がどんな証券も都合のよいときに売買できるということを意味しているが、このようなことは資本全体については不可能なのだということをわれわれは知っている。市場が資本を吸収する能力をもっていなければ、資本全体が固定化されたままになってしまう。だからこそ、流動性には、資本全体を引き受けるという金融共同体の暗黙の約束が必要なのである。これが、流動性を支える外生的保証の本質であろう。誰もが証券を自由に売買できると感じるのは、「最終的には市場がすべての既発証券を吸収してくれる」と知っている場合のみである。この約束は、誰も個人的に請け負っていないのに成り立っているという意味で、非常に特異な性質をもっている。にもかかわらず、この約束は現実的で拘束力をもっている。それは、集団としての投資家はこの約束に縛られているためである。投資家の拘束が目に見えるようになるのは、危機のときである。危機とは、まさに市場がこの約束を果たすのを拒否することにほかならない。市場は資本と縁を切ろうとするのだ。したがって、一九八七年十月の危機のときのように、状況を立て直し信頼を回復するために、通貨当局の行動が重要になるのである。これが外生的保証の現実の性質である。通貨当局が行動を起こさなければならないということは、裏を返せば、市場の内生的自己調整《オートレギュラシオン》が不完全にしか機能しないということである。金融共同体は公的権力の助けを仰がざるをえないのである。逆に言えば、金融共同体は真正の自己調整——貨幣的な流動性から根本的に独立した流動性を生産すること——を〔本心では〕要求している。

　先進社会においては、危機がこのような極端な状況にまで行き着くことは稀である。しかしながら、根本的にはそのような危険が存在している。ここで述べた究極の保証は危機的な状況にしか行使されず、十分に発展した資本主義ではそのような状況は本当に稀にしか起こらない。というのも、流動性は内生的な信認プロセスにも依拠しており、このプロセスによって、金融的流動性の貨幣への転換要求が例外的にしか生じなくなっているからである。これは、流動性を支える二番目の支柱であった。

　この内生的プロセスの基礎には、流動的な証券がまさに流動的である限り、つまり容易に譲渡可能である限り、ある特殊な需要の対象になるという事実がある。この特殊な需要があることにより、結果として、その分だけ証券の金融的流通空間が拡大されることになる。このことは、逆にまた証券の流動性を高める効果を及ぼす。このダイナミックな好循環は、ファンド・マネージャーが意思決定のプロセスで証券の流動性にどれほどの重要性を置いているのかを見るとよくわかる。重要度を「非常に重要」から「全く重要ではない」まで五段階に区別すると、三九%のマネージャーが流動性を「非常に重要」な要因であると言い、五六%のマネージャーが「どちらかといえば重要」と答えた。「ほとんど重要ではない」あるいは「全く重要ではない」との回答はなかった[14]。流動性は、価格が好条件であるときに売却できる容易さを意味しており、だからこそ、流動性は強く求められるのである。この流動的な資産への選好の偏りは次の事実によく表れている。「機関投資家は最も時価総額の大きい銘柄に投資を集中させる。平均して、フランス人の株式ポートフォリオはその三分の二以上がＣＡＣ四〇〔パリ株式市場の代表的株価指数〕の構成銘柄によって占められている[15]」。

しかし、これだけが流動性の効果ではない。流動性によって、証券は流動的貯蓄の伝統的な諸形態に代替する金融商品となる。このプロセスでは、家計の慣習や行動が根底的な変容を遂げ、その結果、金融的流通の大幅な拡大が起こるのである。賃金労働者が金融貯蓄を大きく増やしている現在、このような変化はとくによく目につく。以上のような因果関係は、金融領域に強い安定性を保証する流動性が内生的に強化されていくプロセスをもたらす。このプロセスの各段階は、特有の制度諸形態を通じて安定化される。流動性を安定化し組織する、そうした制度形成に賭けられているもの、それはまさに金融共同体の自律性《オートノミー》なのである(第四章で説明される)。

流動性が正常に機能するためには、価格に対するある種の信念が必要となる。次は、このことを説明しようと思う。われわれは今や、金融という建物の二階に上ろうとしている。ケインズのアイデアに立ち戻って話を始めよう。

「正規性」のコンベンション

ケインズが「金融のコンベンション」と呼ぶのは、「市場価格は、その時々の入手可能な情報から判断して、証券価値の適正な評価である」という信念である。ケインズ自身の言葉を借りれば、この信念は「現在の知識からして」また「どのように形成されようが」、「唯一、正しいもの」である。この信念は抽象的なものであると言えるだろう。なぜなら、それは価格それ自体に関するものだからだ。つまり、金融共同体〔市場〕が、価格はt時点において証券価値の最良の評価だということを認めるのである。この信念は投資家に二つの点で大きな影響を与える。一つは、それが金融資産評価に関してある程度の安全性を与える点。もう一つは、それが金融資産評価に社会的承認を与える点である。この社会的承認は相対《あいたい》取引のとき〔たとえば投資家が信用供与を需要している場合〕に大きな役割を果たす。

このような信念の正しさを裏づけるものは何だろうか？　この問いに対する答えは二つ考えられる。われわれの分析視角からすると、このような信念の正統性は、まさに市場機構そのものが直接に生み出す結果であると言える。つまり、公表価格を間違っていたと判断した金融共同体のメンバーが、誰であれ自由に介入できる〔市場に対する参入・退出の自由〕限りにおいて、この信念は正統化される。したがって、価格は、金融共同体が利用可能な情報に基づいて到達している、一時的なコンセンサスを表している。これはほとんど同義反復的な言い方である。これに対して、正統派の理論は、この同じ信念を異なったアプローチから説明する。この理論によると、価格の正統性は、市場の効率性の結果である。効率性仮説が主張するのは、価格は当該時点において利用可能なすべての情報を「余すところなく正確に」織り込んでいる、ということである。しかし、「余すところなく正確に」とはどういう意味なのだろうか？　もし、それが市場参加者の認知能力に鑑みて「余すところなく正確に」ということなら、この仮説はわれわれ自身の分析やケインズの考え方と遠くない。しかし、逆に、価格は、当該時点で利用可能な情報を考慮した上で計算される最良のファンダメンタル価格の推定である、と言いたいのなら、この仮説はわれわれあるいはケインズの考えと全く異なる位置に立っている。前にも見たことだが、多くの投資家は市場に参加するとき、ファンダメンタル価格に思い煩わされてはいない。したがって、個々人の働きかけ全体の結果にしかすぎない価格が、いったいどういう仕掛けで、ファンダメンタル価格に関する信頼できる推定値になるのか、よくわからない。効率性仮説に対するここでの批判は、ある意味で本書全体にわたるテーマでもある。ともかく、われわれは、市場の第一目的とは、固定資本を代表＝代理する証券を流動化することによって、この〔証券という〕資産の流通範囲を拡大することである、と考える。この見方からすると、〔市場〕価格がファンダメンタル価格の正しい推定値かどうかは、全く二次的な重要性しかもたない。

価格のある時点での正統性よりも重要なのは、価格が変化していくその仕方であり、そこに問題の核心があるように思われる。何よりもまず、投資家が興味をもつのは、このことである。ケインズが「正規性」のコンベンションを研究していたとき、彼が専念していたのもこの問題である。実際には、ある時点での価格とは、最後の取引が行われたときの価格のことである。しかし、投資家にとってとりわけ重要なのは、売買する「今」の価格、つまり、彼が t 時点の価格 P_t を観察しているとき、$t+1$ 時点に成立する価格である。第一章で述べたように、ケインズの中心的な仮説は「連続性」仮説であった。この仮説によると、価格変化は漸次的でその幅も小さいので、t時点に観察された価格P_tは、次の取引価格を予想するための有効な指標となる。この「連続性」仮説は、明らかに「正規性」仮説と関連している。価格の分散が必ず小さな幅にとどまるのは、t時点での価格が利用可能情報をすべて織り込んでいるからである。このような状況では、新しい情報だけが市場のコンセンサスを転換させるきっかけになる。この考えを簡単な数式で表してみると次のようになる。

$$P_{t+1}=P_t+\varepsilon_{t+1}$$

P_{t+1}: $t+1$ 時点での価格

P_t: t 時点での価格

ε_{t+1}: $t+1$ 時点に到着した新しい利用可能な情報（I_{t+1}）によって変化する偏差（これはP_tとは独立である）

現代金融理論のベースとなっている、ランダムな要素とマルチンゲール的な要素〔確率化可能な要素〕をもつ市場モデルは、この数式を基本にしている。ε_{t+1}はランダム変数である。というのは、その大きさは「$t+1$時点にこれこれの新しい情報を入手した」という偶然に左右されるからである。この確率モデルは多くの実証研究の対象になっているが、そうした研究のサーベイを行うことは本書の課題を超えている。われわれは本質的な論点に集中したい。「連続性」仮説か、「正規性」仮説か？　前節で見たように、連続的な価格変化は、リスクに対する保証《インシュアランス》戦略を立てることを可能にする。それによって、投資家は「いろいろなことが起こってしまわないうちに、彼の判断を見直し、投資に変更を加える」（ケインズ）ことができるようになるのだ。直観的に言えば、「連続性」仮説はランダム項の形状と密接に関連しているように思われる。もし、ランダム項（ε_t）の変動が平均してさほど大きくなければ、連続性が成立する。したがって、「連続性」が成り立つかどうかは、考察されている偶然のあり方に左右される。

偶然を論じる場合、ガウス的偶然を取り上げるのが普通である。というのは、これが自然科学における偶然の基本的な形態であるからだ。しかも、変数がガウスの法則に従っているときに、その変数を「正規（標準）的」と呼ぶのは示唆的である。一九〇〇年に、ルイ・バシュリエが株式市場の相場を研究したときに用いた仮説がガウスの法則であった。それによって、バシュリエはアルベルト・アインシュタインより五年早くブラウン運動〔と同様の統計的法則にしたがう運動〕を発見していたのである。ガウスの法則、すなわち正規性の法則の主要な特性は、大きな偏差は稀である、ということである。よって、偶然の正規性仮説は価格時系列の連続性を意味するのであり、そのことは数学的にも証明することができる。もし、偶然がガウス的であるなら、飛躍は「小さく」、したがって「連続性」仮説は証明される。よって、われわれは「連続性」のコンベンションと「正規性」のコンベンションを区別する必要がなくなる。ここから重要な結果を導き出すことができる。もし、世界を「正規的」あるいはガウス的とみなすことができるなら、われわれはリスクをゼロにする効率的な資産保護《インシュアランス》戦略を立てることができる。ガウス的偶然は飼いならすことができる。しかし、「正規性」仮説が成り立たないなら、この理論的な戦略設計も不可能である。したがって、株式市場における偶然がどのようなものであるのかが決定的な問題なのである。そして、多くの研究によると、株式市場における偶然はガウス的ではないようなのだ(16)。

そう考える理由は単純である。価格の時系列的な変化を見て、それがガウス的な基準を満たしているかどうかを調べればよいからだ。ブショーとヴァルテルは、その基準が満たされていないことを明らかにしている。つまり、実際の市場において観察される大きな偏差は、正規性の法則が成り立たないほど高い頻度で現れるというのである。「ガウス的な状況では、大きな偏差は稀である。したがって、たとえ株式市場が原始時代から開かれていたとしても、一九八七年の大暴落《クラッシュ》（あるいは人々の記憶には残っていないほど小さな暴落《クラッシュ》）は起こってはならないものなのである」[17]。実際、もし、価格の乖離が正規性の法則に従うのなら、一九八七年十月ほどの乖離幅を観察するのに必要な平均時間は一〇の四七乗年、地球の年齢の五乗である。これに対して、ポール・レヴィの安定法則に属する確率法則に従うとすると、平均時間は五八年になる[18]。

他方で、ブショーとヴァルテルは一九八三年から一九九二年の一〇年間、二五二六日の就業日（市場が開く日）にわたってS&P五〇〇指数の変化を調べた。その間の変動係数（標準偏差を平均で除したばらつきを表す統計値）は一六・二%であり、これは、様々な幅の下方・上方運動による日々のランダム変化が積み重なった結果である。さて、この指数の全体的な実績に貢献している日は非常に少ないことがわかっている。値動きの最も激しい一〇日間を除くと、変動係数は一一・六%にすぎなくなる。二〇日間を除くと八・六%に、四〇日間を除くと三・六%にまで落ちる。したがって、指数の実績値の八〇%はこの四〇日間の結果であり、それは二五二六日の一・六%にすぎない。

このような偶然性の構造はガウスの仮説には全く対応していない。われわれはガウス的偶然よりももっと「暴力的な」偶然を相手にしているのである。ブノワ・マンデルブローは「良性の」偶然と「悪性の」あるいは「野蛮な」偶然とを区別している。前者はガウス的法則に対応し、後者はレヴィの非ガウス的安定法則に対応している。後者の法則の下では、非常に大きいゆらぎが起こりうる。分布の端の部分が、パレート型のべき法則に従う形状*になるのである。マンデルブローは、「パレート的」偶然についても語っている。この偶然の下では、価格が大きく非連続的に変化する可能性がある。

* ここで想定されているのは、正規分布と比べて分布の裾が厚い分布図であり、正規分布では起こりえないような事態も、この分布図の下では起こりうる。

ここに「正規性」原理の重要性がある。偶然のこの抽象的な形態〔ガウス的偶然〕を信じることができれば、投資家はどんな内容の信念をもっていようとも、枕を高くして眠ることができる。あとは、金融リスクから資産を保護する満足な形態があればよいのである。ここでもまたケインズを引用すると、「変動が小さいので、常に先を見通すことができるのである」。ケインズが考察しなかったのは、この〔正規性の〕共有信念《コンベンション》が、今日の価格が正統的であるという事実だけではなく、市場を襲うランダム・ショックの性質にもまた依拠している、ということである。もしも、偶然がパレート的であれば、ショックは即座に暴力的になり、価格は非常に短い時間で大きく変化しうるのである。一九八七年十月の危機においては、そのような現象が観察されたのであり、証券当たりの取引高は非常に少なかったのに、相場のずれは大きくなった。もしも、「正規性」のコンベンションが放棄されるなら、リスクを消滅させる手段は存在しなくなる。このようなことを考慮すれば、市場に対する見方は転換せざるをえないだろう。偶然がガウス的でなければ、たとえ非常に長期にわたって考察したとしても、平均収益の上がり下がりに並外れたインパクトを与えるのは、そのうちの数日間にすぎなくなる。このようなインパクトを与える日がいつであるのかを知ることが、戦略的に重要になるであろうし、そのためには特殊な警戒方法をとることが必要になる。

ここまでの議論では、解釈モデルそのもの〔投資家が予想を立てるときに実際に使うモデル〕にはあまり触れずに、価格の形式的特性に関する信念を取り扱ってきた。そうした価格の形式的特性が重要な役割を果たすことを考えれば、この議論の進め方は的を射ているように思われる。取引主体は具体的な予想をとくに信じるけれども、価格の形式的特性が生み出すのはそうした信念よりもまず、流動性なのである。しかも、投資家の満場一致の同意を形成するのは、まさにこの形式的な特性、つまり、価格水準はこうあらねばならないということに特別な根拠づけを与えない特性なのである。したがって、先行きの価格変動について投資家がどのような信念をもっているかということとは無関係に、「連続性」という共有信念《コンベンション》は、ポートフォリオ・インシュアランス〔資産保護〕戦略やリスク最小化戦略を立てることを可能にしてくれる。

しかしながら、われわれはもっと議論を進めて、信念や投機家が使うモデルを分析しなくてはならない。ここで直ちに応用できるのは、第二章で展開した分析である。それによれば、ある時点で証券の価格を決定している評価モデルは、自己言及的な模倣的相互作用の帰結であり、この相互作用が〔人々の意見を〕構造化する集団的認知装置《コンベンション》をもたらすのである。このダイナミクスは自己実現的である。その最も驚くべき例は、先に「強気相場のコンベンション」と呼んだものである。つまり、相場の上昇とそれによって生まれる値上がり益は、投資家の予想を強気の方向に誘導する。それがまた新たな上げと収益を生み、その結果、最初に相場の上昇を生んだ判断が的確であったことを、市場が納得するのである。ここに見られるのは、信念の自己実現プロセス、いわゆる「自己実現的予言」である。金融の歴史を繙くと、このような例がたくさん見いだされる。ここで、とくに挙げておきたいのは、近代経済史を特徴づける初期の有名な金融バブルの数々である。[19] たとえば、オランダのチューリップ投機（一六三七年）、フランスのジョン・ローによるミシシッピー会社への投機（一七二〇年）、イギリスの南海会社への投機などである。この最後の例は、あのニュートンが己の財産の一部、二万リーブルを失い、「私は質量のある物体の運動は計算できるが、人間の狂気を測ることはできない」と言ったことでも知られている。これらの現象は決して他人事ではない。これらの現象を生み出したのと同じプロセスは現在も進行中である。このことを次の節で論じてみようと思う。

まず、インターネット株の分析から始めて、メキシコの危機、アジアの危機へと話を移していこう。これらの事例を研究することによって、共有信念《コンベンション》の生成、維持、崩壊を生み出す様々な金融メカニズムを分析することができるだろう。

二　解釈コンベンションのいくつかの事例

インターネット株

「インターネット株」から話を始めよう。一九九八年のインターネット株の値上がりはほぼ垂直なカーブで描けるほど、上昇率が高かった。一九九八年十月八日（ロシア危機の後、西欧市場でインターネット株の底値がついた日）から一九九九年一月末までの間に、ナスダック指数はほぼ切れ目なく八〇％上昇した。一九九八年を通じて、アマゾン・ドット・コムの株価は九六六％上昇した。一九九八年の十二月初めから一九九九年の一月八日までに、アマゾン株は一五〇％上昇し、時価総額はテキサコのそれを越えた（アマゾンの経営者が、収益が上がるにはまだ数年かかると見込んでいるにもかかわらず！）。これと同様な株価の上昇がほかのすべてのインターネット株に見られる。ＡＯＬ（アメリカ・オン・ライン）の市場株価はゼネラル・モータースを越えている。ヤフーの株価はボーイングのそれを越えているが、前者の一九九八年第４四半期の利潤は二五〇〇万ドルにすぎなかった。グローブ・ドットコムの時価総額は六億五千万ドルにのぼるが、売上高は中小企業なみであり、事業は赤字である。しかし、同社の株価は、ナスダック上場の最初の日に六〇六％上がった。こんなことは今までに起こったことがない。倍々ゲームは途方もない水準に達している。市場は、ヤフーをその利益の千倍以上に評価している。利益を上げていないアマゾンは対売上高では三一倍に評価されている。ヤフーに至っては対売上高の評価は一五二倍である。全体として、ＰＥＲ（株価収益率）は六〇〇倍から一〇〇〇倍に達している。このような相場がファンダメンタル価格から裏づけられるためには、インターネット関連会社の売上高や利益が法外な成長を遂げていかなくてはならないだろう。たとえば、アマゾンの時価総額が二百億ドルに達するためには、一〇億ドルぐらいの利益が必要である。しかし、実際には売上総額は一九九八年において六億ドルにすぎなかった。また、電子商取引部門は驚くべき成長率を達成しているけれども、これらの企業が長期にわたって今の収益性トレンドを持続できるのかどうかはわからないのである。

フォレスター・リサーチ事務所の予想によると、電子商取引はこれから五年で一四倍になるという。売上総額が、一九九八年の七八億ドル（これは一九九七年の二四億ドルの三倍以上）から、四千万人のアメリカ人がネット上で買い物をするようになる二〇〇三年には一〇八〇億ドルに膨らむ、と予想されている。しかし、この売上総額の成長だけでは現行の相場を裏づけるのに不十分である。同時に、収益も増えていなくてはならない。しかし、市場分析によると、競争激化が必然的なこの部門では、収益の大きな伸びはほとんど見込めない。なぜなら、マウスをクリックするだけで競争相手が見つかるような部門では利潤マージンの伸びは望めないからである。[20] このように考えると、税引き前の利潤マージンが五〇％に近いマイクロソフトをこの部門の典型例とするのには無理がある。「インターネット関連企業が、ウィンドウズ・システムをこれほど支配的にしたのと同じ『ロック・イン〔閉じ込め〕』技術を生み出すことはできないだろう」[21]。インターネット上には、参入障壁がない。非常に開かれた市場なのである。だからこそ、グリーンスパンがインターネット関連の株を宝くじになぞらえて警戒を発したり、『エコノミスト』誌がこれらの投機的な株価は必ず急落すると注意を促すのである。また、ＳＥＣ〔米国証券取引委員会〕のレヴィット委員長も次のように懸念している。「ネット投資家は、マウスをクリックしてお金を損することが、儲けることと同じぐらい、いやそれ以上に容易だ、ということを必ずや思い知らされることになるだろう」[22]。急激な株価の下落が起きるだろうし、変動性《ボラティリティ》は高まる。たとえば、ゴールドマン・サックス・インターネットの指数は、新たな最高値《たかね》に達する前には必ず下落している。〔一九九八年の〕十月初めには二五％、十一月末には一三％、明くる年の一月半ばには二二％、というふうにである。一月半ばには、アマゾンが数日で値を四〇％を下げた後に、〔インターネット関連企業の〕合併の新しい波があったためにまた急上昇した。ＡＯＬはネットスケープを買収し、@ホーム〔アット・ホーム〕は検索エンジンのエキサイトを吸収し、ヤフーはジオシティを手に入れた。

　この部門の例がよく示しているのは、ファンダメンタル価格の評価には大きな不確実性がともなうということである。この評価を左右する将来の成長水準自体が、予見不可能なのである。どのような推定値も常にファンダメンタル主義的な裏づけを見つけることはできるが、そこでなされる説明は次第に一時凌ぎでアド・ホックなものになる。陶酔的熱狂《ユーフォリア》にひたっているときには、〔明るい〕未来のシナリオが現在相場を正当化するために適用されるのである。その好例が、ジオシティを四七億ドルで買収したヤフーのケースである。一九九八年度に、ジオシティは売上高二億三百万ドルに対して、二千六百万ドルしか利益を上げなかった。『ヴィ・フランセーズ』誌は「これは馬鹿げているのだろうか？」と自問して次のように答えた。「この買収は全く馬鹿げているというわけではない。というのは、もし、利益が年間一二六％の割合で五年間成長すれば、ジオシティの株価総額は二〇〇三年度の利益の二〇倍くらいにしかならないからだ」。しかし、すでにこれらの仮説は信じられないくらい危うくなり、ほとんど実現しえなくなってきている。自己陶酔は限界値に達している。自己陶酔は模倣的同意を通じて伝播していく。皆がのぼせ上がって現実との接点を見失い、いわゆる「新しい評価方法」が現れてくるのがこの時期の常である。

　そして、人々は、数字が常軌を逸していることに頬かむりをしようとする。つまり、「新しいパラダイム」の時代がやってくる。値上がり益が大きくなり続け、そのことをどのように説明していいのかわからなければわからないほど、いっそう、このパラダイムは易々と受け入れられるのである。ウィリアム・バジョットが述べているように、「われわれは幸福なときほど人を信用しやすい」のである。[23] インターネット株の場合、〔企業〕利益だけを基礎にして株式相場を考えることは難しいので、利用者数を重視する株の推定法が現れる。戦略的変数、つまり株価を決める変数とみなされているのは潜在的な顧客量である。この方法は一定の妥当性をもっている。われわれは未来の市場規模を予測したいからである。たとえば、ネットスケープの買収にはそのサイトの訪問者一人当たり二四〇ドルの費用がかかり、@ホームによるエキサイトの買収には一人当たり四六五ドルがかかっている（一ヶ月で九四％の上昇）。しかしながら、推論の筋道がどうであれ、中心になるのが収益の問題であることは明らかである。たくさん顧客がいても、結局は赤字になることもあるのだ。

バレーは、この集団的な熱狂状態（流行現象と似ている）を説明するのに数ページを費やしている。彼によると、右のような自己陶酔によってファンド・マネージャーたちは、市場で起こっていることをいつも適切に説明できる。「しかも、その説明は自分たちの行動がもたらした影響を事後的に理論化したものにすぎないのだ、ということにファンド・マネージャーたちは気づいていないのだ」[24]。ここにも自己言及の円環が見いだされる。その実例として一九六〇年代の「成長株」、「合併の相乗効果」、石油株などを挙げた後、彼は次のように結論づけている。「ここで面白いのは、過度の変動や相場の急変が現実に見られることではない。マネージャーは皆、その時々に、うまい理論的な説明をもっていて、その前では良識や経験が通用しなくなる、ということである。さらに言えば、そういう説明ができることでマネージャーはもてはやされる。彼らは原理なしには行動したがらないので、その結果、行動した後に原理を考案するのである」[25]。ここから、どのように強気相場のコンベンションが生まれるか、それが安定化するためにはどのようにして自己言及的合理性の狭い枠を超えなくてはならないのかがわかる。つまり、投資家を納得させるためには、ファンダメンタル主義的な説明を与えなくてはならないのである。こういう具合にして、理にかなった態度をとろうという要求に基づいて、より強力で、より連続的な同意が呼び起こされていくのである。これが、前章で、共有信念《コンベンション》の「正統性」と呼んだところのものである。しかし、こうした説明はたいていの場合アド・ホックなものにすぎない。バレーが言うように、熱狂の時期にはいつも、その熱狂を正統化する理由が見いだされるのであり、その理由が皆に共有されればされるほど、いっそう承認されるようになる。「株式市場は白昼夢である。そして、この白昼夢は潜在意識の表れである。その白昼夢は客観的で理にかなった現実のような外観をとるが、それはこの夢が集団的であり、隣人も同じ夢を見ていることを確認できるからである。願望は共有されることによって、自己正当化される」。これは、実際に株に携わっているバレーが、株式市場の自己実現プロセスを活写した一節である。

インターネット株の事例では、自己正当化を生み出す集団的行動をつぶさに見ることができて面白い。そこでの主役は「デイ・トレーダー」という社会学的に見て特殊な集団である。自分の仕事で頻繁にインターネットを使用する人の中に、ネット仲買人（ブローカー）の出現に助けられてついには株式投機に乗り出していく人がいる。それが「デイ・トレーダー」である。インターネット上で証券市場にアクセスすることを可能にした会社として有名なのは、E＊トレード、アメリトレード、ダテック、チャールズ・シュワッブである。この中では、チャールズ・シュワッブが最大手であり、二百二十万の口座をもっている。米国証券取引委員会（SEC）によるとこのような会社の総数は約百社である。[26]「デイ・トレーダー」はその名のとおり、長期的な投資は行わず、ファンダメンタル価格を基礎にした伝統的な評価方法を古臭いと思って利用しない。彼らは非常に投機的な投資家で、自分たちがよく使って知っているテクノロジー関連の株に投資する。そこから、信認の源である親近感が生まれる。たとえば、最も多く取引される銘柄の中には、チャールズ・シュワッブやE＊トレードが含まれている。また、「デイ・トレーダー」はインターネットにいつも接続していて、インターネット上を流れる情報への注意を怠らない。インターネットとの常時接続、そして電子ジャーナルや金融情報サイト（たとえば、シリコン・インベスターやザ・ストリート）の影響の下に、「デイ・トレーダー」の共同体が形成されている。この共同体は高速で流通する情報に非常に敏感であり、瞬時に反応する。このような投資家は、短期間に値上り益を得ようとして、毎時間といっていいほど頻繁に、保有銘柄の入れ替えを行っている。シリコン・インベスターをめぐるサイト上の議論の中で、あるネット投資家（インテルノート）〔アンテルノート《宇宙飛行士》のもじり〕は「絶え間ない値動き、応答時間が短く、新しい情報が到着したときにあふれ出るアドレナリン」によって覚える昂揚感について証言している。[27] 就業時間中に小口の投機を行っている人たちが、大儲けを夢見て、全時間を投資に割くために仕事を辞めることも稀ではない。ここで注意しておきたいのは、この「デイ・トレーディング」がまさにその投資構造によって――ラス・ベガスにも比肩すべき――高度に投機的な空間を形成していることである。この空間はあらゆる種類の噂やノイズに敏感であり、実体的条件からは切り離されている。この市場の流動性や、注文数が多くなったときのサーバーの対処能力については、絶えず不安視されてきたところである。前者に関しては、浮動株が少なく市場が狭隘である[28]（アマゾン、＠ホーム、Cネット、ブロードキャストの浮動株は三五％を越えず、eベイのそれは九％にすぎない）、という問題である。後者は純粋に技術的な問題である（いろいろなトラブルの例があるが、たとえば、E＊トレードは一九九九年二月初めに故障し、シュワッブは一九九八年十一月に停電の犠牲になった）。この共同体は自己言及的な構造、つまり、強い相互関係が存在する構造の一例であり、そこでは誰もが他人の情報に従属している。よって、各人の分析は近視眼的になり、模倣的な現象が過度の価格変動を生み出す。これが、金融市場の現実に関する凝縮されたイメージである。そこで進行しているプロセスは、インターネット株だけに妥当するのではない。メキシコ危機、アジア危機を取り上げることによって、そのことは了解されるだろうと思う。

メキシコ危機

一九八〇年代半ば以降、いくつかの発展途上国において、調整様式《レギュラシオン》に大きな変容が認められるようになった。この変容において最も目立つのは、かつては厳格に管理されていた経済が、「市場へ回帰」してきたことである。とくに、証券・債券市場が急激に拡大した結果、証券化《セキュリタイゼーション》がまさにブームとなって進行したことである。一九八八年から一九九三年にかけて、株式市場の時価総額は三倍になった(29)。この伸びは、絶対的タームにおいても相対的タームにおいても確認される。「一九八〇年代初頭、ラテンアメリカ諸国の株式市場の時価総額は自国ＧＮＰ〔国民総生産〕の五％から一〇％にすぎなかったが、一九九三年にはＧＮＰの五〇％から一〇〇％に相当するようになった(30)」。このプロセスと並行して、これら新興市場国の株式市場へ国際資本フローがどんどん流れ込んできた。最初の新興市場国向け株式ファンド（エマージング・ファンド）が現れたのは一九八〇年代の半ばであり、華々しい昂揚感と驚くべき高収益をもたらした。

メキシコはこのような変容の典型例である。メキシコは大胆で徹底した自由主義的改革を実行した。その改革とは、為替管理の撤廃、民営化、規制緩和、金融市場の近代化、海外投資規制の撤廃、貿易の自由化などである。この政策を最も明白かつ象徴的に表しているのが、ＮＡＦＴＡ（北米自由貿易協定）である（一九九四年一月一日）。この政策の成果は、成長、財政赤字、インフレーションの面から見て顕著なものがあった。一九八九年から一九九四年にかけて外貨準備は二百億ドル増加し、対外債務残高は急減した。この成功が金融界を熱狂させた。本書で「新興市場《エマージング・マーケット》」コンベンションと呼ぶもの（メキシコがその最も典型的な例である）が形成されたのがこの時期である。この共有信念《コンベンション》の対象となっているのは、金融の拡大に特徴づけられる徹底した自由主義的政策を採用したこれらの発展途上国である（これと同じような事態が第一次大戦前にもあった）。こうした新興市場が引き付ける資本額は年々増えていき、その額は一九九〇年の四百億ドルから一九九三年の一一三〇億ドルに増加した。メキシコ一国だけで、一九九〇年から一九九四年にかけての全資本フローの二〇％以上、つまり約一〇二〇億ドルを受け入れている。[31]

この共有信念《コンベンション》は、世界資本主義の長期分析に裏づけられている。その診断によると、新興市場経済は成熟経済よりも高い潜在的成長力を秘めており、投資需要は旺盛、資本収益率は先進国よりもずっと高い。ここで全体として言われているのは、先進国は老いたのに比べて、新興市場経済はまだまだ高い利益を生む余地をもった黄金郷だということである。それにまた、金融ポートフォリオの中で新興市場国の占める割合が増加すると、投資家が被るリスクが軽減することも、強調された。フランソワ・ブルギニョンが述べたように、「新興市場の最たる魅力の一つは、その収益を別にしても、資産多様化の手段になることである。つまり、新興市場は先進国との相関関係が弱いので、全体として国際株の多様化の優れた手段になる」。[32]次のような金融テクニックが顧客に向けて声高に推奨された。「現在のポートフォリオにエマージング・ファンドを付け加えると、リスクを増やすことなく収益性を高めることができる」。アンリ・ブルギナは同じことを次のように述べている。豊かな国が、「開放が進む金融市場に対して常に求めるのは、よく整備された市場の収益との相関が最も弱い収益である。しかも、こうした市場が伸びていく余地は非常に大きい。一九八七年から一九九一年にかけて、アメリカ人投資家の株式ポートフォリオの中に新興市場国銘柄が占める割合はたった〇・五％であった。世界銀行によると、もしこの割合が二〇％にまで伸びていたら、収益性はもう一％上がり、彼らのポートフォリオのリスクは減少していただろうとのことだ」。[33]

このようにして、資本主義についての長期的理解と資産選択理論に基づいて、新興市場経済に関する集団的分析が次第に形成されていき、この分析がこれらの国への投資を後押しした。この分析は、個人が意思決定をするために必要な全体的な解釈枠組みを提供した。機関投資家が新興市場国銘柄の比重を徐々に増やしたのはこの分析があったからである。そして、新興市場国のいくつかの株式市場で短期間に値上がり益が出たことがこの分析を事後的に正当化し、自由主義と規制緩和への信仰に裏づけられた夢のような展望を〔投資家に〕信じ込ませた。この信念は、世界経済の潜在的成長力の半分をこれらの新興市場国が占めている限り、確かに現実的な根拠をもっていた。

新興市場国の金融市場が発展し、高い収益率を示すにつれて、この〔新興市場〕コンベンションへの同意が徐々に形成されていった。この信念内容《コンベンション》が共有されたことによって投資家の期待は変化し、投資家はいくつかの新興市場国のマクロ経済軌道に見られた危険な徴候に鈍感になった。マクロ経済の軌道が修正されたことを市場は正しく評価しなかった。このような近視眼的なものの見方は、集団的認知装置《コンベンション》のもたらす特有の効果である。合理的期待形成モデルとは異なり、コンベンションのモデルにおいては、個人の柔軟性は完全ではない。個人は自分の信念に序列づけをしていて、自分が最も強く信じているものに関しては、無理に強制されてから初めて考え直す。共有信念《コンベンション》を信仰すると批判精神が弱くなる。この信仰をもった投資家は、変則的事態《アノマリ》を無視し、「誰よりもよく知っている」賢い市場に一任しようとするようになる。すでに論じたことではあるが、この観点からすると、効率性理論もまた、市場の絶対的正統性を肯定することを通じて、〔共有信念《コンベンション》への信仰と〕同じ方向への圧力を生み出す。つまり、効率性理論は、価格への同意を一層強めるのである。共有信念《コンベンション》が維持されることについては、この厳密に認知的な理由のほかに、もっと現実的な理由もある。つまり、金の卵を産む牝鳥を殺してはいけない、投資家を脅かしてはいけない、というものである。これらの複合的な理由から、現状肯定《コンフォルミスム》と模倣《イミタシオン》の社会的プロセスが生じる。この社会的プロセスは全く特異なものであり、そこでは、共有信念《コンベンション》への同意が内生的に強化されていく。たとえば、共有信念《コンベンション》に従わない人々の評判に対して、暗黙のうちに制裁が加えられるからである。実際、共同体は全体としてある種の解釈を妥当と認めており、そこでは批判は歓迎されない。批判することは、論争好きな精神、つまり調子の狂った精神の表れだとされるのである。ものを見えなくさせる集団の内生的な圧力については、すでにケインズが分析していた。「世俗的な知恵が教えるところによれば、世間の評判を得るためには、慣行《コンベンション》に従わないで成功するよりも慣行《コンベンション》に従って失敗したほうがよいのである」[34]。近視眼的なものの見方は、社会的に構築されたものであり、個人的な非合理性に基づく現象ではない。むしろ、個人は変則的事態《アノマリ》を知ることに関心がないのだ。

メキシコの事例では、取引主体は、メキシコが徐々に直面するようになった問題、つまり、通貨の過大評価と短期対外債務の返済困難を見ていなかった。この近視眼的なものの見方は、様々な指標によって測定することができる。第一の、そして、金融関係者にとって最も重要な指標は、スプレッド〔利回り格差〕、すなわち、テソボノス（ドル建てのメキシコ短期国債）とアメリカ短期国債の金利差である。良識的な金融理論によると、スプレッドはメキシコ銘柄のリスク・プレミアムを測るものである。このスプレッドは、政治的事件がいくつか起こった一九九四年初頭に突然拡大し、八月のセディージョ大統領就任の後に下がり、十二月の危機勃発までは、概ね二％ぐらいの非常に低い水準にとどまっていた。スプレッドが大きく拡大したのは、危機の後になってからで、翌年二月には二〇％に達した[35]。ペソ先物相場とブレイディ債〔欧米市場で活発に取引されている、代表的なエマージング（新興市場）債）の変化を見ても、同様の近視眼的なものの見方があるのがわかる（これらの値動きも、一九九四年十二月の破綻を先取りしたものでは全くなかった）。一九九四年の第2四半期には資本流出が観察できるが、これはメキシコが一九九四年初めに経験した政治危機によるものだとされた。第3四半期には、政治的状況が安定化して、巨額の資本がまた流入した。国際決済銀行の報告によると、「多くの発展途上国の経済的展望は非常に明るいので、先進国のファンド・マネージャーは、それらの国の金融市場に引き続き高い関心を示している」。

金融的近視眼の第二の指標は、国際的金融共同体に情報を提供する専門誌から見つけることができる。誰も危機を予想した者はいなかった。「一九九四年十二月までにテソボノスの問題に言及した記事は、『ファイナンシャル・タイムズ』紙であれ、『ウォール・ストリート・ジャーナル』紙であれ、『ニューヨーク・タイムズ』紙であれ、事実上皆無だった。同様に、ニューヨークの諸金融機関も一九九四年を通して、（メキシコの）マクロ経済政策を好意的に受け止めていた[36]」。

最後の三番目の指標は、アメリカ金融界の無関心、つまり海外投資家とメキシコ人投資家の間で全く行動が異なっていたことである。十二月初め以降、資本を引き揚げたのは、主としてメキシコ人投資家であり、海外投資家（主にアメリカ人投資家）が引き揚げ始めたのは危機が始まった後のことであった。この現象の原因としては、感応性の違いだけではなく、情報の非対称性もある。メキシコ中央銀行は、自分がもっている情報のすべて、とくに投資家が敏感に反応する変数である外貨準備状況を、ガラス張りで流したわけではなかった（同様の構図は、後にタイの危機においても見られることになる）。しかし、メキシコで直接取引していた投資家の方がより正確な情報をもっていたとはいえ、不安はすでにメキシコからウォール街にまで伝播していたのである。情報が伝播する速さから考えると、情報の非対称性だけでは、海外投資家の反応が遅れたことを十分に説明できない。むしろ、アメリカ人投資家は起こったことを見なかったのである。つまり、自分たちのもっている情報で「メキシコのコンベンション」に反するものを、無視したのである。J・サンチオの質問を受けたウォール街のエコノミストは、「誰も危機が近づいてくるのを見なかった。結局、誰もそれがやって来るのを見たくなかったのだ」と言った(37)。賭けられている利益があまりに大きいので、とっているリスクを過小評価したのである。H・カウフマンの告白はこの間の事情をうまく描いている。「各企業は、利鞘を目当てに新興市場でビジネスを行うことにした。そして、各アナリストは金融ゲームのプレイヤーになった。アナリストは問題を明るみに出すことに非常に慎重であった。また、売りを止めるのではなく売るためのアイデアをアナリストから出させようとする、売り手や企業財務担当者からの圧力にアナリストは服した。この時代に、メキシコに関して否定的な意見を言うことは、金の卵を産む牝鳥を殺すことに等しかった。誰があえてこんな罪を犯そうとするというのか？　ウォール街の著名な信用されているスター達が逆のことを言っているというのに。したがって、最も賢いやり方は、さし迫っている暴落がすさまじいことを知っていても、論評を差し控えて流れに追随することだった(38)」。起こったことは、見てのとおり、ケインズの分析と完全に合致するものだった。共有信念《コンベンション》は、認知的プロセスと社会的プロセスが融合して成り立っているのである。

この〔コンベンションに基づく〕アプローチが提起する問題は、結局次の問いに行き着く。つまり、「このプロセスにおいて、経済の基礎的条件《ファンダメンタルズ》の果たす役割とは何か？」である。金融のダイナミクスは経済の基礎的条件から完全に切り離されているのだろうか？　それとも、経済の基礎的条件は相場を適正な水準に戻すような復元力をもっているのだろうか？　メキシコの事例から、われわれは、この問いに詳細に答えることができる。以下で説明するように、そこでは金融から基礎的条件へという逆転された因果関係が働いており、この因果関係を通じて金融のコンベンションは部分的に自己実現されているのである。

本質的な点だけを論じることにすると、メキシコの事例における決定的な問題は為替の安定性であった。ドルをペソの名目的な通貨アンカー〔安定錨〕とすることが、一九九〇年代初めにメキシコがとった経済政策の中で中心的なものであった。この通貨アンカー政策のおかげで、前にも述べたように、経済主体のインフレ期待を抑えることに成功した。また、この政策はペソ建て資産を購入する海外投資家からの〔為替〕安定性の要求に応えようとするものであり、その限りにおいて、国際金融の共有信念《コンベンション》を作り出す重要な要素でもある。たとえば、アメリカの年金基金がペソ建て証券に投資するケースがそれである。このような投資は、重大な資本損失リスクを意味する不安定な為替相場に強く妨げられる。言い換えれば、海外資本の順調な流入はペソの安定性と密接に関連しているのである。この国際的共有信念《コンベンション》とメキシコのマクロ経済とが矛盾するものであったことは、反インフレ政策の大成功にもかかわらず、メキシコの物価上昇率がアメリカのそれを上回り続けた、という事実から明らかであった。一九八九年から一九九四年までペソ相場がほぼ安定していたことから、この通貨は二〇％ほどの大幅な実質切り上がりとなった。このペソ過大評価のせいで〔国際〕競争力が低下し、経常収支赤字が増えた。赤字額は一九九四年にはＧＤＰ〔国内総生産〕の七・九％にのぼった。以上が問題の核心である。国際金融のコンベンションが被る圧力がすべて為替に集約されたのである。

われわれは、来るべき事態を全く見ようとしない金融界の近視眼をすでに強調した。金融的評価を経済の基礎的条件に合致するような方向に修正する復元力がどうして働かないのか？　その根本的理由の一つは、金融に関する意思決定が自己実現する傾向をもつこと、つまり金融の現実を私的な期待に合うように変容させる傾向をもっていることにある。このことをメキシコの事例が如実に示している。海外資本の流入によって金融上の困難がなくなり、メキシコの対外制約〔国際収支の制約〕は緩和した。なぜなら、流入した資本によって対外制約へのファイナンス〔金融〕が難しくなくなったからだ。外貨準備高は増え続け、一九八九年から一九九三年にかけて五倍になった（五〇億ドルから九四年二月の二九〇億ドルへ）。この現象からよくわかるように、金融部面は基礎的条件《ファンダメンタルズ》の制約から自律化していく能力をもつようになった。メキシコの高い収益（一九八九年から九三年にかけてメキシコの株式相場は一三倍に膨れ上がった）は魅力的であり、マクロ経済条件を隠すような経済行動が引き起こされたのである。特筆すべきは、この自己実現的論理を破綻させたのが、メキシコのマクロ経済にとって全く外生的な出来事だったことである（一九九四年二月の債券利回りの上昇、一月に起こったチャパスの蜂起や三月二十三日の大統領候補暗殺事件といった国内の政治事件）。これらの出来事が不信感をあおったり鎮めたりしたが、結局はペソの切り下げが強いられ[39]（一九九四年十二月十九日）、中央銀行がペソの変動に介入しないことが決定された（十二月二十二日）後には、ペソ安となった。最終的に、ペソは一九九五年二月には四〇％以上切り下がった。政治的な不確実性がこのダイナミクスの中で大きな役割を演じたと言えるだろう[40]。

一九九四年末から一九九五年初めにかけての事態の急転とその広がりを理解するには、メキシコ向け海外投資家に特有の性質を考慮しなくてはならない。一九九一年から一九九三年にかけて、メキシコに流入した民間資金フローの七七％は証券購入という形態をとっていた。民間部門の抱えている総負債残高に占める海外投資家のシェアは七八%にまで上昇した。したがって、投資は非常に流動的で、変動性《ボラティリティ》が高く、容易に引き揚げられるものになってしまった。このような投資は現代金融に特徴的なものである。そのために、メキシコ危機において「新型」の危機――つまり証券化と流動性に支配された新たな国際金融調整様式《レギュラシオン》によって特徴づけられる危機――がはっきりと観察されるようになった。このような〔高い〕流動性が資金引き揚げの大きさを、したがって危機そのものの大きさを説明する。資金移動が過度なものであったことについては、多くの分析が一致している。四〇%のペソ減価は経済の基礎的条件に合致していない。ペソ安は不信の自己実現によるもので、これは、その前の局面でメキシコ銘柄の過大評価を導いた自己実現過程と全く同様に〔金融が経済の基礎的条件を決定しているという意味で〕倒錯的である。

共有信念《コンベンション》によって生み出された近視眼は、ここでは三つのタイプの現象として現れている。第一に、市場は困難を予想しない。第二に、市場は、競争の結果として赤字〔主体〕に過剰融資することで事態を悪化させることもある。第三に、市場は事態を修正しようとするが、その度合いは行きすぎたものになる。ここに見られるのは、効率性理論が描き出す市場の機能とは全く違う様相、つまり逆方向への過剰な変動の連続である。このことをバレーは次のように的確にとらえている。「株式市場の一つの特徴は、過剰な上がり下がりがいわゆる基準《ノルム》への単純な回帰によっては修正されず、逆方向への過剰な変化によって修正されることになる[41]」。この過剰な変動は、上方・下方の自己実現的なダイナミクスによって説明されるのである。

「アジアの奇跡」というコンベンション

「アジアの危機」は、市場が過剰修正を好むというもう一つの例である。この事例でも、メキシコと同様に、まず、極端な熱狂状態が起こり、予期せざる大量の資本が流入した。そして、次に過剰な反対方向の流れが生じ、東南アジア諸国を深刻な危機に投げ込んだ。バレーの分析が示すように、過剰な上昇は過剰な下落によって修正されたのである。この様子は**表1**から知ることができる。[42] 表には、韓国、インドネシア、マレーシア、フィリピン、タイの五ヶ国における民間資本の純流出・流入フローが示されている（流入額は正値で、流出額は負値で示されている）。表で目立っているのは、一九九七年にフローが突然方向転換したことである。実際、一九九六年までは民間資本流入は安定して伸びていた。それは、一九九四年の四〇五億ドルから一九九五年の七七四億ドルを経て一九九六年の九三〇億ドルに達した。ところが、一九九七年にこの長期的な傾向が急反転し、この地域から正味一二一億ドルが流出した。前年の流入額と比べてみて、約一〇五〇億ドルの資本が流出したわけであり、この額は危機前の五ヶ国のGDPの一一％に当たる。もちろんこれは巨額というほかかない。このような規模の大きさから、運動が潜在的に自己実現的性質をもっていることがわかるだろう。これは投資家のパニックが引き起こした結果であり、投資家のパニックが関連諸国に実物的な影響を与えることによって、必然的に自己実現されたのである。

表1では民間資本の純フローが証券投資か債権（信用）かによって分類されており、そこから、メキシコと比べたアジアの第一の特徴が浮かび上がる。つまり、このプロセスにおいては、国際銀行が大きな役割を果たしたということである。銀行信用の項は群を抜いて大きな数字になっている。各国当局は海外資本が国内資本を強く支配しすぎないように、海外資本の国内企業への資本参加を制限した。そのこともあって、銀行が大きな役割を果たしたのだ。銀行のこのきわめて重要な役割は、また、資本フローの反転において銀行が演じた役割を見てもわかる。たとえば、逃げ出した銀行信用は七六八億ドルであったのに対し

表1　アジア5ヶ国に対する民間資本純フロー

	1994	1995	1996	1997
民間資本	40.5	77.4	93.0	-12.1
債券	12.2	15.5	19.1	-4.5
直接投資	4.7	4.9	7.0	7.2
ポートフォリオ投資	7.6	10.6	12.1	-11.6
民間信用	28.2	61.8	74.0	-7.6
銀行間貸付	24.0	49.5	55.5	-21.3
ノン・バンクへの貸付	4.2	12.4	18.4	13.7

資料：Radelet et Sachs, 1998　　単位：10億ドル

表2　アジア5ヶ国への国際融資

	1990-1994	1995T1-1996T3	1996T4-1997T3	1997T4
	年平均			**三ヶ月間**
銀行間貸付（純）	14	43	11	-31
ノン・バンクへの銀行貸付	2	15	11	-1
債券の純発行額	3	17	32	1
合計	19	75	54	-31
参考	1990-94	1995-96	1997	
株式投資（純）*	**11**	**17**	**2**	

＊株式投資（純）：株への直接投資＋ポートフォリオ投資の推定額
資料：国際決済銀行[43]
単位：10億ドル
訳注1：表内のTは四半期を意味する。例えば、T1は第1四半期を指す。
訳注2：アジア5ヶ国は韓国、インドネシア、マレーシア、フィリピン、タイを指す。

て、ポートフォリオの組換えによって流出した額は二三七億ドルであった。直接投資は一貫して安定していたが、逆に言えば、そのことは、流動性と結びついた行動がいかに特殊かを示唆している。

国際銀行の役割は**表2**を見ると、もっとよく明らかになる。ここでは銀行間貸付け、銀行からノン・バンクへの貸付け、債

券・株式の純発行額が区別されている。ここからわかるのは、外国人の株式購入が減って、その分だけ銀行信用と債券発行が伸びるという国際資本フローの歪みである。また、これらの信用は主として外貨建てである(約四〇%が円で残りがドル)。その上、そのうちの三分の二の返済期限は一年未満である。危機はこのような債務構造の不安定性を明るみに出した。次のことに注意しておこう。銀行間貸付けは、一九九五年の第1四半期(表では1995T1と表示)から一九九六年の第3四半期までに限って大きな役割を果たし、一九九六年の第4四半期から一九九七年の第3四半期までは債券発行が大きく伸びた。

国際的信用のこのようなダイナミクスを、アジア諸銀行の大幅な拡張と結びつけて考えるとよい。その例外的な勢いを測るには、各国の銀行信用伸び率を見るだけで十分だろう。一九九〇年から一九九七年にかけて年平均の伸び率(実質ターム)を見ると五ヶ国全体で一二%を越えており、マレーシア、フィリピン、タイは一八%に達している。同時期の伸び率は、アメリカ〇・五%、G10に属するヨーロッパ諸国では四%にすぎなかった。[44]この現象は、一九八〇年代、一九九〇年代にかけて、東南アジア諸国が金融界や経済界に引き起こした全般的楽観主義の結果であった。また、このような現象は、自国経済を世界金融市場に統合させようとする国内金融システムの自由化によって可能になったものである。この自由化が今度は外国銀行の国内での活動を活発にするというようにして、以後この二つのプロセスは互いに補強し合って進んだ。重要な改革の一つは、規制の廃止である。規制の廃止によって、かつては禁止されていた外貨建信用発行、外貨建て預金の開発、外貨建て貸付が容易にする新しい手段——その一つがあまりに有名なBIBF(バンコク・オフショア市場)だ——の創出が可能になった。

銀行の貸付け額は巨大になり、それは最後の瞬間まで増え続けた。銀行は困難な事態がやってくるのを見ようとしなかった。国際決済銀行の年次報告によると、[45]「信用の活発な動きは危機が勃発するまで続いた。タイへの資本流入は一九九七年の第2四半期に逆転し始め、韓国で戦略の変更が行われたのはようやく第3四半期になってからだった」。この推移は四半期ごとの推定値から明らかである。[46]機関投資家の反応はもう少し早かった。ファンド・マネージャーたちは一九九六年の第4四半期からアジアを見限り始めていた。[47]

銀行業界の近視眼は、オリヴィエ・ダヴァンヌがCAF(経済分析委員会)のために取りまとめた報告の中で強調されている。「われわれは、国際銀行家がこの地域への貸付を取り決めるときの安易さに驚かされ続けている。とくに、その安易さと、彼らが国内貸付を行うときに示す慎重さとを比較したとき、この驚きは深くなる」[48]。しかし、この近視眼を国際金融共同体のプレイヤー全員が共有していたことに注目しなくてはならない。このことは、新興市場の債券に関するスプレッドを考察すると明らかになる。メキシコの事例で論じたように、スプレッドは、市場が評価するリスク・プレミアムの尺度である。したがって、この変化は金融界の意識を適切に示している。新興市場経済の健全性を測るバロメーターとしてブレイディ債をとるならば、それとアメリカ国債との収益率の差は、一九九六年初めの一六%からほぼ継続的に縮小し、一九九七年九月には三・五%となっている。インドネシアとタイの債券で考えても、この差は同様に縮まっており、一九九七年の第1四半期には約一%になっている。ここで明らかに見てとれるのは、金融関係者の熱狂である。彼らは、アジアの借手国のリスクは非常に小さい、と考えていたので、アメリカ財務省が享受しているのに匹敵する好条件を彼らに認めたのである。このことが、**表2**に見られるように一九九六年末と翌一九九七年初めに債券発行額がなぜ大きく増えたのかを説明する。これらのスプレッドが大きく広がったのは、ようやく一九九七年の第2四半期になってから、つまり危機が勃発した後のことである。以上からよくわかるのは、市場がリスク・プレミアムを評価することがいかに難しいか、ということである。この難しさとはうらはらに、市場の近視眼を分析するにはもっと直接的なやり方がある。格付け機関が出す予測を分析すればよいのだ。

格付け機関

格付け機関は、市場が機能する上で非常に重要な役割を果たしている。それには少なくとも二つの理由がある。一方で、この機関は評価することを第一の役割とする。評価活動のために、この機関は大量の情報手段と調査手段を利用している。これらの手段は、投資家の大半が利用したいと思ってもできないくらい良質なものである。したがって、この機関による評価を、市場が手持ちの材料から作り出すことのできる最良の評価とみなしてよい。そうすると、格付け機関が危機の到来を知らなかったことが判明すれば、金融プレイヤーの近視眼に関するわれわれの仮説が決定的な論証を得ることになる。他方で、市場の内的ダイナミクスとの関連で言うなら、この機関は、不信の発作が伝播する際に、重要な役割を演じる。実際、格付け変更は、市場全体に即座に影響するために、強い効果を及ぼす。一九九五年初めのメキシコの格付け低下は、結果として国際市場での「メキシコの」資本調達能力を大幅に低下させ、その結果、流動性危機を悪化させた。この点からすると、格付け機関は模倣のダイナミクスを構成する一つの環として現れる。格付け機関は、金融不安定性を生み出し、伝播させる集団的ダイナミクスに深く関わっている。なぜなら、彼らの反応はいつも遅れ気味で、したがって不信感を一挙に広めるからである。それは、市場が参照する制度的標識《サイアンス》である。このような役割はアジア危機においてもはっきりと見てとれる。そのことを示すために、二大格付け機関――ムーディーズとS&P（スタンダード・アンド・プアーズ）――がタイと韓国に与えた格付けの推移を分析してみよう。[49]

両国は危機以前――韓国は一九九五年五月、タイは一九九四年十二月――に高い格付けを得ていた。[50] 韓国の格付けはムーディーズが「A1」でS&Pが「AA-」であり、タイのそれは「A2」と「A」である。韓国の格付けがタイよりも若干高いが、両国とも絶対水準で非常に高い評価を受けていて、リスクの低い国とみなされていた。[51] タイにおいては一九九七年二月十三日に、外貨建て長期債に関して最初に悪化の兆候が見られた。ムーディーズが警戒して四月八日に格付けを「A2」から「A3」に下げたのである。しかし、大幅な格付け変更がなされたのは、やっと危機が起こった後のことである。連続して格付けが引き下げられ、一九九七年十二月末には「Ba1」まで下がった（つまり、タイの証券は「投機的」というカテゴリーに分類された）。[52] 韓国の格付け引き下げが最初に起こったのは、危機が勃発した後のことであり、S&Pは十月二十四日に、ムーディーズは十一月二十七日に格付けを下げた。ムーディーズの格付けはその後も下がり止まらず、十二月末には「Ba1」まで下がった。[53]

ムーディーズが二月にタイを警戒し始め、四月に格付けを引き下げたことは、様々な反応を呼び起こした。それを見ると、危機が勃発する前の市場の心理状態がよくわかる。タイの副首相の心理状態はその口調の辛らつさに表れている。「この会社の名前〔ムーディーズ〕からして縁起が悪い。[54] この会社は経営状態が悪いのでゆすりのようなことまでしなくてはならない、と聞いている。この会社に望むものを与えない国があると、その国を破壊しようとするのだ」。[55] われわれの議論にとってより示唆的なことは、金融界がムーディーズの評価を馬鹿げたものとして分析していたことだ。「タイ政府の政策を詳細に分析するなら、タイの格付けを引き下げる理由は全くない」と、あるタイ経済専門家は言う。[56]「銀行家によると、投資家は、タイ政府の率直さ、自らの困難を認め、対処策を講じていることに感銘を受けている。『ムーディーズがこうした要因を全く考慮に入れなかったことは、恥ずべきことである』。ムーディーズの決定は、多くの銀行家や専門家の怒りをかっている。彼らは、ムーディーズの選択が経済の実体的条件によって正当化されないことを強調するのである」[57]。この大騒ぎによって、競争相手のS&Pはムーディーズの分析とは距離をとらなくてはいけなくなった。「今週になってS&Pは、格付けAを変更しないという先の決定を確認した新しい調査レポートを公表した」[58]。

『エコノミスト』誌（一九九七年二月二十二日号）に、アジア新興市場諸国に関する分析が載っており、そこには金融界の心理状態がよく表されている。メキシコ危機以前の一九九〇年代初めに見られた盲目的な熱狂、つまり「新興市場は成長する以外考えられない」といった熱狂がなくなっていたのは明らかである。ところが、一九九七年二月においてもなお、新興市場経済は良質な投資先と考えられていた。「長期的には、新興市場は良質な投資先であり続けるだろう。もし、政府が自由主義的な改革を続け、財政・金融上の規律を守るなら、新興市場経済は先進国経済よりずっと速く成長するに違いない。そして、経済成長が速いということは、理論上、投資家により高い金融収益をもたらすということだ」[59]。後に説明するように、国際金融が一九九七年七月二日以降、大きな難局に直面しなくてはならないとは、誰も予想していなかった。一九九六年七月にはＩＭＦ（国際通貨基金）はバーツ切り上げを推奨し続けていたし、ＩＭＦによる成長予想は、**表3**が示すように、ゆっくりと遅れをともなってしか修正されなかった。一九九七年五月になっ

表3　1998年度における成長予想

予想がなされた時期	1997年5月	1997年10月	1997年12月	1998年5月
韓国	6.3	6	2.5	−0.8
タイ	7	3.5	0	−3.1
インドネシア	7.5	6.2	2	−5
マレーシア	7.9	6.5	2.5	2.5
フィリピン	6.4	5	3.8	2.5

資料：IMF World Economic Outlook（Contamin et Lacuからの引用）　単位：%

ても、この時期以降、自国通貨にのしかかる度重なる圧力にもかかわらず、タイの予想成長率が七%にとどまっていたのは驚くべきことである。ここに見られるのは、期待の慣性《イナーシャ》である。

われわれの見解からすれば、金融市場の態度は、金融界の意見がどのように構造化されるかによって決まる。この場合、金融市場の意見は、変則的事態《アノマリ》を一貫して過小評価する集団的認知装置《コンベンション》の形成によって構造化されている。つまり、考察されているケースにおいて働いている集団的認知装置《コンベンション》は、アジア諸国が達成した驚異的なマクロ経済実績についての分析、つまり、われわれが「アジアの奇跡」と呼ぶものに基礎をおいている。たとえば、一九六五年から一九九六年の間、タイでは一人当り所得が四倍になり、韓国では七倍になった。しかも、これらの経済は一年たりとも低成長率を味わったことがなかった。歴史上、これほど長期間にわたって、急速に成長した地域はほかに存在しない。国際決済銀行が強調するように、「GDPの成長率が五%を下回った年を探すには、インドネシアでは一九八五年、マレーシアでは一九八六年、韓国では一九八〇年、タイでは一九七二年までさかのぼらなくてはならない[60]」。一九九〇年代初頭の成長率も例外的な高水準を保っていた。一九九一年から一九九五年にかけて、平均してタイでは八%を越え、韓国では七・五%ほどであった。また、これらの国は高い柔軟性をもつことでも評判がよかった。これらの国々は、流動的な環境変化に対する驚くべき適応能力を過去に示していた。タイが通貨切り下げに訴えることなく、ついにメキシコ危機の影響から逃れたことは、この国がショックに非常に強いという印象を与えた。エマニュエル・ブルストローが書いているように、「タイは自分の免疫力が強いと思っている」のである。(61)

これらすべての要素によって、国内金融システムの規制緩和や非常に足の速い海外金融に依存することが引き起こしたリスクを市場参加者は過小評価してしまった。市場参加者たちの注意は、マクロ経済実績に集中していた。成長や投資、貯蓄の実績が堅実な成長の幻影を作り上げていたのである。その結果、彼らは、国内銀行システムを掘り崩していた構造的脆弱性の重要さを過小評価したのである。マクロ経済の諸指標は人を欺くことがある。それらは生産システムや金融システムの質に関しては何も語らないからである。格好の例が韓国のケースである。一九九四年から一九九六年にかけての国内投資の大きな伸びが、生産要素の過剰蓄積と財閥《チェボル》の競争力弱体化を隠してしまった。(62) 売上総額や売上総量の増大を解釈する場合には慎重でなくてはならない。

共有信念《コンベンション》の自己強化

共有信念《コンベンション》が永続するためには、金融のダイナミクスが強力な自己強化メカニズムを生み、そのメカニズムが経済的制約を隠蔽し、共有信念《コンベンション》に基づいた期待を補強することが必要である。ここでも次の重要な考え方が妥当である。つまり、金融分野は高度の自律性をもっているのだ。「アジアの奇跡」という共有信念《コンベンション》の中心では、メキシコのケースと同様に、通貨の安定性が重要な役割を果たしていた。危機が勃発するまで、タイのバーツは平均して二五ドル前後で安定していた。この安定性は、借り手と貸し手双方に重要な効果を与えていた。平価が長い期間にわたって固定的、あるいはほぼ固定的であったために度のすぎた信認が生み出され、借り手も貸し手も為替リスクを間違って評価していたのである。為替平価を維持するということは、暗黙のうちに中央銀行が為替リスクを引き受けるということであり、そのことによって活発な資本流入が促されていた。先に述べたように、これらの国がメキシコ危機を無事に乗り切ったことが、この安心感に拍車をかけたのである。「ひとたび、これら諸国の通貨がテキーラ効果〔メキシコ危機〕を乗り切ってからは、誰もがこれらの通貨はドルに永遠に連動されると考えるようになった。資本流入は加速化した。銀行家はこう考えた。『今ならこの連中に貸し付けてもよいだろう。彼らの通貨はメキシコ危機に耐えられたのだから、よもや崩壊はしまい』。人々は危機直前に最も積極的であった」[63]。危機の前に市場参加者がカバーを取っていたポジション〔持高〕は取引の一三%と低かったが、このことは市場参加者の信認を示している[64]。また、このことは、名目アンカーが事実上のカバーの役割を果たしたことを物語っている。

しかしながら、ドルが円に対して下げ止まってから、この対ドル為替安定の政策はその国の競争力に非常に重くのしかかるようになった。それは一九九五年の春以降のことである。二年間でドルは円に対して五六%切り上がった。その結果、一九九〇年から一九九七年にかけて、実質実効為替レートが、インドネシア、マレーシア、フィリピン、タイで二五%以上、韓国では一二%切り上がった。これら諸国の競争力は大きな打撃を受けた。しかも、一九九四年一月に中国の元が四〇%切り下がり、中国の輸出が驚異的に伸びただけにいっそう影響は大きかった。このマクロ経済的推移の直接の結果は、対外ポジションの悪化である。一九九六年の経常収支赤字は、タイでは〔GNPの〕七・九%に、韓国では四・八%に達した。ただし、メキシコの場合と同様に、資本流入はこの赤字を補って余りあった。タイでは外貨準備が増え続け、一九九一年から一九九六年にかけて三百億ドルも増加したのである。ところが、短期債務は外貨準備よりも速く増えていった。短期債務の外貨準備に対する比率は上昇し、一九九三年末に、韓国では一・四八から二・一四に、タイでは〇・八九から一・五三に増えた。この短期債務は、その大半を民間部門が約定したものだった。このことがメキシコのケースと大きく違う点である。メキシコでは、外貨建ての短期債務は、主としてメキシコ政府があのテソボノスを通じて負ったものだった。

この巨額の資本流入は、五ヶ国において年平均、GNPの六％にのぼった。タイの資本流入は、一九九〇年代を通じてGDPの一〇％に達し、一九九五年に限っては一三％に至った。韓国の場合、一九九四年から一九九六年にかけて純資本流入は五二三億ドルにのぼったが、これは一九九〇年から一九九三年にかけての額の三倍であった。こうした資本流入は、これら諸国における自由化の進展と、国際投資家がこれら諸国のマクロ経済の健全性を強く信じていたことの結果である。しかし、金融内生的な原因も同時に作用していた。この原因は、純金融的な複合状況が生み出したものである。その大本にあったのが、先進国の通貨拡張と金利低下による世界的な流動性の過剰である。過剰な資本がより高い収益を探し求めていた。そうした資本が、あの驚異的なマクロ経済実績を示している新興市場経済の中に高収益を見つけ出そうとしたわけである。そして、収益源として目にとまったのが、東南アジアの国内金利が国際金利を上回っているという事実である。一九九五年と一九九六年を見てみると、短期金利はタイで八％と一〇％の間を、韓国では一三％と一四％の間を揺れ動き、その一方でアメリカでは六％に落ち着いていた。

以上に加えて、一九九〇年代の初めにこうした資本流入は不動産価格と株価を急激に押し上げた。バンコクでは、一九九一年から一九九六年にかけて、この二つの価格は三倍になった。この投機的バブルが今度は信用拡大を促した。ここで見られるのは、次のような金融の古典的メカニズムである。一方で、借り手は自分たちのほしい資産の価格が急騰することを予想しているので、高金利の借入れを受け入れる。他方で、銀行は、借り手が担保として差し出す不動産や株式が堅実な保証をなすように見えるので、資金の貸付けを受け入れる。この投機プロセスにおいて、リスク引き受け〔リスク・テーク〕がひそかに増大していくのである。また、銀行がさらされる厳しい競争によって、利鞘が侵食される。国際決済銀行が述べているように、「銀行は、債権の担保にとっている資産の価値が絶え間なく上がっていったので、信用リスクの評価を怠る気になった(65)」。この成り行き任せな態度は、アジア諸国においてはっきりと見てとれる。しかも、当該国の銀行システムが経験不足であり、注意深い監督や規制を可能にする手段をもっていなかったこと、それに一連の腐敗現象が、そのような態度を増長させた。

このプロセスは、経済主体全員によるリスク認識が、経済学でいうモラル・ハザード〔倫理感の欠如〕によって攪乱されるとき、「いっそううまく」機能する。モラル・ハザードとは、セーフティ・ネットの効果を信じすぎるあまり過大なリスク引き受けに走るという状態である。モラル・ハザードは次の三つのレベルで重要な役割を演じた。アジアの諸銀行と自国政府の関係、国際銀行とアジア諸政府の関係、国際投資家と国際機関の関係においてである。どのレベルにおいても、苦境にある債権者を救済する関係当局の能力が信用されていることによって、過剰なリスク引き受けが促されてきた。まず、第一に、国家を伝統的に暗黙の保証とみなしてきたアジアの諸銀行は国を当てにしているために、経営改善を可能にするような監査方法を発展させてこなかった。アジアの銀行は、市場開放、自由化、世界市場への統合がゲームの規則を根本的に変えつつあることを認識しなかった。彼らは、規制が強い環境に慣れていたので、厳格なリスク評価を必要とする新しい事態には適応できなかった。第二に、モラル・ハザードは、国際債権者にも働いていた。というのは、彼らは自分たちが苦境に陥ったら、相手国が公的資金を投入してくれるだろうと考えていたからである。この心情は、アジア諸国が健全な国家財政と高い貯蓄率を享受していただけに、一層もっともらしくみえた。最後に、モラル・ハザードは国際的なレベルでも作用していた。国際投資家は、何か問題が起こったら国際機関が救済に来てくれると信じることができた。メキシコの前例は、この点に関して悪影響を与えた。専門家の説明によると、「逆説的なことだが、もしわれわれが、一九九五年にメキシコを破産するに任せていたら、アジア・ブームは適当なところで終息し、投資家は投機的で無用なプロジェクトに資金を提供しなかっただろう。……メキシコの救済計画は事実上、金をもった投資家が同じことをタイ、マレーシア、フィリピンのような大赤字国でするように元気づけただけだった」[66]。

解釈コンベンションとはパラダイムである

インターネット株、メキシコとアジアの事例についてここまで行ってきた分析を踏まえて、われわれは金融のコンベンションに関して二つの新しい仮説を提起できる。一つ目は、共有信念《コンベンション》はファンダメンタル主義に基づいた解釈モデルに依拠している、という仮説、二つ目は、その構造はトーマス・クーンが言うパラダイムの構造と同一である、という仮説である。順番に説明していこう。

〔第一の仮説によると〕先の諸事例は、共有信念《コンベンション》に基づいた評価は必ず、ファンダメンタル主義的な状況判断に依拠しているということを示している。企業であろうと、部門、国であろうと、共有信念《コンベンション》は来たるべき成長あるいは将来収益にもっぱら注目して、株価に関する自らの評価を正当化している。ここで確認されるのは、金融評価においてファンダメンタル価格が指導的な役割を果たしているということである。投資家は多数の異なった要因が資産価格に影響することを認めはするものの、株価が適正であると確信するためには、それが実物的な経済条件の忠実な反映でなければならないと思い込んでしまうのである。しかしながら、すでに強調したように、実物的な変数の大きさは多数の予測不可能な経済的要因に左右されるので、正確に推定することは不可能である。したがって、集団的認知装置《コンベンション》はそれらの要因の序列づけを行う。集団的認知装置《コンベンション》は、ある要因を特権化し、ほかの要因を無視する。バレーが十分に理解しているように、集団的認知装置《コンベンション》はファンダメンタル価格を条件づける様々な変数に「ウェイトを付ける」働きをする。「したがって、ある計量経済学モデルから、株式市場に関する整合的で相対的に安定した一つのモデルを作り上げることは不可能である。……モデルは一つではなく複数存在し、時代に応じて株式市場がそのうちから選ぶのである。株式市場に影響を与えることのできる要因の数は際限ないとはいえ、それらの要因が同時に作動することはない。株式市場は利用可能な情報の中で選別を行っている。……確かに、株式市場の集団心理は客観的な要因から結果するが、それらの要因にウェイト係数を与えるのは集団心理なのである」[67]。ゆえに、株式市場における集団的認知装置《コンベンション》の歴史的変遷は複数の解釈モデルの連続として分析できる。各モデルは、そのモデルが強調する変数やメカニズムによって定義される。〔たとえば〕ある時期には、期待を支配するのはアメリカの貿易赤字であった。また別の時期には、それは貨幣量の増加であった。

ここで説明しておきたいのは、こうした集団的認知装置《コンベンション》による序列づけには、厳密に科学的な視点から見た根拠が存在しないわけではない、ということである。つまり、パラダイム論から集団的認知装置《コンベンション》にアプローチすることができる[68]。まず、観察者は、経済プロセスの一般的形態を規定する創始的諸原理に的を絞って知的加工を施すことによって、一般的形態から原型的《プロトティピーク》形態を浮かび上がらせる必要がある。たとえば、インターネット株の場合、この認知装置《コンベンション》はウェブ上での売上増大を重視した。アジア諸国の場合に前面に押し出されたのは、成長と貯蓄に関するマクロ経済データであった。こうした図式化によって、個人の解釈を構造化する認知標識《サイアンス》が形成される。それに続いて、今度は模倣を通じた自己強化によって、共有信念《コンベンション》の正統性が打ち立てられていく。ペソとバーツの名目アンカー政策を見ると、この次第がよくわかる。メキシコとタイのコンベンションを生み出した金融行動は、結果として、外貨準備を増やし、対外不均衡の大きさを隠した。そして、このことがまた、その信念内容《コンベンション》に一層のウェイトを与えるようになったのである。

　分析してきた事例から導き出される集団的認知装置《コンベンション》の第二の特性は、集団的認知装置《コンベンション》が変則《アノマリ》と呼ばれるもの——共有信念《コンベンション》に基づいた分析を否定する類の事実——を無視することである。たとえば、対外赤字や地域銀行の監査の不備を無視するのである。集団的認知装置《コンベンション》がデータを序列づける装置であることを考えれば、変則の過小評価はこの認知装置《コンベンション》の所産であると言ってよい。視線は一様に全方向をカバーするわけではない。視線はいくつかの方向を無視し、その分、違う方向に全注意を向ける。クーンによれば、欠点に対する鈍感さは、パラダイムの根本的な特徴である。科学的な営為が活発に行われるのは、パラダイムのこの特性のおかげである。それなしには、科学研究は、パラダイムの予想とは合致しない疑わしい結果によっていつも妨げられてしまうだろう（疑わしい結果がどれくらい批判力をもつのかを、いつも判定しなくてはいけなくなるから）。このような出来事に直面したとき、パラダイムによって組織された集団は、逆にその出来事を無視する方を選ぶ。彼らは、そのような結果は後に解決できるであろう局所的変則であって、そのためにパラダイムの統合性を疑問視する必要はない、と考えるほうに賭ける。研究を効率よく進めるにはこのような方法をとればよい。こうして、科学的営為がスムーズに展開されていくのである。パラダイムが問い直されるのは、「連続的で累積的な」変則が起こったときだけである。興味深いのは、金融の分野においても、これと同じような特性が見いだされることである。つまり、共有信念《コンベンション》に基づく予測がなされるとき、関連するリスクは一貫して過小評価されてしまう。したがって、この特性は大きな影響力をもつのである。スプレッドやモラル・ハザードなどを取り上げたとき、すでにその多くの事例を観察した。一般的通念《コンベンション》が維持されるという信念はリスクに対する感応性を低下させ、大量の資本移動を引き起こす。パラダイムの場合と同様に、この特性は、評判効果（通念《コンベンション》に基づいた分析を疑問視する人々に対するバッシング）を通じて行使される。その際に重要となるのが、先にも見たように、影響・流行・制裁の社会的ダイナミクスである。共有信念《コンベンション》の性質からして、このことは当然である。つまり、この場合、共有信念《コンベンション》は、一定の価値や目的の集団的性質を承認する金融共同体の組織形態とみなされているのである。信念のこの集団的な次元によって、経済理論が通常取り扱わない特殊な効果が生み出される。[69] 変則が蓄積し、金融共同体がそのことを意識したとき初めて、危機が勃発する。

その例を、タイや韓国に見ることができる。変則《アノマリ》の蓄積は、マクロ経済においては経常収支赤字として現れた。しかし、明らかにより重要なのは、銀行のバランス・シートにおける不良債権の増加であった。その増加は、多くの銀行や産業集団の支払能力に重くのしかかり始めた。こうして、投資家を愕然とさせる大量倒産の時期へと突入していった。タイで最も影響を受けたのは、不動産バブルで活躍した金融会社である。その中の最大手で、タイ資本主義を代表する存在であったファイナンス・ワンは、一九九七年一月初めに、業務停止に追い込まれた。その後、ほかの多くの企業もファイナンス・ワンと同じ運命をたどった。一九九七年六月には、タイ政府は九一の金融会社のうち一六社に、一ヶ月の業務停止命令を出し、資本増強のために新たな買収者を探すよう命じた。しかし、それはうまくいかなかった。実際には、生き残った七五社の金融会社と一五の国内銀行すべてが、不良債権の大幅な増加に示される大きな困難にさらされていたのである。十二月には、IMFの命令で解体される前に、業務を停止しようとする金融会社が五六社にのぼった。このときの業務停止費用はGDPの一〇%に達したと言われている。ファイナンス・ワンだけでも、GDPの三・五%の費用がかかることになる。政府当局が、この国の金融システムを立ち直らせるために費やした金額は途方もない数字になった。過去一〇年間の財政黒字がこれでいっぺんに吹っ飛んでしまったのである。

韓国における懸念の的は、財閥《チェボル》と呼ばれる有名な大コングロマリットの状態であった。韓国の産業の強さを象徴しているのがこの集団である。財閥は資本流入を利用して投資を拡大し、その投資ブームによって債務比率を大幅に高めた。たいていの場合、不生産的な分野に費やされた貸付けは、金融部門に重くのしかかった。一九九六年の第2四半期に、一四番目に大きい財閥である韓宝が負債を処理できなかったときに衝撃が走った。調査によると、鉄鋼業に特化している同グループへの貸付けの大部分が、政治的圧力の後ろ盾によるものだった。汚職のひどさや政治家と財界人の癒着が明るみに出るにつれ、海外機関投資家の信頼が失われていった。一九九七年六月には、八番目に大きい財閥の起亜グループが難局に陥った。九月初めには、六つの財閥が救済計画に従うか、または倒産した。(70) この六財閥は上位三〇財閥の資産総額のうち一〇・四%を占めるにすぎなかったが、韓国に対する世界の認識は修復不可能な影響を被った。

以上の経緯の中で、期待の反転に本質的な役割を果たした指標がもう一つある。それは為替政策である。市場関係者の目は、減り続ける外貨準備の上にくぎ付けになった。すでにメキシコの事例に見たように、政府当局が外貨準備の真のポジション（持高）を公表するのを渋るとき、投資家の不信は高まる。様々な変則的事態《アノマリ》（対外赤字、倒産、外貨準備の減少）が次々に蓄積していくと、それらの全体的効果の下で期待が根本的に変容を遂げていく。そして、市場が反転するとき（タイでは七月二日、韓国では十一月二十日）、その反転は全面的で過度なものになる。それ以降は、すべてのニュースや計画が恐怖心をあおり、新たな価格低下の口実とされるようになる。投資家が探しているのは、市場の満場一致を作り上げ、市場を再活性化させる、信用のおける新しい標識《サイアンス》である。不信が一般化していくこのプロセスの中では、格付け機関の行動が、恐怖と価格低下圧力の強力な触媒となる。したがって、格付け機関の行動はいっそうパニックをあおる効果をもつ。韓国は二四時間ごとの信用更新によってかろうじて生き延びていたが、格付け悪化は韓国を国際市場から締め出し、不信感を高めてしまった。パークが言うように、格付け悪化が市場の恐怖心をあおり、それがまた格付けを下げさせるという悪循環が発生した。[11] 事実、十月から十二月にかけて、格付け機関のムーディーズとS&Pは各々三ランク以上の格付け引き下げを行ったのである。ムーディーズが十二月二十二日に韓国のランクを二つ下げ、韓国債を「投機的」に位置づけると、ウォンは九%下がった。翌日には、S&Pも同じように格付けを引き下げたが、それによりウォンは新たに一五%下がった。ここから、これらの格付け機関が不信の模倣的伝染においてそれ相応の役割を果たしたことがわかる。十二月二十三日には、一ドル=一九九五ウォンとなり、七月初めと比べて一二五%のドル高になった。ここに及んで、韓国債のモラトリアムが危惧されるようになった。以上の出来事がわれわれに示すのは、共有信念《コンベンション》の断絶がどのように突然のパニックを引き起こし、基準点を根本的に修正するのかということである。そのため、安定をもたらすのに、ＩＭＦとＧ７の行動が必要とされたのである。

弱気相場のダイナミクスと危機

コンベンション仮説によって、危機が勃発するときに何が起こるのかが理解できる。共有信念《コンベンション》の断絶は全面否定的な現象であり、それによって、投資家達は皆、基準点を失い、したがって次に何が起こるのかがはっきり確定できなくなってしまう。この認知に関わる現象はゲシュタルト変換の経験と似ている。ゲシュタルト変換とは、世界に対する見方が突如、根本的に変容することである。期待を一点集中させるような代替的仮説がないために、純粋な不信が野放しになる。誰もが罠から逃れようとする。経済学の用語では、異常な流動性需要と呼ばれるが、われわれはこれをとくに「質への逃避」（絶対に確実な資産への逃避）と呼ぶことにする。この行動においては、経済主体の時間的見通しが短縮し、リスク評価の大幅な変更が行われる。一九八七年十月の危機がすでにわれわれに示したように、株価の下落は、買い向かう動きがないままに例外的な幅に達することがある。この現実自体、「ホモ・エコノミクス」や市場の効率性という伝統的な仮定に対する厳しい批判となっている。実際、古典的な考え方では、各投資家は自分の情報を最大限に駆使して独立に期待を形成する。したがって彼らの期待は完全に弾力的な変数であり、新しい情報に応じて連続的に変化していく。このような想定の下では、（危機が起こっても）各投資家が期待を下方修正することによって、遠からず新しい均衡水準が現れるはずである。しかし、現実には、自由に委ねられた市場はそれ自身では均衡価格を成立させることができない。期待は自己言及的であり、各投資家のポジションは他人がどう出るのかに左右される。つまり、旧来の共有信念《コンベンション》が破壊されると、各投資家は価格安定の基準になる新しい標識を見極められずに、自己言及的な諸力に再び身を委ねることになる。〔伝統的な〕理論によると、大きな相場下落が起きるときは、相場下落から利益を得ようとする買い手がいるはずだ。しかし、実際にはそんなことは起こらない。なぜなら、絶対的に低い相場とは何を意味しているのか、誰も知らないからである。もし、相場が明日下がるとわかっている銘柄があれば、そのときの価格がどうであれ、私はそれを売りに回るだろう。相場下落に関する次のような挿話がある。「昨日は非常に魅力的に見えた価格水準が今日はそう見えない。なぜなら、明日には価格がもっと下がることを皆知っているからだ」。相場が底を打つのは、その値のとき他人が再び買いに回ると、知られているときである。しかし、債権者がそのような行動をとれるのは、一国にマクロ的な見通しが存在し、かつそれが全員に承認されている場合に限られる。ここに見られるのは金融という世界の閉鎖性である。つまり、金融の世界は、自ら作り出した解釈の中から経済の基礎的条件《ファンダメンタルズ》となるものを決定しているのである。ファンダメンタル価格はそのものとしては存在しない。存在するのは諸々の解釈だけだ。だから、われわれが立ち会うのは、際限のない価格低下の運動である。そして、この運動が明瞭に示しているのは、一般的な無秩序と、「市場は解決法の発見を強要されていない」という事実である。

このプロセスは、先の強気相場局面と同様に自己実現的である。為替の下落が対外債務を膨らませ、預金の取り付けが銀行の負債処理能力を枯渇させ、格付け機関による格付け引き下げが国際資本市場へのアクセスを難しくする。国内諸銀行が対外信用を本当に必要としているときに、信用割り当てがなされるよ

表 4　1997 年 6 月末と 1998 年 1 月の間に起こった為替と株の減価

	韓国	タイ	インドネシア	シンガポール
為替（対ドル）	−41.2%	−53%	−79%	−17.6%
株価	−12.6%	−7.9%	−31.8%	−26.2%
累積損失（ドル表示）	−48%	−56.7%	−83.6%	−39%

資料：IMF（Contamin et Lacu からの引用）

うになる。ここに、金融のパラドクスが見いだされる。すなわち、そのような国では、資本を必要としていないときに、大量の資本が流入してくる。しかし、その必要が切実になると、もはや貸し手は見つからなくなっている。この純粋に金融的なプロセスは、危機が厳しくなればなるほど強化される。損失は恐ろしく増えるが、これはその国が抱えている経済実体上の困難とは何の関係もない。このプロセスは制御不能なパニックの兆候である。**表 4** の数値が示すように、流動性への殺到は金融システムを破壊するプロセスであった。

この局面においては、政策当局の行動が決定的に重要である。というのは、政策当局の行動こそが、新しい共有信念《コンベンション》を出現させ、確かな手段を通じて信頼を回復させるからだ。アジアの事例が示すように、通貨安は政策当局の介入がない限り、下げ止まらない。危機からの出口を用意するのは政策による解決だけ、ただそれだけである。こういうわけで、切り下げの幅は経済の実体的条件《ファンダメンタルズ》との結びつきを欠いているのだ。正統派の主張とは反対に、危機が勃発したときには、経済の実体的条件のデータから相場や為替の新たな均衡水準を算出することは不可能である。そういう行為は全く無意味なことなのだ。重要なのは、債権者たちの行動をもう一度統合する新たな共有信念《コンベンション》が出現することである。経済主体は独力では、均衡相場を作り出すことはできないだろう。メキシコやアジアの通貨がどのような手段を使っても下げ止まらなかったときに、このようなことが起きていたのである。

このように、伸縮的で適応的な期待を前提とする正統派モデルは適切ではない。共有信念《コンベンション》が破壊されると、期待は根本的な不連続性に従属するようになる。(72) われわれが目にするのは、競争力低下に応じて為替相場が徐々に調整されていく過程ではなく、銀行のバランス・シートにおける不良債権の累積という代償を支払うことによって、為替相場と共有信念《コンベンション》が維持されるという現実なのである。見られるのは連続的な適応プロセスではなく、変則の蓄積である。そして、変則の蓄積は最終的に共有信念《コンベンション》を打ちのめすまで続いていく。共有信念《コンベンション》が破壊されたとき「退却！」の号令がかかるのだ。

したがって、コンベンション仮説は二点において正統派理論と対立する。まず、危機以前についてコンベンション理論が教えるのは、経済主体は自分の期待を維持しようとすること、そして、価格は客観的状況に対応したリスク・プレミアムを織り込もうとしないことである。危機の後にも、価格は実体的条件から離れるが、過剰変動の方向は逆になる。パニックが、均衡も底値も現れることのない過剰な価格低下を生み出すのである。このように、コンベンション・モデルは過剰が別の過剰によって修正されていくダイナミクスをうまく説明することができる。つまり、強気相場局面におけるリスクの過小評価に続いて、弱気相場局面における異常な流動性獲得レースがやってくるのである。

均衡の複数性と自己実現的パニック

危機に関する以下の分析では、債権者の責任に重点を置くことにする。最初に注意しておきたいことは、公然と非難されるのは、ほとんど決まって借り手国だということだ。この見方が顕著なのは、IMFによる診断である。IMFは「企業統治」、金融システムの透明性〔企業の会計情報の明快さ、政府の外貨準備の公表度合いなど〕、市場原理が欠けていることを強調するからである。これらの要因がどれも重要なものばかりだとしても、それだけではあれほど大きな危機の全体を十分に説明することはできない。われわれから見ると、分析されるべきなのは債権者の側である。東南アジア諸国の事例でも、メキシコの事例でも、解明されるべきなのは過剰な資本移動である。まず、一九九〇年代初めに過剰な資本流入が過剰な金融投資を引き起こした。次に、流入してきたときと同じぐらい大規模な資本流出が起こって、これらの国を深刻な危機に陥らせた。

これらの国々が経験したマクロ経済上の苦境は、部分的にはこの過剰な資本移動の結果である。まず、形態のいかん〔ポートフォリオ投資、銀行信用、債券発行〕を問わず、外国資本に呑み込まれた国では、必ず、自国通貨が切り上がり、競争力が落ち、対外赤字が膨らみ、資産価格が上昇し、そしてバブルが形成される。実際、メキシコ、アジアの新興市場国でそのようなことが起きた。それは実体的条件とは何の関係もないことであった。そして次に、バブルがしぼみ、対外赤字が増加し、その結果として期待が反転し、大量の資本流出と深刻な危機が引き起こされる。ここでの見方で分析の中心となっているのは、グローバル化し自由化した世界、金融的流動性に支配されている世界における資本移動に固有な不安定性である。分析しなくてはならないのは、短期的な考慮に基づいて管理されている容易に移動し、変動しやすい資本がどれくらいの比重を占めるのかということである。たとえば、韓国の場合、流入した資本の七〇％が「証券化された資本」[73]の形態をとっていた。このことから、市場の動静や期待の反転に対する〔資本の〕極端な感応性が説明される。

同じシナリオが繰り返される恐れを考えれば、自由化された金融の不安定性についての以上の仮説はいっそう注目するに値しよう。OECD〔先進国経済協力機構〕諸国の機関投資家だけで二〇兆ドルの資産をもっているが、それは流動的であるがゆえに簡単に移動する可能性がある。機関投資家が彼らのポートフォリオのわずか一%について決定を下すだけで、どんな新興市場経済も不安定になってしまう。したがって、〔危機を分析するに際しては〕債権者の行動と新興経済がさらされているリスクの度合いを考察することが重要である。逆説的なことだが、このような危機の潜在的な犠牲者は最も繁栄している新興市場経済、つまりその成功が最も目立つ経済である。この点について次のことを指摘しておくのは興味深い。メキシコが不安定化したのはNAFTA調印とOECD加盟の年であった。韓国についても同じことが言える。両国はまさに、異論のない標識《サイアンス》を探し求める国際的投機に選ばれた獲物であったのだ。

このとき、中心となる問いは、金融市場の集団的行動がどのように決定されるのか、ということである。なぜなら、彼らの意思決定における驚くべき同調性が役割を演じているからだ。どの観察者も、国際的投資家の選択を支配する群集的な論理に注目している。これは本質的な点である。高い収益率を獲得できるのなら新興市場経済に投資するのは合理的であるし、同様に、皆が資本逃避を始めたら自分もそうすることが合理的である。もちろん、この個人レベルの合理性は、明らかに集団にとって破滅的な結果をもたらしうる。これは、流動性の逆説的性質がもたらす結果である。しかしながら、個人にとっては、この選択は完全に合理的である。観察されるような出来事がなぜ反復するのか、なぜそれを抑えることが難しいのかを理解したいのなら、この点を解明することが最重要である。問題となっている行動はその場の気まぐれや一過性の不合理によるものではない。そのようなものであれば、適切な教訓を伝え広めることで対抗することができよう。しかし、投資家の行動は、流動性の原理から導き出される首尾一貫した論理に沿っているのである。だから、透明性を常時高めるべきだというアイデアは的はずれなのである。確かに、そのような透明性は望ましいが、それによっては危機は回避できないだろう。なぜなら危機の根本には、まさに流動性の論理があるからである。

金融グローバリゼーションは流動性を途方もない水準にまで高め、世界規模に拡散させた。以上のエピソードは、その代表的な事例なのである。M・カムドシュ〔前IMF専務理事〕が「二十一世紀型の危機」の始まりについて語るのももっともなのである。われわれは大危機を目の前にしているとさえ、考えてもよいだろう。この危機は、四年前にメキシコで始まり、一九九七年七月にはタイ、マレーシア、フィリピンを襲い、十一月には韓国、一九九八年八月にはロシア、一九九九年一月にはブラジルに達した。そして、それはまだ終わっていないと考えてよい。アメリカ株式市場の過熱ぶりや香港の「ペッグ制」〔香港ドル相場を米ドルに対して固定すること〕など、脆弱な要素には事欠かない。ここでの論理は徹頭徹尾、金融的なものである。われわれがこの節で分析しておきたいのはこの論理である。この論理に基づいた行動の合理性を示すことは、経済の基礎的条件が外生的ではなく、金融的選択の変化に適応していることを示すということである。基本モデルは、銀行のパニックと複数均衡のモデルである。モデルの着想は、ダイアモンドとディブヴィッグの仕事にさかのぼる。(74) その後ラドレとサックスが、新興市場経済の危機を分析するために再びこのモデルを取り上げた。モデルの基礎となっているのは、価値原理と流動性原理の矛盾である。このモデルによって、金融ダイナミクスの自己言及性に関するわれわれの分析を明確にすることができる。

＊「大危機」とは景気循環にともなう循環性の危機とは異なり、安定的な資本蓄積を可能にしている調整様式を破壊するような構造的危機を指す。

銀行が一一〇の資産をもち、その内訳を中央銀行貨幣一〇、長期債権（Lと記述）一〇〇とする。この銀行の負債は一一〇の預金からなり、一人当りの預金額が一であるとしよう。このような状態は、たとえ債権Lが非流動的であるとしても全く健全である。この債権は金利一〇%、つまり毎年一〇の利益をもたらす実物投資Kに対応している。その元本価値は一〇〇である。資本Kが生み出す一〇の収入のおかげで、銀行は預金者に利息を払うことができるのである。預金金利は一〇%以下になるだろうが[75]、預金者は固定的な資産を保有するリスクを負わないのであるから、このことは理に適っている。さて、預金者の一部が自分の預金を中央銀行貨幣に転換したいと望むとしよう。この要求額が銀行の準備金すなわち一〇を越えなければ、問題はない。では、銀行から預金を引き出したい人が一〇人を越えたときにはどうなるだろうか？　債権Lが流動的ではないことから、困難が生じてくる。つまり、Lの価値は一〇〇に相当するが、預金者が実物資本ではなく流動的な貨幣を望んでいる以上[76]、Lを預金者に与えることはできない。このような状態のとき、銀行の資産価値は負債価値を完全にカバーしているので、銀行は支払可能である。しかし、銀行は流動的ではない。なぜなら、銀行は価値を流動的な形態で所有していないからだ。したがって、銀行には二つの可能性がある。新たに貸し手を見つけるか、債権Lを換金するかである。もし、新しい貸し手が見つかれば、銀行は預金引き出しの対応に必要な流動資金を得ることができるので、問題は解決される。その見返りに、新しい貸し手は高い金利を手に入れる。もし、銀行がこのような資金を見つけることができなければ、銀行は直ちに資本Kを分割して時価で売却しなければならなくなるだろう。[77] 銀行がそれによって五〇を得たとしよう。それでも預金を払い戻せるのはたった六〇人だけになる。[78]

この状況は図式的にすぎるとはいえ、非常に面白い。強調すべき第一の点は、このモデルには二つの可能な均衡点がある、ということだ。一つ目は、払い戻しを要求する預金者が一〇人以下のときであり、この場合、銀行は債権Lを保持でき、残りの預金者に対して正常な利息を払い続けることができる。これを楽観的均衡（O）と呼ぼう。二つ目は、一〇人以上の預金者が払い戻しを求めるときである。この場合、銀行は債権を流動化しなくてはならず、最初の六〇人だけが預金を払い戻してもらえる。これを悲観的均衡（P）と呼ぼう。

第二に強調すべきなのは、どちらの均衡を選択するのかが、経済の基礎的条件に全く左右されていないことである。この選択は、各預金者がほかの預金者の行動をどのようにイメージしているのかによって決まる。もし、各預金者がほかの預金者は預金を預けたままにしておくと予想するなら、楽観的均衡（O）が実現するだろう。均衡Oにおいては、実際に誰もが自分の預金を預けたままにしておくから、債権者の予想は「事後的」に実証されることになる。では、各預金者がほかの預金者は預金の払い戻しを要求すると予想する場合にはどうなるだろうか。どの預金者も、結果として銀行が債権を流動化せざるをえないことを知っている。銀行の債権資産は減価して、五〇だけになってしまうだろう。そうなると、最初から六〇番目までの預金者しか払い戻してもらえない。よって、誰もが一番に払い戻しを要求しようとして、窓口に殺到するだろう。このときの完全に合理的なパニックが、悲観的均衡（P）をもたらすのである。このような状況では、銀行の資産価値は大きく下落し、それによって、預金者の引き出し要求が「事後的」

に正当化される。このケースでは、われわれは典型的に自己言及的な構造に巻き込まれている。このような行動を理解するためには、経済主体がほかの経済主体の行動をどのように分析するのかを考察しなければならない。決定的な要因はこの変数〔経済主体が他の主体の行動を分析する仕方〕なのである。パニックが起こるのは、銀行が間違った投資をしたときではなく、そのような事態〔銀行の投資失敗〕が起きたであろうことを他人が信じていると、人々が信じたときなのである。

このような分析視角からするとき、準備金の役割を強調しなくてはならない。大量の準備金があれば、パニック売りは起きにくくなる。なぜなら、自分たちの債権を流動的な貨幣に転換したいと望む投資家の数が非常に多いときだけしか、パニック売りが生じなくなるからである。準備金のこのような役割は、メキシコ・アジア危機の実証的分析によっても確認されている。そこでは、投資家は当該国の中央銀行の準備変化に強く反応していた。中央銀行の準備〔の変化〕は、危機の激化を示す一つの指標であった。ちなみに、中国のように巨額の準備保有をしていた国は危機を回避できた。

このモデルはまた、最後の貸し手を重視するものである。最後の貸し手は外生的に流動性を注入することで、パニックを阻止することができる。そのことによって、危機勃発を防ぐことができるのである。また、このモデルから、債権者はこの外的な権威に救いを求めるのが得策であることがわかる。危機が起きると、債権者は――グループとして見たときには――貧しくなってしまう。かつては一一〇の価値を所有していたのに、危機が起こるとそれが六〇になってしまう。逆説的なのは、個人的には彼らは自分の預金の払い戻しを要求しなくてはならないのに、集団的にはこの要求が全員の窮乏化をもたらすことである。実際、払い戻し要求に遅れた人はすべてを失い、最初の六〇人だけが支払われる。ゆえに、債権者は罠にはまっている。つまり、自分の資本を救おうとすると、全体の資本を減価させるような行動をとるしかなくなる。債権者を救済するためには、このような窮地に陥った行動を一般化させないようにする政策当局の行動が必要になる。この場合、政策当局の決定は全員を拘束するものでなければならない。すなわち、その正統性に異議を唱えられてはならない。ところが、金融権力の興隆とともに、国家の行動に対する根本的な批判が出てきている。ますます強い自律性を要求する市場からは、公的機関は悪意がないとしても、不器用な組織であるという主張がなされている。また、金融共同体に有益な国家の行動が、全員に受け入れられる正統性を欠くために、実施されなくなる日が来るかもしれない。次章では、現代金融の進化が生み出した、このような経済・社会・イデオロギーの変容という問題を取り扱うことにしよう。

第四章　金融化の経済的・社会的影響

――金融権力と資産的個人主義

第四章の要約

金融市場における流動性の高まりは、経済や社会にどのような影響を及ぼすだろうか？　本章では、経済への影響としては企業統治の進展が、社会への影響としては新しいタイプの個人主義――資産的個人主義――の出現が取り上げられ、考察されていく。

先進国経済は、資本所有と経営の管理を企業間組織が担う閉鎖型システムと、それを市場が担う開放型システムに大別される。後者においては、資本の固定性と所有権の流動性の間の従来の妥協（経営と所有の分離）が崩れ、金融権力（証券の流動性を源泉とする権力）を駆使する機関投資家によって、経営者は「企業統治」の原理を強要されるようになった。新たに生み出された形式的な企業評価原理によって、経営者は株主価値の最大化を追求せざるをえなくなった。こうした圧力の下で株の収益性は高まったものの、企業の長期的収益能力は不安定になり、相場上昇への過度の依存が見られるようになった。また、ファンド・マネージャーの模倣主義・短期主義は市場の効率性を損なう恐れがある。機関投資家が国際化し、企業統治がアメリカ以外の国へ普及しつつあるが、これには危険な側面がある（以上第一節）。

以上のような経済の金融化によって、企業の部面では、契約論的原理に基づく組織化が誘因の問題を喚起し、金融・貨幣の部面では、新しい主権原理の萌芽が見られるようになった。流動的貯蓄が伝統的形態から証券へシフトしていることは、国民国家を軸とする「市民的個人主義」が、上場企業の資本総体を究極的価値とする「資産的個人主義」によって問い直されつつあることの証左である。富の入手・流通に関して権力は市場へ移行しつつあり、その最終的到達点は、小口株主（＝勤労者）たちが機関投資家を道具に使いながら社会全体の厚生を図る共同体である。こうした動きの先取りが「中央銀行の独立性」だが、まだ国家貨幣の役割は残っており、資産的個人主義の要求を完全には満たしていない。ここには、外部の寄り所を欠く金融市場が自己言及の危機を回避できないという根本的な制約が表れている。この制約を脱する方向での小口投資家の行動も観察されるが、それは強力な市場文化に妨げられ、いまだ萌芽的なものにとどまっている（以上第二節）。

前章までは、市場における金融を、もっぱら内的な論理に即して分析してきた。したがって、市場金融が逆に経済や社会にどのような影響を及ぼすのかについては、詳しく考察してこなかった。しかし、様々な状況を見るにつけ、流動性は社会的紐帯を深部から変容させる力をもっているように思われてならない。このことは、これまで特別な分析対象となってこなかった。本章で取り扱おうとするのはこの問題である。第一節では、どのようなプロセスをたどって、金融市場が資本蓄積に影響を及ぼすのかを解明していく。問題になるのは、債権者の権力、その性質、そしてそれが経済を支配する手段についてである。分析の焦点は、機関投資家と「企業統治」に置かれる。第二節では、金融の影響は経済だけに限られたものではないことが示されるだろう。われわれの仮説によると、金融は個人主義の特殊な形態、「資産的個人主義」と呼ばれるものを誕生させ、それは国民国家の主権に疑問を投げかけているのである。

一 「企業統治」

債権者権力と小口株主制

債権者権力について語る場合、われわれが念頭に置くのは、貨幣を保有することだけから得られる社会的なパワーである。このパワーと資本所有あるいは企業の経営管理から生まれるパワーを区別しなくてはいけない(後で、資本家権力、経営者権力の順に説明していくことにする)。貨幣は、貸付け可能資金の形態をとるとき権力の源泉となる。企業は、生産を続けるためには絶対に貸付け可能資金を必要とするからである。そして、債務市場は、債権者と債務者間の力関係が理論的に表出される場所である。貸付け可能な資金の供給と需要がそこで出会う。利子率（金利）はこの力関係を総合的に表す変数、したがって、企業と労働者が創出した富の一部分を債権者権力が領有する能力を表す総合的変数である。しかし、債権者はそれ以上のものを要求できる。たとえば、債権者は企業経営への参加、あるいは、資本所有権の共有を要求できる。このようにして、貨幣の抽象的権力は生産、投資、賃金労働者に対する実効的権力へと転化していくのだ。ここで言及されているのは、資本家パワーの核心部分である。[1] 基本的に債権者のパワーは、貨幣を債務に、債務を所有権に変換させる能力によって測られる。この変換はわれわれの社会を構造化する社会的関係に直接影響を与えるから、債権者のパワーの大きさはそのような影響力によって測られるとも言える。ここで問うべきことは、この変換の効率性である。債権者権力は、この変換をうまく遂行するのに必要な能力をもっているのか？　それは、生産活動の規則的な発展をうまく保証できるのだろうか？　これらの問いはすぐに次の問いを提起する。すなわち、生産資本の保有者はこの債権者の介入に対抗できるのだろうか、あるいは対抗したいと思っているのだろうか、という問いである。

以下分析を進めるにあたって、まず、債権者権力を異なる二つの形態に峻別することが重要である。それは銀行権力と金融権力である。[2] われわれが提示する図式において、これら二つの形態は、企業金融が実行される二つの経路に対応している。一方は銀行信用、他方は譲渡性証券（たとえばコマーシャル・ペーパー、債券、株式）である。[3] この二つの形態は異なる二つの原理によって、最終的債権者の流動性需要に応じている。銀行は自らの負債を預金に「変換」することによって、市場は先の諸章で描かれている規則に沿って金融流動性を組織化することによって、応じているのである。われわれが主に考察しようとするのは、金融権力についてである。金融貯蓄の現代的形態はどのようにして、債権者が経済的・社会的ダイナミクスに効率的に影響を与えることを可能にしているのか？　われわれの解答では、機関投資家の戦略的役割が強調される。このような点に考察を加えていくことは、実証的に大きな意味がある。というのも、現代経済の中心的な特性は、かつてないほど高い水準に達している金融権力を蓄積体制の中心にまで据えるようになったことにあるからである。また、理論的にも大きな意味がある。われわれは金融的流動性の調整《レギュラシオン》的特性を分析することになるからである。すなわち、この特性は、経済の規則的で効率的な発展を促すのだろうか？

われわれがここで論じたい金融権力とは、銀行の業界団体から、あるいは株主協定の構成員であることからといった市場外に由来する影響力には依拠せず、もっぱら証券の流動性を源泉とする権力である。社会的勢力の様々なネットワークに何も負っていない権力を象徴するイメージは、小口株主である。この経済主体は、貨幣を株式に転換することだけから自分の力を引き出している。したがって、そこには、匿名の貨幣がもつ権力が純粋に現れている。どの取引主体もパワーをもった小口株主になっていくという形で、債権者気質が現代社会に普及しつつあるのである。この金融権力の現実——それが企業を統制したり、企業の戦略的目的に影響を与えたりする能力——を分析するということはとりも直さず、「企業統治」（コーポレート・ガバナンス）を研究することである。企業統治においては、機関投資家が小口株主たちに特有の組織形態として現れることになる。

金融権力・資本家権力・経営者権力

金融権力の役割は、国や時代によってかなり多様である。比較を行うには、上場企業数、銀行金融の重

表1　国民総生産に対する時価総額の比率

	アメリカ	イギリス	日本	ドイツ
株式相互持合い部分を修正していない場合	51	90	71	29
株式相互持合い部分を修正した場合	48	81	37	14

資料：Stephen Prowse(1994)　　単位：%

表2　企業債務

	アメリカ	イギリス	日本	ドイツ
仲介債務	45	77	91	94
銀行信用	36	69	不明	88
証券	55	23	9	6

資料：Stephen Prowse (1994)　　単位：%

要性、株主の集中とその構造といった様々な指標を利用すればよい。上場企業の数ですぐ目につくのは、分極化である。ドイツではその数が少なく、アメリカ・イギリスではその数が多い。フランスはその中間である。一九九七年の国内上場企業は、NYSE（ニューヨーク証券取引所）とナスダックのアメリカ市場七三三九社、ロンドン市場二〇九一社、東京市場一七六六社、パリ市場七〇二社、ドイツ証券取引所六八一社であった[4]。同様の相違が**表1**にも見られる。**表1**は、GNP（国民総生産）に対する時価総額を示している。この推計は、比較されている国の経済規模の差を考慮しているという長所をもつ。ただ、この指標を完全に適切なものにするには、相互持合いの部分を間違って二回数えないように、前もって修正しておく必要がある。その場合でもまた、金融市場に大きく頼っているアングロ＝サクソンの国々と、金融市場が小さな役割しか果たしていないドイツの間には明らかな違いがある。この指標から日本はドイツ・モデルに近いことがわかる。

また、株式の相互持合いがドイツと日本において非常に重要であることも注目される。株式の相互持合いは本来、所有権の構造を比較する際の重要な指標である。実際、株式の相互持合いは企業の防衛戦略の明白な現れである。この戦略によって、企業集団は市場の攻撃から身を守るのである。この戦略は、一個の独立した企業の自己管理〔自社株保有〕を企業集団のレベルで行っているようなものである。

経済における金融市場の重要性を評価するもう一つの方法は、企業金融に占めるそのシェアを調べることである。**表2**は、企業債務を譲渡性証券と仲介債務に分けて示したものである。譲渡性証券は、コマーシャル・ペーパー、その他の債券、短期・長期手形などである。仲介債務は、金融仲介機関による貸付けに対応している。金融構造の差異は先の〔表1からの〕結論を確証している。一方には、ドイツと日本のように、市場には付随的にしか依存せず、銀行金融を重視する国々があり、他方には、主として証券市場で資金調達する国、つまりアメリカがある。これを基準とすれば、イギリスは証券市場が非常に重要な役割を果たしているという点でアメリカと近いが、銀行に頼っているという点ではアメリカと異なる。

最後の指標は株主構成である。まずは、資本集中の実態を示す**表3**を見てほしい。ここでは、上位五株主が保有する株式の割合が計算されている。この表からも程度の差はあれ、先と同じ対照が見いだされる。資本の集中は、アメリカ（二五%）、イギリス（二一%）と比べて日本（三三%）、とりわけドイツ（四一%）で高い。しかし、ここでは、フランスは中間に位置しておらず、他のどの国よりも資本集中が進んでいる。ドイツの特徴を一つ挙げるなら、それは、大多数の上場企業において、一株主だけで支配株主（資本の五〇%以上を所有する）になっている、ということである。以上を考慮した上で、株主の構成を考察していくことにしよう。これは非常に示唆的なデータである（**表4**）。株主構成に関しては、三つにグループを分ける

表３　非金融企業における資本構造の集中度

（上位５株主が保有する株式の％）

	フランス	アメリカ	日本	ドイツ	イギリス
平均値	48.2	25.4	33.1	41.5	20.9
中央値	50.7	20.9	29.7	37	15.1
標準偏差	19.3	16	13.8	14.5	16
最小値	不明	1.3	10.9	15	5
最大値	不明	87.1	85	89.6	87.7
大口株主の頻度	不明	10.8	8.4	25.1	9.8

資料：Stephen Prowse（1994）

表４　上場企業の株主構成

	フランス	アメリカ	日本	ドイツ	イギリス
金融機関	7.6	30.4	48	29	61.8
銀行	3.8	0.3	18.9	14.3	0.6
保険会社	1.8	4	19.6	7	17.3
その他（機関投資家も含む）	2	30.1	9.5	7.7	43.9
非金融部門	92.4	69.6	52	71	38.2
家計	19.7	50.2	22.4	16.6	17.7
非金融企業	57.9	14.1	24.9	38.8	3.1
公共団体	3.7	—	0.7	3.4	1.3
非居住者	11.1	5.3	4	12.2	16.1

資料：Bompoint et Marois（1998）（ただしアメリカに関してはProwse, 1994）　　単位：％

ことができる。アメリカ・イギリスのグループ、ドイツ・日本のグループ。そしてフランスの三つである。ドイツと日本は、銀行―企業関係の占める比重が非常に大きいのが特徴である。日本では銀行の保有する株の比率が一八・九％、ドイツでは一四・三％である。これは、アメリカの〇・三％、イギリスの〇・六％、フランスの三・八％と顕著な対照をなすものである。アメリカ、イギリスは機関投資家の重要性が高いのが特徴であり、それぞれ資本の二〇・一％、四三・九％を占めている。株式の大部分を家計が保有しているところに、アメリカ型システムの独自性があることを指摘しておこう。フランスの特徴は、資本の半分以上（五七・九％）が他企業によって保有されていることである。この数字は、フランス資本主義における「ハード・コア〔中核的企業集団〕」、「株主協定」の重要性を反映している。

これらの数字とそこから導かれる結果は、金融構造の異質性を証明している。ここから、所有権の編成において市場が果たす役割について、最初の判断を下すことができる。つまり、二つの型の経済が観察されるのである。一つの型は、上場企業の数が少なく、株主が少数で、資本保有などで銀行が重要な地位を占めている経済である。もう一つの型は、上場企業の数が多く、株主が多数で分散しており、銀行が非常に限られた役割しか果たしていない経済である。この要約的な特徴づけから、〔資本〕所有者間の競争について次のように考えることができる。すなわち、第一のタイプの経済は閉鎖的な経済で、資本所有は市場メカニズムを部分的に回避している。第二のタイプの経済は、第一のタイプとは逆に開かれた経済で、所有権を分配するのにもっぱら市場に頼っている。言い換えれば、閉鎖的な経済では、資本家権力が金融権力に対して高い自律性を有している。この高い自律性の一因は、債権者権力の支配的な形態が銀行権力であり、金融権力が限られた役割しか果たしていないことにある。しかしながら、株主構成を中心にした第一の分析軸では、債権者権力を特徴づけるのにはまだ不十分である。第二の軸として、資本家権力と経営者権力の関係を考察することも重要である。つまり、株主が所有者であるということだけではなく、この所有権が企業管理に関する実質的な権利を委譲してくれることも考慮しなくてはならないのである。

バーリ＝ミーンズの一九三二年の研究[5]以来、経済学者たちは、経営者権力とその自律化能力（資本の所有者から企業の経営権を奪うことによって、自分たちの戦略目標を貫徹する能力）について研究を重ねてきた。同族企業すなわち「企業者」の企業から、フォード主義的資本主義の特徴である「経営者」の企業への転換の結果、企業における経営と所有ははっきりと分離するようになった。それとともに、経営者やテクノストラクチュア（技術者などの専門家集団）の利害と所有者の利害が必ずしも一致しないことが浮き彫りになった。利害が対立する問題には、企業の拡大、投資計画、時間的見通し、リスク回避、そして当然のことに報酬体系がある。たとえば、経営者は（所有者と違って）利益よりも総売上高を最大化しようとする傾向がある。このような状況において、株主が自分たちの利害を前面に押し出すことができるかどうかは、非常に多くの変数に左右されている。その長い変数のリストから少しだけ挙げてみると、株式公開買付け（TOB）規制法、株主総会の投票権に関する規則、会計の透明性、監査組織の構成などがある。ここでは金融市場もまた、M&A（合併・買収）のゲームを通じて企業の経営権の決定に重要な役割を果たす。経営状態の悪い企業は、当然、潜在的な買収者の標的になる[6]。よって、経営陣を規律づけようという意志は、敵対的な株式公開買付けに最もよく現れるといえる。パトリシア・シャルレティが書いているように、「本来的に懲戒的に作用するものは、何よりもまず、敵対的な（現行経営陣の不同意にもかかわらず行われる）株式公開買付けである。このことは、買収後二年間の経営陣の入れ替え率が高いことによって証明されている。フランクとメイヤー（一九九二年）によると、その率は九〇％（正常時には二〇％）にのぼる」[7]。株式公開買付けだけを基準にとっても、国ごとに状況が大きく異なる。イギリスで一九七〇年から一九九四年にかけて行われた株式公開買付けのうち四分の一が敵対的であったのに対して、ドイツでは第二次大戦終了時までさかのぼってもそのような事例は四件しか見つからない。日本の状況はドイツに似ており、アメリカの状況はイギリスに類似している。「一九八〇年から一九九四年にかけてアメリカでは、上位五百社の資本の約一〇％が、そもそも敵対的な株式公開買付けをともなう取引を通じて買収された」[8]。

以上述べたいくつかの指標を考慮するとき、資本家権力、金融権力、経営者権力の間の関係がどのような性質をもつのかに応じて、二つの対極的なモデルを導き出すことができる。開放的システムでは、資本所有へのアクセスと経営陣の統制の両方に関して、市場が大きな役割を果たす。閉鎖的システムでは、資本所有と経営管理が市場外のメカニズムによって組織の中に閉じ込められている。その中では、銀行権力が戦略的な役割を果たしている。そして、開放的システムはアングロ＝サクソンの国で支配的であり、閉鎖的システムは日本とドイツで支配的である。これはよく言われる結論である。二つのシステムの特徴は、次のように要約することができる[9]。

［開放的システム］

- 上場企業数が多い。
- 株主の数が多く分散している。
- 流動的な資本市場があり、そこでは所有権と経営権が頻繁に売買される。
- 株主の権利が明確で、透明である。

・所有と経営が分離している。
・株式の相互持合いはあまり見られない。
・敵対的買収が稀ではない環境。
・銀行権力は弱い。

［閉鎖的システム］

・上場企業数は少ない。
・株主の数は少なく集中している。
・あまり流動的ではない資本市場があり、所有権と経営権の売買はほとんど行われない。
・株主の権利はあいまい、かつ不透明。
・相対的に複雑な株式相互持合いシステム。
・敵対的買収に好意的ではない環境。
・銀行権力は強い。

この一般構図的な説明を締めくくるために、以下では「ライン型モデル」と呼ばれるドイツのモデルにいくらか言及しておくのがよいだろう。実際、このモデルを研究することによって、資本家権力が金融権力の侵略から自らの所有権を守るために動員しうる対抗手段の強さ・効率性を見定めることができるのである。とくにわれわれが見ておきたいのは、資本家権力を肯定することは効率的かつ非常に競争的な経済と両立可能であること、しかもその下で社会的対話に開かれ賃金労働者の権利を尊重する社会を提案することも可能だ、ということである。このような考察をした後、それを踏まえて、自由主義モデルが日に日に力を増し受け入れられつつある現在の状況を解明していくことになる。こうした考察順序をとるのは、ドイツ・モデルの考察が自由主義モデルの特異さを知るのに役立つからである。資本家権力と経営者権力に対抗するために、金融権力は何に頼ろうとするのであろうか？　現在、提示されている社会モデル〔自由主義モデル〕は何によって技術革新と社会的連帯にうまく対処できるのであろうか？　これらの問いに答えていこう。

ライン型モデル

ドイツの債権システムは、ユニバーサル・バンク（総合銀行）を中心に構造化されている。ユニバーサル・バンクとは、預金・貸付け・直接投資といった広い範囲の金融業務を行える銀行である。比較のために、アメリカでは銀行制度の業務が非常に限定されていることを確認しておこう。たとえば、一九三三年のグラス＝スティーガル法によって、商業銀行が企業に資本参加することは禁じられている。また、商業銀行と投資銀行の区分も厳格である。それ以降、同法は改正され、アメリカの銀行に課せられている制約は緩まったが、いまだに企業への資本参加はできない。それに対して、ドイツの銀行はこのような制約を受けていない。アングロ＝サクソン諸国の開放的システムとは逆に、ドイツの非金融企業は種々の法律によって、非銀行金融（コマーシャル・ペーパー、債券、株式）へのアクセスが制限されている。[10] ユニバーサル・バンクが中心的な役割を果たす資本主義の構造が成り立っているのである。そこでは、ユニバーサル・バンクは資本の一四・三％を所有する株主（**表4**参照）として直接的に影響を行使するだけではなく、信用を供給したりあるいは監査役会に出席したりすることで、M＆Aの実行者として中心的な役割を担う。

このことは、フランソワ・モランとクロード・ドュピュイがドイツ金融の核心部について行った分析から明らかである。[11] ドイツ資本主義は、企業集団を形成する三つのネットワークに支配されている。各ネットワークはそれぞれ、ドイツ銀行、ドレスナー銀行（及びその系列のアリアンツ保険グループ）、コメルツ銀行というユニバーサル・バンクを中心に形成されている。そこでは、金融的流動性の役割は全く副次的である。モランとドュピュイが示したように、事業再構築（リストラクチュアリング）は大半の場合、市場の外での経営権譲渡を通じて行われる。したがって、この構造は外部から強力に遮断されており、小口株主に何ら戦略的な自律性の余地を残さない。

この閉鎖性は、まず銀行自体に当てはまる。銀行は、自己管理と株式持合いによって敵対的株式公開買付け（TOB）から守られている。これほど堅固なシステムはほかには見いだせない。ドレスナー銀行は自社の株主総会において四七％の投票権を占め、支配的である。ドイツ銀行も同じ割合の投票権を有しており支配的である。また、ドイツ銀行はドレスナー銀行の投票権の一三％、コメルツ銀行の投票権の一六％を保有している。ドレスナー銀行はドイツ銀行の投票権の九％、コメルツ銀行の投票権の九％を保有している。最後に、コメルツ銀行はドイツ銀行の投票権の四％、ドレスナー銀行の投票権の四％を保有している。[12]

次に企業の所有権に目を移すと、資本の集中度は高く（**表3**）、その五三％は銀行あるいは企業に所有されている（**表4**）。しかしながら、株主が最も分散している大企業についても、ドイツの場合には、株主が取引銀行に代理してもらうことができる仕組みがある。この委任投票権システムは、ドイツの銀行が企業に与える影響力の大きな源になっている。このシステムのおかげで、ドイツの銀行はかなり多数の〔会社の〕株主総会で五〇％以上の投票権をもっている。

この簡潔な分析は、三大ユニバーサル・バンクを中心として形成された閉鎖システムを素描したものである。このシステムはあまり透明ではない。たとえば、二五%に満たない資本参加は公表されておらず、委任投票権についての実証的なデータはほとんど入手できない。委任投票権についてのデータは銀行の秘密を暴くことになると思われている。このような構造が結果として、高い組織的な安定性をもたらし、銀行と産業の間に緊密な長期的関係を築いてきたのである。資本の所有権は自己管理と（主として銀行間の）株式持合いによって安定しており、市場には周辺的な地位しか残されていない。「経営権の譲渡は相互の合意を通じて行われ、したがって敵対的株式公開買付け（TOB）が実行される危険は限られている」[13]。市場のこの周辺的な役割は、資本の集中から生まれる結果である。「上場株式会社の資本の四三%は安定的なパートナーによって管理され、したがって、七五%以上の同意を必要とする重要案件の決定権は彼らに握られている」[14]。いわゆる「浮動株」に目を向けることで、この状況を明確に説明することができる。「浮動株」とは本当に市場の処分に委ねられている株の部分のことであり、残りの株は安定株主が保有している。この「浮動株」が少なければ少ないほど、市場の重要性は少なくなる。そして、R・マクドゥガルが『ザ・バンカー』誌で書いているように、「連邦ドイツではある会社の浮動株の八〇%を買っても、得られる投票権はたったの五%なのだ」[15]。銀行権力と資本家権力の緊密な同盟が金融を支配している例として、これ以上の例を挙げることはできまい。

ライン型モデルはここ数年ある程度変化してきているが、この変化は付け足し的なものにとどまっている。ドイツはまだ「ビッグ・バン」を経験していない。金融市場の部分的な自由化がドイツ経済に影響を与えているとはいえ、ドイツ金融構造の全体的なまとまりの強さは損なわれていない。

固定性と流動性の間での経営者的妥協

アメリカ経済のモデルはライン型モデルとは根本的に異なっている。すでに見てきたように、アメリカ経済では、市場だけに依拠したシステムが最も高度に具現化されている。非金融企業の間で株式の持合いが行われることはほとんどなく、銀行は少しだけ資本参加をするが、企業経営には介入しない[16]。資本の所有権は、直接に、あるいは間接に（機関投資家を通じて）個人投資家に握られている（表4）。したがって、金融流動性が、資本所有権の管理を支配する原理となる。このような構造が可能になったのは、経営が所有と分離され自律化したからにほかならない。所有と経営の分離は、本来、投資家の要求に対応するためのものだった。アメリカの個人投資家が求めているのは、堅実な貯蓄、つまり簡単に現金化できて満足のいく収益を提供してくれる貯蓄である。彼らは、購入した銘柄の企業が自分と結びついているとは感じていない。企業の生産効率性を脅かすことなく、個人投資家の要求に応えるには、市場で行われる売買とは関係なく経営陣の継続が保証される必要があった。投資家が経営に参画せず、なおかつ、証券の流動性が保証されたのは、経営者権力が自律化したおかげであった。世紀の転換期までさかのぼると、次のような事実があったことがわかる。この時代に金融市場が成功を収めたのは、金融市場が十九世紀の産業界のリーダーに、自社の繁栄に功のあった経営陣をしかるべき地位に残したままで、その会社を売却することを許していたからである。このような所有と経営の分離は、アメリカ金融市場の活発な拡大の基礎ともなったのである。所有と経営の分離は、株主の分散をもたらし、資本を所有していないプロの経営者に経営を任せることを可能にした。

われわれの分析視角からすると、この経営者の独立性は、資本の固定性と所有権の流動性の間の特殊な妥協形態として分析することができる。しかしながら、機関投資家の急速な成長が及ぼした影響によって、この制度形態は一九七〇年代末以降、根底的に変化してきている。機関投資家は、集団貯蓄に支えられた新たな金融権力を構成するようになった。この新たな権力によって、旧い経営者的妥協は固定性と流動性の新しいタイプの関係にとって代わられてしまった。この新しい関係においては、流動性が支配的になる。「企業統治」と呼ばれる、この根底的な変容を分析するためには、まず、金融についての再説しておく必要がある。その上で、機関投資家の役割を説明していくことにしよう。

金融権力

ミクロ経済の次元では、流動性が与える権力は本質的に裁定《アルビトラージュ》の権力である。実際、金融的債権者は、資本を引き揚げて他の場所に移すという脅しを常に行使することから力を引き出している（いわゆる「ウォール・ストリート・ルール」）。彼らにとって重要なのは、様々な債務者が提示する収益とリスクを評価・比較して、自分にとって最も有利なものを選ぶことである。このミクロ経済的な行動が集計されて、統一的に表現されたものが市場価格である。この価格は、個人が裁定を行うときの参照基準を与えることを通じて、ある企業には有利に働き、ある企業には不利に働くような資本移動のマクロ経済的規模を決定する。市場価格は、金融共同体によるその時々の集団的判断を表現している。

また、市場は評価《エヴァリュアシオン》の権力として企業に対峙している。市場は、評価を下し、その評価を公表する制度である。金融権力の本性を理解しようとするとき、この点は本質的に重要である。つまり、市場のパワーは公的評価がもつパワーなのである。価格の役割は、単に資本の移動を引き起こすことだけではない。実際、市場の眼差《まなざ》しにさらされると、企業は、その組織の不透明さによる保護をはぎとられてしまう。企業が利潤を獲得する能力や経営の効率性が、公的な評価手続きの対象になるからである。形成される評価は、金融的制裁〔資本の引き揚げ〕を発動させる以外にも、経営陣に対して直接的で即時的な影響を及ぼす。その影響の比類なき力を知るには、格付け機関を考察するのが一番よい。格付け機関は資金を管理しているわけではないが、彼らは現代金融における重要なプレイヤーである。格付け悪化は金融共同体への警戒信号として受け止められ、経済行動の修正を引き起こすのである。公的評価がこのような中心的な役割を果たしているかいないかで、市場金融と銀行金融が根本的に区別される。銀行権力の源泉は、私的かつ豊富な非公開情報に基づく力関係、それに恒常的な相対《あいたい》関係である。金融権力はそれとは全く異なる。金融権力は、すでに確定され、金融共同体の中で広く公開されている判断に債務者を従わせる。そのことを通じて、金融権力は債務者を管理している。まさにそれは「影響《アンフリュアンス》の権力」である。あるいは、これは「意見《オピニオン》の権力」だ、と言ってもよいだろう。つまり、金融の説得力は公的討議の所産である。そして、金融は、討議を可能にするために、情報とその情報によって喚起されたもっともらしい解釈を経済大衆《ピュブリック・エコノミーク》に広く行き渡らせる。金融権力の影響力は、解釈を長期的に構造化する共有信念《コンベンション》に支えられればいっそう大きくなる。

　われわれの理論的な装置においては、情報と透明性が重要な役割を果たす。それは、市場の調査《アンヴェスティガシオン》権力がこの二つを基礎にしているからである。逆に言えば、企業を不透明にするものはすべて金融のパワーを減じる。なぜなら、この不透明性によって、企業は、投資家の一般的基準に対して自律性——生産者としての特別なアイデンティティ——を獲得できるからである。不透明性は、固定体としての資本が流動性の要求に対置するもの、つまり評価回避の方法にほかならない。このために、小口株主は情報の明瞭さと規則正しさを絶えず要求しているのである。また、流動性の観点からすると、簡単に伝達できる、すなわち標準化された情報の方が、適切な情報より重要である。金融の究極の企てとは、企業を形式的手続きと整理された確定帳簿の束に還元して、何の反論も出ないようにファンダメンタル価格を評価できるようにすることである。実際、資産家がある企業に投資する場合、関心をもつのはその投資の見返りである。したがって、彼は生産の諸形態を捨象し、価値を作り出す効率性だけを判断すればよい。流動性が企業をコード化された〔規定に沿って分類・整理された〕一連の量に再構成するとき、行使されているのはまさにこの抽象化能力なのである。ここにおいて、われわれは企業の「金融化」について語ることができる。というのは、この再構成の中で企業は純粋な資産として現れ、その市場価値の最大化を問題にできるようになるからだ。以上見てきたように、経済情報の透明性とコード化は金融の影響権力、つまり様々な生産計画を評価・裁定する能力にとって不可欠な道具である。次は、機関投資家がどのようにして、「企業統治」を通じてこの影響権力を例外的に高い次元にまで引き上げたのかを見ていこう。

機関投資家による権力の奪取

機関投資家とは、利用可能な資金を専門的に運用する、あるいは運用させる機関である。アメリカでは、機関投資家とは様々なプレイヤーの集合であり、その中の主なものとして、年金基金、合同投資ファンド（ミューチュアル・ファンド）、生命保険会社、投機ファンド（ヘッジ・ファンド）が挙げられる。機関投資家はここ数十年の間に驚くほど成長した。この成長はアメリカの金融界を根本的に様変わりさせてしまった。

表5　家計・機関投資家によって所有されているアメリカ株式の割合

	総価値額	家計	海外投資家	保険会社	民間年金ファンド	公的年金ファンド	ミューチュアル・ファンド	金融部門全体
1952	170	89.7	2.2	3.4	1.1	0.1	1.9	8.2
1960	425	85.8	2.2	3.0	3.9	0.1	3.5	12.3
1970	841	68.0	3.2	3.3	8.0	1.2	4.7	28.7
1980	1,535	60.8	4.2	5.1	14.5	2.9	2.7	34.9
1990	3,525	49.7	6.9	5.0	16.8	8.3	6.6	43.3
1996	10,090	47.4	6.2	5.8	13.3	9.4	14.5	46.4

資料：Lazonick et O'Sullivan (1999)　　単位：10億ドル

この現象のすさまじさを知るためにはいくつかの数字を挙げるだけで十分だろう。[17] 一九七〇年から一九九四年の間に、年金基金は二千％、ミューチュアル・ファンドは三千％成長した。これらは一九五二年には全株式の三・一％を所有していたが、一九九六年には三七・二％を所有している。家計が直接に保有している株式のシェアは同時期に、八九・七％から四七・四％に下落した（**表5**）。機関投資家は、一九九四年には、アメリカの上位五〇社の資本の六四・三％を所有していた。ちなみに、NYSEの日々の取引高の七五％から八〇％は機関投資家によるものと推定されている。[18] 機関投資家の中で、量的な面でも、イニシアチブの面でも、支配的なのが年金基金である。一九九三年において、年金基金が運用する資金額はアメリカのGNP（国民総生産）の六八％であり、機関投資家全体の五〇％を占めていた。

アメリカでは資本所有は分散しており、ライン型モデルの構造とはほど遠い。しかし、以上のような機関投資家の躍進が経営者権力と資本家権力の力関係を変化させてしまったことは間違いない。例として、GM（ゼネラル・モーターズ）

とダイムラー・ベンツの比較を行ってみよう。ダイムラー・ベンツの筆頭株主はドイツ銀行で四一・八％を所有している。それに対して、ＧＭの筆頭株主はミシガン州の教職員年金基金で一・四％しか所有していない。[19]この例からは、アメリカの一般的な状況をうかがい知ることができる。すなわち機関投資家は強い力をもっているが、これまでのところ、ドイツ・モデルや日本モデルのように非金融企業の経営を統制しようとはしていない。このような戦略を選んでいるのは、ひとえに「流動性の優位」に配慮しているためである。

第一に、一企業の資本の大部分を保有することは、健全な資産運用が要求するポートフォリオの多様化という目的と矛盾する。実際、その場合には、損失を被るリスクが高くなるにもかかわらず、追加的なリスクを補うに足るだけの目立った収益増は得られないだろう。その企業の資本に資金を投入した後に、収益を増大させるためには、ファンド・マネージャーは企業業績を顕著に改善するだけの経営手腕を発揮しなくてはならないだろう。しかし、ファンド・マネージャーがそのような経営監査の能力をもっていないことは明らかである。

第二に、一企業の資本の大部分に資金を投じることは、容易かつ即座に譲渡可能なポートフォリオを保有するという目的と明らかに矛盾している。このような規模の大きな資本参加を行うと、その銘柄の市場を大きく混乱させることなしには、迅速に売り抜けることができなくなってしまうからである。

第三の理由は前二者と比べてあまり重要ではないが、一企業の役員会に席を占めることは、インサイダー取引を犯す危険によって、機関投資家の行動の自由が制限されるおそれがある、ということである。しかしながら、役員会への参加が企業の意思決定に影響を及ぼす有効な手段のように思われる場合には、自分の行動が少しくらい制約されることを受け入れるファンドもある。たとえば、公的年金基金の中で最も有名なカルパース（カリフォルニア州職員退職年金基金）[20]はこの方向で資金を運用している。

以上三つの理由は、すでに明らかなように、流動的なポートフォリオ管理が課す制約から間接的、直接的に生じる結果である。われわれは金融流動性が与える手段か、あるいは資本の多数支配が提供する手段か、いずれかを選ばなくてはならない。ここで、「いずれか」という言葉のもつ二者択一的な意味のうちに、われわれは固定性と流動性の矛盾を再び見いだすのである。いずれにせよ、諸基金《ファンド》が最優先している基準は、相変わらず投資の流動性なのである。

この観点からすると、年金基金の戦略は非常に面白い。というのは、この基金《ファンド》は経営者権力を制限するために、金融的流動性が与える手段にだけ頼っているからである（このことについては次項で論じる）。この点において、年金基金はドイツのユニバーサル・バンクや小口株主とは根本的に異なっている。追求される目標は明らかである。つまり、株価を最大限に高め配当金を増やすことによって、株主の富を最大にすることである。したがって、経営の戦略的目標として企業経営に課されるのは、「〔企業〕価値の創造」である。企業を考えるにあたって、これほど金融的な概念化をほかに想像することはできない。つまり、企業は資産家のための資産なのである。株主が何よりもまず企業の所有者であることからすれば、企業をこのように概念化することは自明の理のように考えられるかもしれない。カウンシル・オブ・インスティチューショナル・インベスターズの専務取締役であるサラ・テスリックがわれわれに言いたいのは、このことなのである。彼女は率直かつ露骨に次のように言う。『企業統治』とは、あなたが買ったものを使って行う何らかの行為である[21]」。しかし、「それは全く違う」と、われわれは考える。企業を株主の利害だけに還元し、賃金労働者、債権者、原材料供給者《サプライヤー》、地方当局などを脇においておく定義は、自明なものではなく、様々な国内法によっても反駁されている。現実においては、この定義は重役や役員会のメンバーに対して差し向けられたものである。この定義は、彼らを統制して、経営を株主資本価値だけに従わせようとする狙いをもっている。理論的に言えば、金融流動性の諸原理を決定的に拡大しようという狙いである。つまり、今やそれらの諸原理に統制されようとしているのは、生産システムの組織全体なのである。この観点からすると、企業統治は、「黄金の三〇年」を支えたフォード主義的蓄積体制にとって代わって徐々に形成されてきた新たな蓄積体制のハード・コアを形作っている。この蓄積体制は、その中心に、評価に関わる金融的な共有信念《コンベンション》を置いているので、「金融化された」と形容される。

企業の金融化

機関投資家は株主資本価値の最大化を追求する。この目的は、小口株主の代表者としての彼らの立場と一致している。小口株主は、企業が株の収益性を高めるように行動すること、しかもそのために自分たちが企業統制に携わらなくてもすむことを望んでいるからである。一般的に言って、アメリカの機関投資家の行動に見られる独自性は、彼らが金融主体として利殖の見込みを判断する際に使う基準から生じている。COB〔フランス証券取引委員会〕は一九九六年のソフレ―SBF〔フランスの民間調査機関〕のアンケート調査を引用しているが、[22]それによると、フランスの投資家は主として過去の業績をみて意思決定を行っている。それに対して、シティスキャン・ウォールストリートキャンのアンケート調査によると、同時期に、アングロ＝サクソンの投資家は、経営の質や数年先までの戦略に主な関心を寄せている。自らの収益性目標を達成するために、機関投資家はますます介入主義的な行動をとるようになってきたが、それは新しいタイプの介入主義であって、銀行や親会社のそれとは全く異なるものである。この新しい戦略の中心をなす考え方は、企業の内部組織の中でどのように権力が配分されているのかを考慮することによって、企業の価値創造能力を判断できる、というものである。これは恐るべき革新である。つまり、企業内部の形式的な意思決定の手続きについて、いくつかの一般的原理を引き出すことができ、なおかつ、その原理に経営を従わせることができれば、株主資本価値に自動的に適合した経営をおのずと実現することができる、と考えられているのである。「年金基金は明示的、あるいは暗黙の契約を通じて規則と誘因の体系を作り、経営陣を所有者の『欲望』に従わせようとしている」[23]。したがって、この状況を、企業の内部組織が株の収益性に従属しているという意味で、「企業の金融化」と呼ぶことができる。ここに見られるのは、生産が金融流動性の原理へ従属している事態である。固定体としての資本の自律性は完全に損なわれ、生産は流動性に従属させられているのである。

機関投資家が宣伝しているこの新たな企業概念は、「企業統治」という用語で知られている。その一般的な原則は単純である。「企業経営者に対する株主の優位。企業経営を株主の利益に従属させること。利害が相反する場合は、株主の利益を優先すること」。これらの原則は組織運営のルールに具体化され、それは、小口株主の投票権が無視されないように株主総会を組織することから、信用できる情報が定期的に得られるよう一般的な制約条件を課すこと（たとえば、透明な会計基準の採用）、取締役会の構成における社内取締役の人数を制限することにまで及ぶ。したがって、企業統治が基準を課す項目を次のようなリストにすることもできる。すなわち、取締役会の組織構成、株主総会の投票手続き、社長ポストと取締役ポストの別置、

表6　企業統治指標（1996 年）

	フランス	ドイツ	日本	イギリス	アメリカ
行動準則規定	10	0	0	10	5
社長と取締役の別置	1	10	10	8	1
特別委員会	5	2	0	8	10
投票手続き	4	1	5	6	10
投票権	1	9	10	8	7
投票の実施程度	10	8	3	9	1
会計規準	4	1	1	1	10
情報開示	3	2	2	10	10
TOB への対抗手段	6	5	1	10	8
総合点	5.3	4.4	3.3	7.6	7.2

資料：Bompoint et Marois (1998)

経営報酬・内部監査報酬に係わる独立した特別委員会の設置、株主に必要な情報、株式公開買付け（ＴＯＢ）への対抗手段、経営陣と株主の関係を規定する行動準則規定への同意などである。これらの形式的な手続きが尊重されるとき、企業組織の内的なダイナミクスが必然的に株主の利益に資するようなものになるであろうと想定されている。この教説は非常に強力である。なぜなら、企業がどの程度まで株主資本価値の最大化を優先的に考えているのかを、この教説が提供する一連の形式的基準によって、評価することができるからである。

そこで実際に、各国の企業統治がどれくらい進んでいるのかを比較するために、**表6**のような企業統治の得点表を作成してみた。この表は、デヴィス・グローバル・アドバイザー・オブ・ボストンのアメリカ事務所が作成したものである。個々の基準の評価は〇から一〇にわたっている。予想通りに、アメリカとイギリスの成績が一番良い。日本とドイツは下位で、フランスは中位につけている。

この評価方式のおかげで、小口株主の行動は「標準化される」。「標準化」を促しているのは、株主総会にかけられる様々なタイプの決議に関する委任投票ガイドライン《プロキシ・ボーティング・ガイドラインズ》にほかならない。このガイドラインは、機関投資家、あるいは機関投資家から請け負った専門会社が提供する資料に載っており、二重投票権、配当金の過大評価、株式公開買付け（TOB）対抗手段、利益と無比例な報酬などに反対を呼びかけるものである。このように株主の足並みを揃えることは、強大な力を生み出す。経営者の選択内容に的を絞る戦略をとっていては、このような統合〔株主の足並みを揃える〕システムは構築できなかっただろう。なぜなら、そのような戦略をとるには、生産的活動が実行される具体的状況の特殊性を考慮に入れないといけなくなるからだ。その点、委任投票ガイドラインはアプリオリに明示されていて、どの企業にも――その環境がどうであれ――通用する。フィリップ・ビサリアが述べているように、「投票に関する指示の抽象的な性格は、その指示の作成者が――産業・金融の動向を調査するアナリスト・チームではなく――法律家チームであることによって、いっそう強まっている」(24)。すでに述べたように、関心の対象は意思決定の内容ではなく、意思決定が下されるときの手続き形式なのである。このようにして金融権力は、客観的で容易に適用できる基準をベースに企業を評価するための、独特で極めて強力な道具をもつことになる。金融の影響力が例外的に高まったことの基礎には、企業の不透明さに穴をうがつ革新的な能力があったのである。そのために、金融と産業の力関係が大きく変化したのである。ここでもまた、金融権力の本質が抽象化能力にあることがわかる。そして、この抽象化能力が生産活動を、資本価値の増殖という普遍的制約条件に服従させるのである。

この点からまた、機関投資家のもう一つの要求がはっきりと浮かび上がってくる。それは、企業を基幹業務中心に再編成することを絶えず求めるということである。この要求は、企業統治原理と自社株買い(25)に続く、機関投資家の三本目の戦略的支柱である。コングロマリット形態に対する機関投資家のアレルギーの中に、企業を透明化し、標準化された評価方式に企業を従わせようという上記の意図を見いだすのは難しくない。企業が多様な活動ポートフォリオ――たとえば八〇％が自動車産業、二〇％が薬品産業――から構成されていることは、企業の評価を複雑にする不透明さの要素である。このようなコングロマリット形態の場合、様々な経済活動から価値フローが生まれるので、各々の経済活動についての適切な要素収益性を計算することが難しい。これに対して、コングロマリットが解体し、各企業が基幹業務に集中するならば、株主は各企業を、一意的かつ明確に把握可能な産業リスクをともなった純粋な資産とみなすことができる。そして、株主は、経済状況に最もよく適合していると思われる比率に従って、ポートフォリオを構成する産業活動を自由に選ぶことができるのである。他方、コングロマリットは株主に対して、「自動車産業が欲しいのなら二〇％の薬品部門も買い入れよ」と強制する。このことは株主が必ずしも望むところではない。

企業統治を優先させるべく介入主義的な態度をとってきたのは、主としてアメリカの公的年金基金であった。その中で最も有名なのはカルパース〔カリフォルニア州職員退職年金基金〕で、口うるさい小口株主の役割を果たすことで知られている。年金基金の直接行動主義が上げた最も華々しい効果は、かつては経営者権力に委ねられていた大企業（GM、アメリカン・エクスプレス、コダック、ウェスティングハウスなど）を方向転換させてしまったことである。これら年金基金の直接行動主義には、どのような手段が使われたのだろうか？　今まで金融権力に関してわれわれが述べてきたように、それこそまさに「影響の権力」なのである。それは市場に対して、より特定化して言えば市場の圧倒的多数を占める小口株主に対して行使される「意見の権力」である。多くの会社が、出版物やダイレクトメールを通じて、小口株主に豊富な情報提供を行っている。情報提供会社の狙いは、「委任投票ガイドラインに沿って行使されれば、投票権自体が投資の金融収益性を高める重要な資産となるのだ」、ということを小口株主に納得させることにある。また、情報を介したこの直接行動主義は経営者にも向けられる。大手のファンド・マネージャーは企業と絶えずコンタクトをとっている。大手のファンド・マネージャーは企業の経営者と、彼らが実行している経営戦略に興味を抱いている。経営陣は彼らの要請に応えるべく、自分たちの戦略を弁護するための「巡回興行（ロード・ショウ）」などを頻繁に執り行なうなどしている。この制度的なアジテーションとプロパガンダの精神を示す代表例が、毎年カウンシル・オブ・インスティテューショナル・インベスターズが公表する「ターキー」（駄目な人、役立たずの意）のリストである。このリストには、大した業績を上げていないのに巨額の報酬をもらっている企業経営者の名が世間に公表される。このようなリストに公の恥として名指しで載せられる経営者にかかる圧力がいかほどのものか、想像に難くない。同じような例に、カルパースが毎年発表するリストがありそれも非常に恐れられている。このリストには、カルパースが株主になっている一五〇〇社のうち業績が悪かった十数社の名前が載っている。この影響権力は、多数の年金基金から構成されている団体組織にも支えられている。とくにカウンシル・オブ・インスティテューショナル・インベスターズが大きく、一九九八年には会員が百社を超え、資産が一兆ドルを超えている。

この直接行動主義は、株価の動向にどのような影響をもたらしたのだろうか？　企業統治の諸原則の適用は、投資資金の収益性を高めたのだろうか？　これらの問題は議論の的となってきたが、まだ確かな結論は出ていない（カルパースは、この政策のおかげで一九九六年には一五億ドルの追加的な利益があったと主張している）。本質的な問題は、株式評価の「短期決戦主義」に支配されている政策が、長期的にどのような業績を上げられるのかである。技術革新能力を維持するのに必要な投資を実行するよりも、株主を満足させる配当金支払いの方を優先してきた企業があるのではないか、と懸念する向きもあるだろう。金融市場では、今や模倣主義《ミメティスム》が完全に幅を利かせている。経営者が「〔企業〕価値の創造」に成功したというニュースは自動的に相場を押し上げる。ファンド・マネージャーが眉をしかめると、その企業は弱体化し、株価は大幅に下がる。企業統治に関するいろいろな要求をその中心に置く新たな金融コンベンションが形成されたように思われる。

　マクロ的には、企業に対する機関貯蓄の圧力によって株の収益性が大きく上昇することに疑いはない。そのことは**表7**から明らかである[26]。配当金の分配率、つまり企業の税引き後総利益に対する配当金の割合を見ると、一九五〇年代、一九六〇年代、一九七〇年代を通じてこの率は驚くほど安定している。この間、この率は四七・九％と四二・三％の間を変動している。これは国際的水準から考えれば確かに高いものだった。そして、一九八〇年から一九九八年の平均分配率が五六％に達したことからわかるように、八〇年代、九〇年代にかけてこの率は大きく上昇した。だがここで注意すべきは、八〇年代の半ば以降、企業が株主に価値を分配する方法は配当金の増加だけでなくなったことである。企業は、配当を増やすとともに、一貫して、大規模な株式買戻し（自社株買い）プログラムを実施してきた。一九八九年には配当金が一三九〇億ドルに達した一方で、株式の買戻しは六〇〇億ドルに達し、実質的な利益分配率は八三％になった。一九九四年には、買戻しが七〇〇億ドルになり、実質的な分配率は七四％であった。一九九六年には一一六〇億ドルの買戻しが行われ、実質的な分配率は八三％に達した。いずれも大きな数字である。株の買戻し策は、機関投資家の収益性要求を満足させるために体系的に実行されたのである。

表 7　アメリカ企業の収益性——1950 年から 1997 年まで

	1950–1959	1960–1969	1970–1979	1980–1989	1990–1997
株式配当金分配率	47.9	42.4	42.3	52.6	59.3
株式の実質利回り	17.7	8.3	−1.7	11.7	13
・値上がり益	14.8	7.5	1.4	12.9	13.6
・配当	4.9	3.2	4.1	4.3	2.8
・インフレ率	2.1	2.4	7.1	5.6	3.3
債券の実質収益率	1.3	2.7	1.2	5.8	4.7

資料：Lazonick et O'Sullivan（1999）　　単位：％

これらの数字からいろいろなことがわかる。たとえばここから、株主が機関投資家という武器を使って企業にかける圧力を読み取ることができる。しかし、ファンド自体の収益性をあらわす数字、つまりいわゆるＲＯＥ（自己資本利益率）にはもっと驚かされる。ＲＯＥは一九九四年からほぼ二三％くらいのところにある。この数字は、五％付近に落ち着いている長期金利と比較するとあまりにも高い。機関投資家の要求はあきれるほど高いように見える。この法外な要求は、金融権力が経済の基礎的条件とは完全に切り離された存在であることを表している。この要求がもたらす金融的な効果は長期的な不安定化であろう。実際、高い収益性要求を満足させるために、企業は巨額の配当金を分配し、巨額の株の買戻しを行わなくてはならなくなっている。しかし、それだけでは十分ではない。企業は負債金利が内部収益率よりも低い状況を利用して、レバレッジ効果（一定の自己資本の下で、借入れによって運転資本を増やす効果）に働きかけなくてはならなかった。したがって、アメリカ企業は自己資本が減少しているのに、人為的な収益性要求に応えるために巨額の債務を負うことになった。株式相場が過去数年間上がりつづけている一方で、企業の実質収益率がもはや上昇していないのは、驚くに値する。

われわれは、また、同時期の株式の金融収益性がどうであったのかも分析できる。株式の実質利回りは、インフレ率を修正した値上がり益と配当金の合計として計算することができる[27]（**表7**）。一九七〇年代はインフレ圧力が強く影響していたために、実質利回りはマイナスであった。しかし、それは一九八〇年代、一九九〇年代に入ってもちなおし、それぞれ一一・七％と一三・〇％に達した。本質的な点を一つ強調しておかなくてはならない。この収益性の上昇が配当金にではなく、アメリカの株式市場が経験した前例のない相場の上昇に基づいていたことである。この点を明らかにするには、金融収益に占める配当金の割合を計算すればよい。そこで、相場水準に対する分配配当の比率を計算してみよう。一九九〇年から一九九七年にかけて、その比率は名目タームで二・八％でありインフレ率を割り引くとマイナス〇・五％である。しかも、企業が非常に寛容な配当金分配策をとっていたにもかかわらず、この数字なのである。この結果は、分配配当の増額を大幅に越える株価の例外的な上昇によって説明される。金融収益に占める配当の比率がこのように低かったのは、相場が経済の基礎的条件と比較して行きすぎた水準に達していたことを示している。この点を納得するためには、この実質収益率マイナス〇・五％と一九九〇年から一九九七年の同時期にかけての財務省証券投資の実質収益率四・七％を比べてほしい。株式市場全体の収益性は主として、株式相場の上昇によるものであった。このことによって、アメリカの状況は非常に不安定なものになっている。なぜなら、アメリカの状況は、株式市場が長期にわたる価格上昇を引き起こす能力に決定的に左右されるからである。

年金基金の国際化

現在の状況の根底には、この新たな金融勢力が国際化しているという事実がある。先に見たアメリカで行われている評価と統制の形態、経営実践、戦略目標は、徐々に国際的空間全体を構造化しつつある。この点に注目するなら、新しいタイプの国際金融秩序を形成する経済的変容を理解する上で、合同資産運用の発展が重要な要因として浮上してくる。何年か前には資本移動は国際収支赤字と密接に関連していたのに、今日の資本移動は、自律したいわゆる金融的な論理に従っており、純粋に金融的な収益向上基準に沿って投資先が決定されているように思われる。資本移動の原因となるのはもはや赤字国と黒字国の金融上の制約ではなく、機関投資家の国際的多様化戦略である。様々な金融投資先の間で「収益―リスク」の関係が相対的に変化するのに応じて、機関投資家は素早く自らの資産構造を修正している。このような金融裁定の諸力は今や地球規模で作用している。この驚異的な変化によって、世界規模で流動性の制約が課されるようになったのである。こうして、国民経済空間の間に緊密な関係が織り上げられる。このプロセスこそが、われわれが「金融グローバリゼーション」と呼ぶものである。

この変化の制度的な条件となったのが、国内、国際レベルでの金融自由化である。われわれは一九八〇年代から一九九〇年代にかけて、このプロセスに立ち会っていたのである。その時期、多くの国で、市場の流動性を制約し、市場に垣根を設け、資本の流出入を管理していた介入主義的な法律が撤廃されていった。この制度上の変容はすでに数多くの研究が分析対象としてきたので、これ以上展開する必要はない。本書でも、どのような構造化軸が働いて自由化が成し遂げられたのかを、第一章では先進国の金融が経験した「ビッグ・バン」について、第三章では新興市場経済について説明した。この変容は、次のような形で要約できるだろう。自由化とは、流動性を中心とした論理を世界規模で重視させる動きである。この動きによって、統一された（仕切りのない）市場が支配的になってくる。統一された市場とは、あらゆる経済主体（国家、銀行、企業、家計）がオーバーナイト（翌日返済）から超長期に至るまでアクセスできて、選択メニューの中から現物または先物で貸し借りできる市場である。このような動きは、逆に、金融変数（証券発行、取引高、資本移動、為替の安定性、株式市場の健全さ、企業統治）の形成条件に影響を与える。

表８　ポートフォリオに占める外国証券の割合

	生命保険会社	年金ファンド
イギリス	12.5	16.8
アメリカ	4	3.8
ドイツ	0.7	0.8
日本	14.2	7.9
カナダ	3.3	5.3

資料：Artus（1995）　　単位：%

国際化の進行は、機関投資家の資産構造それ自体に直接に現れている。実際、そこでは外国証券の割合が大きく上昇しているのがわかる。年金基金の資産のうち株だけを考えると、一九九六年において株式ポートフォリオのうち海外株式が占める割合は、オランダで五八%、日本で三五%、カナダで三七%、スイスで三三%、イギリスで二八%、ドイツで二一%、アメリカで一六%であった[28]。この数字を、対象となっているファンドのポートフォリオに占める割合に置き直して修正したとしても（一九九〇年については**表8**を参照）、国際化がかなり進んだことは明らかである。確実に言えることは、標的になった国にとっては、少し投資額が変化するだけで重大な結果が生じる、ということである。「G７の機関投資家が国内株式の資産を一%放棄したとしよう。一九九五年を例にとると、それはG７の時価総額のわずか一％にしか当たらないが、アジア新興市場経済の時価総額の二七％、ラテンアメリカ諸国の時価総額の六六％以上に相当する」[29]。しかも、そうした金額が地域全体ではなく、その地域の指導的な国に関与する場合には、津波のような大変動《ラ・ドゥ・マレ》が引き起こされる。ここに、第三章で見たような不安定性が生じる重大な危険性がある。この新しい国際的枠組みにおいては、機関投資家の注意を引くことは当該国にとって必ずしもよいことではない。それは、その国が全く抵抗できる見込みのない資本流出を引き起こしうるからである。ここでも提起されているのは、金融市場の効率性に関する問題である。より特定化して言うと、機関投資家が金融的調整《レギュラシオン》にどのような効果を及ぼしているのかを問わなければならないのである。

ファンド・マネージャーの模倣主義

合同資産運用が一つの集団に任される限り、運用責任者（ファンド・マネージャー）たちは互いに頻繁に連絡を取り合わざるをえず、厳しい競争に身を委ねることになる。このとき、市場の模倣主義《ミメティスム》はよりいっそう強まる。その結果、相場の変動性《ボラティリティ》は増幅し、大暴落《クラッシュ》が生じる可能性は高くなる。この現象を説明するために、次の四つの仮説を提起しよう。

［1］ファンド・マネージャーは、最も高い業績を上げた人をモデルにすることによって、互いに模倣し合っている[30]。

［2］たとえ彼らが直接的に模倣し合わなくても、彼らは頻繁に顔を合わせ、同じサインには同じように反応しがちになる。というのは、彼らは全体として同じ文化と解釈を共有しているからだ[31]。バレーは次のように書いている。「ファンド・マネージャーは仲間意識をもっていて、意見や情報や極秘ネタ

を交換しながら互いに勇気づけ合う。しかし、他人の振り見てわが振りを直してばかりいると、最終的には似たような行動をとることになる[32]」。

［3］ 彼らはほかのマネージャーと比較されて評価されるので、ほかのマネージャーに追随する傾向が強くなる。というのは、彼らが孤立して良いアイデアを見つけることは顧客にあまり評価されず、儲けが出そうな集団的な動きに参加しなかったことを責められがちであるからだ[33]。

［4］ マネージャーに対する評価の中心的な参照基準は、市場の平均的な業績である。顧客は皆、自分のマネージャーが少なくとも市場を代表する指標と同じだけの業績を上げるよう要求する。このことによって、各マネージャーは参照基準からあまり離れすぎないように行動せざるをえなくなる。この本質的に相対的な評価形式は、マネージャーが市場動向に逆らって決断する能力を大きく制限する効果をもつ。この効果は、また、マネージャーが自分の選択を正当化しなくてはならないという事実によって強化される。つまり、市場と同じ方向に行動することは、反論の余地なく正しいとされるのである。業績が悪かった場合にも、そのミスを市場のせいにできる。リスクの高い個人的な賭けをするよりも、皆と同じ悪い結果を得たほうがよいのである。（ここでも、ケインズの「慣行《コンベンション》に従わないで成功するよりも慣行《コンベンション》に従って失敗したほうがよいのである」という言葉が思い出される）。

以上のことより、集団的貯蓄が、市場の模倣に基づいた熱狂やその自己言及性を制限する重《コントル・ポワ》しになるとは思われない。逆に、集団的貯蓄はその順応主義《スュイヴィスム》によって、市場の急変を増幅させるような役割を果たすと思われる。

ファンド・マネージャーの模倣主義に関する以上の考察に加えて、彼らが投資を行うときの時間的見通しについて述べておきたい。彼らの時間的見通しは短期である。マネージャーは自分の短期的な業績に関して非常に敏感なので、長期的に見れば収益性を高められそうな戦略でも短期的に見てあまり儲かりそうでなければ、取り組もうとはしない。経済学では、この有害な状況を表現するのに「短期主義」という用語を使う。このような短期主義的な傾向は、顧客の時間的見通しがファンド・マネージャーよりもずっと長い場合があるだけに、いっそう有害である。この状況は、マネージャーが頻繁に査定されることに関わりをもっている。主たる査定は年間の業績をもとに行われる。年度末にマネージャーの業績が算定され、彼らの競争相手の業績と比較される。この比較は彼らの報酬にも、また雇用継続にも大きな影響を与える。しばしば獲得利益による順位づけという形をとる、この毎年の圧力は、短期契約のマネージャーをとくに不安にさせる。実際、平凡な業績しか上げられなかったマネージャーは、契約終了とともに解雇されるかもしれないのだ。アメリカでは、彼らの契約は平均三年という比較的短い期間で更新されることを指摘しておこう。アメリカのファンド・マネージャーは、平均して八年間そのポストにとどまっている(34)。フランスの機関投資家について言えば、業績目標の時間的見通しは平均八ヶ月である(35)。

つまり、模倣主義と「短期主義」に向かう金融市場の自生的傾向は、〔以上見てきた〕一連の現象によって強められている。だから、機関貯蓄の勢力拡大が価格変動性《ボラティリティ》を目に見えて増大させるのではないのか、という懸念が成り立つ。まず、ファンド・マネージャーは同時に同じ情報を手に入れ、同じように解釈するから、彼らの期待も一様なものになる。このことは価格の大幅な変動を引き起こしかねない。また、ファンド・マネージャーを評価するにあたって相対的な業績が最も重要な役割を果たすことも、金融ダイナミクスの自己言及性を増大させる。実際、このような場合、各マネージャーはほかのマネージャーの成果だけに注目し、戦略自体の価値を判断しようとはしなくなる。その結果、本来の戦略的行動に役立つファンダメンタル分析の影響は非常に小さくなりがちである。このようなことが起こるのは、個々人の業績を、市場の参照基準、つまり「指標銘柄（ベンチマーク）」と呼ばれる指標と比べて評価するときである。たとえば、あるファンド・マネージャーの業績を、CAC四〇やS&P五〇〇といった株価指数の推移と比較する場合である。このときもやはり、考慮されているのは相対的な業績である。「指標銘柄」は、市場が直接に生み出す信念内容《コンベンション》の興味深い形態である。市場は、参照基準として適当と判断された銘柄を選び出すのであり、それによって行動が事実上、標準化される。これは自己言及性の制度化とでも言うべきものであり、行動の多様性を損なう。

この効果は、国際決済銀行の年次報告に載っている新興市場国の「国際金融公社〔SFI〕投資適格」指数から、驚くほどはっきりとわかる。この指数においては、観察される市場時価総額における国別シェアが示されている。そして、指数を再生産する戦略〔自分のポートフォリオを指数に合わせる〕をとるファンドにおいては、自己言及性が完全なものになる。ここから、われわれがアジア経済危機後の一九九八年に見たような逆説的な状況が生じるのである。アジアの相場が低下した後の指数の動きを実際に見るならば、アジアとラテンアメリカの相対的なウェイトはそれぞれ四五％と三四％（一九九七年一月）から、二四％と四一％（アジア危機の直後）に変化した。したがって、この指数に合わせる戦略をとっていたファンドは、アジアへの投資割合を機械的に減少させ、ラテンアメリカへの投資を増やした。アジア地域に資本がなかなか再流入してこない原因はここにあるかもしれない。

機関投資家の役割に関するこの分析の妥当性は、東南アジアの出来事によって証明されている。そこで観察されるのは、機関投資家の群集的な行動とそれが金融的変数に及ぼす増幅効果である。手元のデータによると、機関投資家の撤退は一九九六年の第4四半期に始まっており、これは、危機が勃発したあとに初めて行動を起こした銀行と異なる点である。しかしながら、機関投資家と銀行の行動は収束し、一九九七年の第2四半期には銀行も金融機関もすべて東南アジアから手を引いた。この戦略の同期化が、われわれが見たあの例外的な価格変動を生み出したのである。この増幅メカニズムは将来もまた作動するかもしれない。「機関ポートフォリオの規模からすると、それが少し変化しただけで価格形成メカニズムに深刻な傷を負わせてしまうかもしれない(36)」。

以上、アメリカでの収益性基準《ノルム》が決定されるときに機関投資家が果たしている役割を示すとともに、彼らが固有の模倣主義を通じて金融不安定性を増幅させる経緯を説明してきた。次に、彼らの国際的影響力に関する最後の側面に注意を移してみよう。それは、彼らが「企業統治」を国際的に普及させている、ということである。この点は、フランスのケースにおいて非常にはっきりとしている。金融の新しい国際基準《ノルム》が、国内の金融構造にどのような根本的影響を与えているのかを見ることにしよう。フランスの状況に関する以下の説明は、フランソワ・モランが行った素晴らしい研究に全面的に依拠している(37)。彼は近年のフランス資本主義の変容を考察し、次のように締めくくっている。「フランスの大企業は、経営と資本評価に関してアングロ＝サクソンの基準《ノルム》に従っている。この基準《ノルム》の支配は、ＣＡＣ四〇を構成する企業全体に見いだされる。規模から考えて、ここで起こっているのは重大な転換であることは間違いないが、それが何をもたらすのかよくわからない(38)」。

アングロ＝サクソン的基準《ノルム》の支配とフランス型モデルの衰退

先の数節〔たとえば、経営者権力・資本家権力・金融権力の節〕にわたって、フランスの金融権力の構造化が、アングロ＝サクソン型モデルとライン型モデルに沿っているのを見た。フランス型モデルの独自性は、国家が特別な役割を果たしていることにある。また、フランスの構造は株式相互持合いが発達していることからも、先の二つのモデルと区別される（たとえば**表4**によると、一九九〇年代初めには持合い比率は五七・九％に達していた）。フランスにおいて、相互持合いは所有権を管理し、経営陣を自己防衛するための中心的な機構である。現在のような形の構造が生み出されたのは、民営化が進められ、ハード・コアの確立された一九八六年から一九八八年にかけてのことである。この構造は資本家権力と経営者権力の間の妥協に基づいており、安定的な株式所有が重視される構造の下では両者の利害は概ね一致しているのである。実際、このシステムでは、事業再構築《リストラクチュアリング》の実行と資金調達が市場ではなく銀行と系列金融機関によってなされるので、企業と経営陣がともに保護される。一九九六年十二月のＡＸＡ―ＵＡＰの合併によって、このシステムは絶頂を迎えた。この企業グループは、フランス資本主義をライン型モデルに近い論理に従って誘導していくだけの規模と手段を有していた。しかし、戦略的な産業諸活動の全体を調整していく能力をまず重視しようという選択は保持されなかった。このグループは、アングロ＝サクソンの基準《ノルム》に合致した本質的に金融的な経営を重視したのである。フランソワ・モランが述べているように、「このグループの今後の目的は資産管理の世界的なリーダーの一角を担うことである」[39]。そうなると、株式相互持合いのシステムは全く不適切である。このシステムは、流動性を犠牲にして管理を特権化するために、大量の自己資本を固定化してしまうからである。したがって、この時期以降われわれが立ち会うことになるのは、時代遅れになったシステムの変容である。ＡＸＡ―ＵＡＰだけではなくＥｌｆもソシエテ・ジェネラルも、封印していた安定株の一部を売却するのに、もはやなんのためらいももっていない。この流動性志向の動きはフランス型システムを徐々に解体していく。その結果は**表９**に示されている。この表によると、ハード・コア〔中核的企業集団〕が保有している安定株はもはや二〇・五二％でしかない。ただ、賃金労働者が企業貯蓄プラン〔ＰＥＥ〕や自己管理を通じて保有している部分――それはもはや株主総会での投票権の源泉にはならないが――を考慮に入れると、この安定的株式所有が大きな影響を与え続けているのは事実である。しかし、この論理はぼろぼろと崩れ、行動は変化してきている。驚くべきことではないが、このような動きを引き起こしているのが、海外の機関投資家、とくにアメリカの機関投資家である。彼らが、新しい金融ノルムと新しい戦略的態度を普及させているのである。

表９　株主構成の概要（1997年９月）

フランス金融界の重要企業	保有株における安定株の割合
ハード・コア	20.52%
個人企業	2.77%
フランス OPCVM	7.17%
保険会社	6.32%
公的資本	5.86%
投資信託部門	2.62%

資料：Morin(1998)

そのことを理解するには、パリ証券取引所に占める海外投資家のシェアを見るだけでよい。このシェアは、一九八五年から一九九七年にかけて市場時価総額の一〇％から三五％に増えるという異例の上昇を見せた。その結果、フランスは外国資本が最も入り易い国の一つになったのである。他国と比較してみると、一九九七年における海外投資家のシェアは、アメリカで六％、イギリスで九％、日本で一一％である。フランスにおけるこの変化がいかに大きかったのかは、ＣＡＣ四〇を構成する企業のいくつかが、その資本の半分以上を海外投資家に握られていることからもわかるだろう。安定株主の持ち株――たとえこれにＯＰＣＶＭ（有価証券共同投資機関）の資産を加えたとしても――よりも、海外投資家の持ち株の方が多くなっているのである。海外機関投資家だけに限定したとしても、結果は同様に衝撃的である。われわれの推定によると、海外機関投資家が保有している資本は安定株主グループが相互持合いシステムを通じて保有している資本の約五〇％に当たる。このように、われわれは非常に大きな変化に直面している。この変化は、フランスにおける企業統治の導入に結びついていく。今や、株主資本価値〔の重視〕がフランスの金融基準《ノルム》の一部をなしており、そのことはフランスが国際市場に統合されていることを示している。

ここまでは、企業統治とは何であり、新たな金融基準《ノルム》が機関投資家を媒介にしてどのように国際的に普及してきたのかを中心に分析してきた。しかし、ここからは経済を超えて、どのようにして金融化が社会的紐帯を変容させ、市民と国家の関係や社会生活における政治の地位を修正しつつあるのかを分析しなくてはならない。これが後半部の目的である。われわれの仮説は、金融化の進行が個人主義の独特な形態を生み出している、というものである。この独特な個人主義を、われわれは「資産的個人主義」と呼ぶ。以下では、この個人主義を分析していくことにする。

二　資産的個人主義

社会的関係の契約論的モデル

まず、金融からの要求を満足させるために企業がどのような変容を甘受してきたかを、考察していくことにする。つまり、「企業の金融化」のプロセスについて説明してみたい。そこで追求されているのは、企業の組織内容を厳密に契約論的な原理に従って再構築することである。それが企業統治の論理なのだ。この論理に知的な首尾一貫性を与えているのは、契約の経済理論である。図式的に言えば、契約理論は依頼人《プリンシパル》―代理人《エージェント》関係を論じる理論である。契約理論が明らかにしようとしているのは、代理人に常に――単独で行動する場合でも――、依頼人の利益に沿った行動をとらせるような契約上の仕掛けが存在することである。株主―経営者関係や経営者―被雇用者関係が、依頼人―代理人の例である。この考え方によると、組織は「契約の結び目」であり、個人的な利益追求にのみ突き動かされている個人を互いに結びつけるのである。

この契約理論に対置されるのが、生産活動の還元不能な集団的性質を強調する有機体論的アプローチである。このアプローチによると、重要なのは共通の利益であり、それが上位に置かれて、それを参照しながら賃金労働者、経営者、顧客、債権者、地方公共団体、株主などの利害関係者全員が連帯するのである。[40]フランス法が企業の社会的利益を株主だけの利益よりも優越させる場合には、この分析が影響を与えている。さらに言えば、フランス法に強い影響を与えたのはドイツ法であった。元老院議員マリニによると、「フランス法は、アングロ＝サクソン的な契約論的アプローチと、制度的な考え方を特徴とするドイツ法の狭間でいつもためらっている」。たとえば、ドイツ法では監査役会は株主と労働者の代表者からなっており、両者は同等の権利をもっている。所有者と被雇用者の協力関係に事前に権利の平等を課すこの例ほど、有機的な連帯の考え方をよく示している例はあるまい。個別的利害を統合するものとしての集団的利益の超越性は、法によって制度化された妥協の中に見いだされ、誰もその妥協に疑義をさしはさむことはできない。言い換えれば、この理論的なアプローチによると、集団的なものは、当事者に協力のための全体的な枠組みを事前に課すことによって、主権を発揮している（この枠組みが今度は逆に個別の利害を決定する）。私的利害が連帯の集団的形態に先行すると考える契約論的考えは、これとは全く別物である。連帯の集団的形態は、協力を望んだり望まなかったりできる経済主体のとる決定の一時的な結果にすぎないのである。このようなアプローチによると、法は個人の自由を完全かつ全体的に表現する法律的枠組みを与えることに専念すべきであり、その自由を個人がどのように行使するのかについては介入してはならない。したがって、企業の社会的厚生について語ることは端的にナンセンスなのである。企業は、多様な活動主体を結びつける契約の集合以外の何ものでもないからである。ここに見られるのは、制度および社会的連帯についての厳密に個人主義的な概念である。この概念による限り、共同生活の集団的形態が正統化されるのは、契約諸主体が自発的にその形態に参加しているときだけである。

このタイプの個人主義の受け入れられ方は、国々の文化に応じて大きく異なっている。これには驚かされる。たとえば、ドイツではフランスとは違って、「株主資本価値」という概念は歓迎されていない。経営者はこの用語を避け、場合によっては新しい表現を使っている。[41] 実際、ドイツでは依然として、市場の社会経済的な概念*が生産諸関係の組織化において要《かなめ》の役割を果たしている。ドイツ人は資本と労働の共同経営的な妥協に愛着をもっているが、この妥協に異議をさしはさんでいるのが企業の金融化である。しかし、この国の経済的成果を見てみると、競争的効率性と〔企業の金融化による〕労働編成の個人主義的様式を簡単に結びつけることは危険だ、ということになろう。

＊　市場活動を経済的な要素——利潤や効用等——からだけ分析するのではなく、社会的な要素——信頼や規範等——からも分析する立場。大陸ヨーロッパに伝統的な考え方の一つである。

すでに述べたように、金融化は社会的連帯の形態を根本的に編成替えしつつあり、体系的に契約に依拠しながら権利と義務を個人化する方向に向かっている。この新たな組織化が効率的な生産機構を生み出すかどうかは定かではない。というのは、新たな組織化は、忠誠心や手抜きのない仕事といった企業文化の伝統的な諸形態を犠牲にし、もっぱら貨幣的誘因に基づいて進められているからである。自由主義的個人主義によると、契約による組織化を活性化させる社会的な力は所有関係である。今や所有者は自らの利害を優先させることだけを目的にして、企業の誘因構造を組み替えていこうとしているのだ。だが、契約論的な集団性のヴィジョンに基づくならば、各主体は共同作業への参加条件を必ずしも苦労して交渉で決めていこうとしなくなる。そうなると、個々人の権利要求や機会主義的な〔他者の出方まちの〕行動によって組織がバラバラになってしまうことが危惧されるのではないだろうか。言い換えれば、この企業概念においては、生産者集団を共同作業へ参加させる共通利益として、何を提示できるのかが明らかではないのである。

契約理論によると、株主の立てた計画に経営陣を従わせるためには、企業利益に連動した報酬を用いるか、ストック・オプションのように所有権形態で直接、間接に支払いを行えばよい。しかし、賃金労働者《サラリア》においては、問題はもっと複雑なものとして現れる。この点を考慮すれば、現在進行中の変化はまだ萌芽的なものにすぎず、はっきりとした判断を下すことはできない。興味深い変化としては、被雇用者が自社の資本に参加できる企業貯蓄プランが発達してきていることがある（表9参照）。現在すでに、いくつかの企業では、このようなプランによって実現された収入が労働者報酬の一部になっていて、その額は無視できない大きさである。これについてはいろいろな解釈が可能であろう。企業の金融化が後押しする契約論的なモデルの枠組みから導き出されるのは、分かち合う富を増大させるという共通利益に訴えることによって、被雇用者の集団的努力と協力を引き出そうとする誘因モデルである。この場合には、われわれは生産組織の正統性を所有権のみに基づかせる方向に向かうだろう。この参加型モデルが企業と賃労働制《サラリア》の安定した発展形態を生み出しうるのか、伝統的なヒエラルキーの諸形態に完全にとって代わるのかは定かではない。たとえば、賃金労働者はほかの小口株主とは全く違う。株主利益のためという名目で解雇されるのが被雇用者であることを見ればそのことは明らかだろう。賃金労働者という限定条件は、依然として、われわれの社会的諸関係の中に根深く組み込まれている。しかしながら、金融化の作用によって、現代の賃労働制《サラリア》が根底的な変容を被っているのは明らかである[42]。所有者の個人主義という概念が、貯蓄形態の変化の内に強力な触媒を見いだしているだけに、なおさらこの変容は根本的である。

市民的個人主義

実際、企業が直面しているこのような変容と並行して、金融・貨幣の部面でも重要な変化が生じつつある。その中心は、貯蓄形態の中で流動性の伝統的な形態（現金貨幣、一覧払預金、リブレA〔貯金金庫の預金通帳〕や銀行通帳）が減って、企業が発行する証券（主として株式、債券も含む）が増えてきたことである。このことを示しているのが、フランスの金融資産構造に関する**表10**である[43]。ここに見られるのは、流動性の主要な

表 10　金融資産構成

	1985	1988	1992	1993
流動性	58.5	44.5	33.5	29.7
直接に保有されている証券	21.1	26.9	26.3	28.8
仲介されている証券	20.4	28.6	40.2	41.5

資料：Artus(1995)　　単位：%

供給者が、銀行から金融にとって代わられつつあることである。前章の分析を踏まえることによって、われわれはこの変化が及ぶ範囲、この変化に賭けられているものをよく理解できる。前章で強調されたのは、流動性の社会的次元であった。つまり、流動性は、共同体の全存在に及ぶ全体化関係なのである。この全体化は、社会成員が特定の象徴や記号に同意することを通じて顕在化する。同意される象徴・記号は、誰もが富の正統的表現と認めるもの、誰もが交換・支払手段として受け入れるものでなければならない。以上を踏まえた上で解釈するなら、金融的流動性の普及は、もともとの貨幣的共同体を不安定化することになる、と言えよう。貨幣的共同体は、金融市場を中心とする新たな共同体に競争をしかけられているのである。実際、貨幣は国家保証に依拠する一方で、金融的流動性に関しては、流動的な富とその価値評価の正統的様式としての市場が重視されるのである。富についてのこのような表象が非常に広く受け入れられるようになると、必然的に、集団生活の形態や、各人が社会的アイデンティティを得る方法は影響を被ることになる。ここにおいて提起されるのが、主権と信認に関する問題である。つまり、誰が誰に債務を負っているのか、誰がこの債務価値を保証してくれるのか、である。

この点に関連して、われわれは近著『主権貨幣』[44]において貨幣、主権、債務の間に存在する緊密な結びつきを強調した。そこでは、債務は二人の契約当事者間の約束という狭い意味においてではなく、共同体への存在の帰属を決定する社会的関係として理解されており、これをわれわれは「本源的債務」と呼ぶことにした。「本源的債務」は権利と義務の集合を指し示し、それを通じて個人と社会体〔現代社会では政府〕が互いに拘束しあうのである。この「本源的債務」は、社会の全成員が共有する諸価値を表現しており、主権から直接に帰結するものである。これと同時に、集団の優位性が肯定される（特殊なプロジェクト、アイデンティティ、運命共同体など）。貨幣は、このような論理に組み込まれている。貨幣は債務の表現であり、個人間を流通し、主権者によって保証されている。貨幣は、共同体が自己を再認する諸価値を表現するものである。そのようなものとして貨幣は社会成員から信認《コンフィアンス》を集める。社会成員が自分の売る財と引き換えに貨幣を受け取るのは、貨幣のもつ価値を尊重させる主権者の能力を信認しているからである。ここで言われている信認とは、心理学的な概念ではなく、まさに主権の原理を表現するものである。信認が成り立つのは、主権が擁護しているプロジェクトに対して社会体が同意しているときに限られている。

以上のような理論的な問題の立て方によって、流動性の支配的形態の変遷が何を意味するのか知ることができる。それは、主権と本源的債務の形態が転換していくこと、言い換えれば準拠《レフェランス》共同体の転換である。

確かに、株式は貨幣ではない。株式が普遍的な交換手段として受け入れられていないという意味で、株式の流動性は部分的なものでしかない。しかしながら、その流通空間はもはや驚くほど広範であり、価値貯蔵手段としてだけではなく、ある種の取引においては交換手段としても流通している。たとえば、ある企業がほかの企業を自社株を使って買収する場合がそうであるし、もっと良い例としては経営者がストック・オプションによる報酬を受け入れる場合が挙げられる。したがって、株式では消費財を購買することはまだできないけれども、われわれは株式を貨幣の萌芽的な形態として分析することはできるのである。この形態が成熟に至るのか、すなわち、この形態が言葉の十全な意味において貨幣になるのか、という問題は、ある意味でわれわれの考察の争点になるだろう。というのは、株式が貨幣になったとしたら、主権の原理が根本的に変わってしまうからである。今や問題なのは、このような革命的変化が何をもたらすのかである。その考察に向かう前に、まず、銀行流動性から金融流動性への漸次的かつ未完成な移行プロセスを解明しておかなくてはいけない。

次のように考えることがまず重要である。つまり、銀行流動性によって、自律的なプロジェクトが定義されることはない、ということである。それは通貨主権の特別な表現にすぎず、通貨主権の中に銀行流動性は組み込まれ、その首尾一貫性や機能ルールは通貨主権に依存しているのである。言い換えれば、個人が銀行貨幣を受け入れるのは、この貨幣が公権力によって保証されていることを知っているからである。[45] この観点からすれば、中央貨幣〔現金＋中央銀行預入準備金〕と銀行貨幣を同じものとみなしてよい。銀行貨幣は中央貨幣の代理にすぎないのである。銀行貨幣を創造し活性化する主権は、国民国家である。国民国家への帰属様式はわれわれが「市民性」と呼ぶものである。「市民性」を定義するのは、政治的諸権利と社会的諸権利（年金、社会保障、公共サービス）の集合であり、これらは市民の資格に関係し、たいていは特定の領土に結びついている。今日、この主権の原理は、まさに金融化の効果によって疑義をさしはさまれているため、少し動揺しているように見える。そこで、この主権の原理を純粋な形で見ようと思えば、「栄光の三〇年」〔一九四五―一九七五年〕とフォード主義的蓄積体制までさかのぼらなければならない。というのは、主権の原理が完全に成熟したのはこの時代だったからである。この原理を名づけるなら、「市民的個人主義」[46]という用語を使いたい。その特徴については、多くの文献の中で久しく論じられてきたところである。つまり、国家が様々な分野で中心的な役割を果たしていた。たとえば、国家は、福祉国家という形で社会的債務を決定したり、重要な公的部門を通じて所有を管理したり、再分配と完全雇用に関連する諸目的に貨幣を従属させたりしたのである。この点に関してわれわれは、貨幣と債務形態が「政治化されていた」と言うことができるだろう。この「政治化」は、金融政策の財政政策への従属、すべての金融回路を厳格に管理する介入主義（為替管理、資本移動規制、利子率の管理、信用割当、市場の細分化）となって実現された。このような枠組みの下では、直接金融の役割は全く副次的なものにすぎなかった。参考までに言えば、一九八四年のパリ証券取引所における市場時価総額（ドル換算）はＩＢＭの時価総額の半分を越えていなかった[47]。

社会的紐帯の自由主義的モデル

国民国家の主権に対する問い直しが、金融流動性の拡大とともに徐々に起こってきている。この現象を通じて、社会と経済を支配する価値体系がどのような変化に直面しているのかが明らかになりつつある。実際、金融流動性は新しい価値記号を前面に押し出し、その流通がもとになって新しい社会的空間が築かれつつある。この金融的流動性は公的権力から根本的に自律しようとしている点で、銀行貨幣とは全く異なる論理に従っている。価値を保証するのはもはや国家ではなく、金融共同体が顕在化する場である市場なのだ。ここに見られるのは、国民国家の後見から徐々に脱け出し、それにとって代わることを使命としている新たな主権の萌芽である。事実、金融は新しい社会的協定を提案している。この基本になるのは、個人の権利の確立である。ただし、この権利は、証券と同一視されるような、金融の論理に沿って解釈される権利である。したがって、今起こっているのは、市民的連帯の伝統的な諸形態が衰退し、市場の庇護の下で、より抽象的・匿名的な他者への依存が強まっているということである。ここでは、個人は権利＝証券の所有者として定義され、個人は権利＝証券の価値を守っていかなくてはならない。それゆえに、われわれは本来の意味での「資産的個人主義」について議論していきたいと思う。

諸個人が分けもつ資産は、国家に言及することなく定義される。この資産の源泉は、物的財の生産において指導的ないし独占的な役割を果たしていることを自任する上場企業のネットワークにある。社会的富とは、これら企業が分けもつ資本の全体である。社会の創造力、つまり社会成員の厚生〔福祉〕を保証する能力は、こうした資本の中に集約されている。よって、われわれは皆、この資本に対して債務を負っている。こうして、新しい主権の原理が現れつつあるのだ。新しい主権は、経済理論の主張する命題をそのままなぞるがごとく、商品の実際的効用と物質的な厚生を重視する。主権の役目とは、「創造力という担保により保証された証券」という形態をとった本源的債務を貨幣化することである。既発証券はこの共同体の究極的な価値を代表している。そのことは、われわれが既発証券の償還を要求できないという事実によって明らかである。実際、社会の成員は、貨幣の場合と同様に、既発証券を破壊する自由をもっていない。既発証券は一種の永久債なのであり、そこには社会的紐帯の永続性が表現されているのである。個人は、具体的な財を手に入れるためだけに、それを交換することができる。証券の流通は帰属共同体を定義している。つまりそこでは、各人が主権の原理とその章標に同意を示し合うことによって、他者と結びついているのである。

ここで問題になるのは、富に自由にアクセスできるのか、その富は自由に流通しているのか、ということである。実際には、すべての世襲的地位を廃止して初めて個人主義が成立する。ところが、伝統的な資本主義ではある限定された集団の手に所有権が独占されていた。基本的には、このような資本主義は閉鎖的な論理を再生産してきたと言ってよい。ここでは、権力は、所有権の排他的管理のために、相互に結託した集団（ハード・コアあるいは同族）に帰属している。この枠組みにおいては、資本は、社会成員を資本所有者と非所有者とに分断する外生的なパワーとして現れる。したがって、国民的共同体はいつも危険を抱えており、この危険に対処するには国家の行動が必要となる。しかし、金融権力の資本家権力に対する勝利によって、社会的力関係は変容してしまった。権力は、生産から評価へ、労働から世論へ、閉鎖的なクラブから開かれた市場へ移ったのである。こうした複雑な動きは、金融的評価がもつ統合のパワーに基づいて生じてきたものである。われわれは、資本がすべての価値を創造する源泉であることを認めなくてはならないとしても、いかなる個別の資本もそのことを自分自身で証明することはできない。資本が社会的効用を、つまり社会的価値を生み出す能力は、市場だけがそれを判断できるのである。社会が負っている債務を評価できるのは、市場なのである。したがって、より正確に言うなら、主権者とは市場によって評価された資本のことである、と付け加えなければならない。市場への権力の移行は、評価のパワーが実効的統制に転換するとき、その最終局面を迎える。われわれが今まで長々と分析してきたのは、この転換なのであった。つまり、機関投資家のおかげで、小口株主はシステムの中心的な主体になった[48]。生成途上の主権は、次のような新しい帰属様式を推進しようとしている。つまり、それは、総資本の所有者たちからなる共同体である。資本の所有者たちが労働し、彼らの労働の総体が全体としては金融市場を通じて、社会全成員の物質的繁栄をもたらす。この任務をうまく果たすための彼らの道具が機関投資家なのである。機関投資家は、優良企業を選び、無能な経営陣を罰することができるように、所有者に評価と裁定の権力を与えてくれる。このような積極介入主義によって集団的厚生が促進されることから、機関投資家は正統性を引き出しているのである。この〔主権の〕形態は生成途上であり、今のところ断片的にしか見られないが、今後は、その主要な特徴が把握できるようになるだろう。

主権の原理がつき従っているこの漸次的な変化を説明する上で、年金問題くらいよい例はほかにないだろう。われわれが見るところ、旧来の市民的連帯は、純粋に金融的で資産的な連帯へと変容しつつある。さてまず、再分配システムにおいては、実際の保証人は国家である。年金生活者への拠出金の移転を組織するのは国家である。そして、国家はそのことを市民的価値の名において行う。国民国家の主権の強さは、社会成員の同意をどれだけ喚起できるのかによって正確に測られる。つまり、各成員が国家の主権に従い拠出金を支払うのは、自分が同意している原理を所得移転が体現しているからである。次に、資本化によるシステム〔世代間の所得移転ではなく、金融収益を基礎にした年金システム〕も同様の論理に従うが、その論理の中軸をなす主権の原理――すなわち資産的個人主義――が根本的に異なっている。各成員は拠出金を払い続けるが、この現役時の積立て貯蓄はもはや貨幣の形態をとっていない。今や、この貯蓄は年金基金を仲介にして証券の形態で蓄積されている。定年になると、証券の再販売によって年金が確保される。明らかに、この場合には、貯蓄総額の価値を「監視」する市場がシステムの保証人である。信認の対象となるのは、資本が価値増殖する能力と、その能力を正確に評価する市場の能力である。

市民的個人主義〔再分配システム〕においては、勤労者が現役時に積み立てる債務は国家の債務であった。(49)

これに対して資産的個人主義〔資本化システム〕においては、この債務は金融資本の債務である。どちらのタイプのシステムにおいても、退職者の権利についての社会的評価が連帯の基礎になっている。再分配システムを考える場合、これは直ちに明らかにある。なぜなら、このシステムは国家による年金評価だけではなく、その年金の資金を調達する国家の能力にも依存しているからである。財務省が貨幣発行に頼れない場合には、この能力は非常に制約されるだろう。しかし、実は同じことが資本化システムにも当てはまる。このシステムにおいては、年金の価値は、市場が退職者の保有証券をどのように評価するのかにかかっている。たとえば、一〇〇貯蓄したのに一〇しか受け取れない場合がある。このような評価が戦略的な性格を帯びていることは明らかである。われわれがどのようなモデルを想定するかによって、これらのシステムそれぞれの相対的利点に関しての意見は分かれるだろう。証券市場の評価がファンダメンタル価格の単なる反映だと信じている人は、相場は長期的には高い規則性を示す、と考えるだろう。物理的資本は客観的な担保と同様に、その価値が過度に変わることはないだろうからだ。これに対して、流動性が評価の条件を根本的に変えてしまうと考える人にとっては、判断はこれほど楽観的ではないだろう。一〇〇人の新たな退職者が一〇〇の株式を所有しているときに、現役労働力人口が大きく減ったとしよう。このような状況では、この退職者のもつ一〇〇の株式にはあまり需要がなく、したがって相場は不変の価値を反映するどころか、下がってしまう恐れがある。

資産的個人主義に関するこの端緒的な分析は次のことを強調している。この個人主義を支えるのは、所有権の事細かな保護であり、その保護を正統化する原理は社会成員の物質的厚生〔の向上〕だ、ということである。この自由主義的なヴィジョンが構想されたのは、何といっても、本来的に略奪者的・非効率的な存在とみなされた国家に対抗するためであった。標的になったのは、とくにインフレーションと税である。これは、二つとも資産の増殖戦略に対する不当な妨げとなるからである。貨幣と税制のもととなっている価値の全体が、その正統性を小口株主から強く批判されたのである。これに対して、資産的個人主義の集団的なプロジェクトは、債権者側のヴィジョンを軸に編成されている。このヴィジョンは、税の天引きであれ貨幣の減価であれ、債権の価値を削るものにはすべて非難の目を向ける。債権者の利害は、一九八〇年代に入る時期に、産業—金融関係が変容する中で前面に姿を現すようになった。その時期に、「産業＋債務者」の極を特権視するフォード主義的調整《レギュラシオン》から「金融＋債権者」の極を前面に押し出す金融的調整《レギュラシオン》への移行があったのである。(50) この転換にインパクトを与えたのが、一九七九年にボルカーが引き起こした貨幣基準《ノルム》の転覆であった。* つまり、名目金利が突然二倍以上（九％から二〇％）に引き上げられたのである。一九七三年から一九七九年にかけて平均してマイナスであった実質金利も、この引き上げの後には未曾有の水準に達した。このように債権者と債務者の力関係が変容したことは、資産的個人主義が凱歌をあげたとか、今後はこの個人主義がわれわれの社会生活全体を調節するとかいうことを意味してはいない。今のところ、われわれは移行期にいるのであり、混沌とした状況の中で、国家主権の優位が金融の攻撃によって疑義をさしはさまれているところである。この異議申し立てが強烈に行われているのが、通貨の領域である。というのは、それが優れて主権者の領分に関わる領域だからである。

＊　一九七九年十月、Ｆｅｄ（連邦準備制度）議長、ポール・ボルカーは、中央銀行の政策を短期金利管理からマネタリー・ベースの管理に転換した。このことは、金融政策の目標が雇用安定ではなくインフレ抑制に移ったことを意味する。

中央銀行の独立性

現代社会を再構築しようという金融秩序の野心が、最も完全な形で表れているのが、貨幣基準《ノルム》を根本から変容させようという試みである。これは、貨幣と金融を同じ論理の両面と考えている人を驚かせるような命題である。ところが、われわれが強調してきたように、貨幣と金融の関係は決してそういうものではなく、反対に、金融と中央貨幣は今日、主権に関する同じ野心をもちながら、直接に抗争し合っている。両者とも商品経済全体を代表しようという野心をもつが、中央貨幣の方は市民性と賃労働《サラリア》制に基づいたシンボル的構築物として、金融の方は譲渡性証券の市場ゲームだけを通じて、野心を実現しようとしている。すでに見たように、金融が推し進めようとしているのは、資本を価値の究極の源泉とみなし、市場を価値の適切な評価者とみなそうという要求である。金融のこうした自由主義的な要求は、貨幣に関する二つの異なったプロジェクトを生んだ。一つは急進的なプロジェクトであり、もう一つは現実的なプロジェクトである。

第一のプロジェクトは、ハイエクの理論とその現代版（つまり新貨幣経済学）が提案しているプロジェクトである。そこでは、われわれが知っている中央貨幣を無条件に廃棄して、私的な支払手段同士の自由競争システムに代替させることが主張されている。これらの私的貨幣は、金融仲介機関によって、純粋に競争的な市場、つまりあらゆる国家規制から自由な市場に供給される。発券は譲渡性証券を担保にして行われ、競争が、発行貨幣を慎重かつ分別をもって選別する任を負うことになる。このプロジェクトは分析的な視点から見て興味深い。というのは、国家貨幣とその発券独占を経済の世界から根本的に排除しようという主権的金融の最終目標を、ここに読み取ることができるからである。また、ここ二十年の間に自生的に進行してきた金融革新が、支払手段と流動的な金融投資の境界を根本的に揺るがしてきたことを考慮に入れると、厳密に経験的な視点からもこのプロジェクトが適切でないとは言えない。流動性と収益性を兼ね備え、伝統的な貨幣形態と競合する資産が現れたのである。たとえば、貨幣市場で譲渡できる債権証書やOPCVM（有価証券共同投資機関）の持分などである。これらの新しい準通貨は、確かにいまだ旧貨幣にとって代わってはいない。しかし、すでに準通貨は貨幣集計量の従来の定義を混乱させている。このように金融流動性が拡散していることは、金融が貨幣類似の流動性形態を内生的に生み出しうるということを証明している。こうした変容は、金融の与える貨幣的な衝撃の典型例であるように思われる。しかしながら、実際には、この野心的な戦略はその目的を達成しなかった。部分的に管理が及ばなくなっている新しい資産によって、中央貨幣の管理が複雑なものになってきてはいるものの、中央貨幣の権威が疑問視されているわけではない。ここ十年の間に実現されつつあるのは、第二の現実的な戦略である。

この戦略は金融の本質的な要求に応えるものである。つまり、純粋に金融的な貨幣を優越させられないなら、中央貨幣の管理における国家主権の重要性を低下させるしかない。フォード主義の下では、中央貨幣の管理は市民的共同体の一般社会的利害に従属しすぎていた。それに対して、この第二の戦略では、「貨幣の脱政治化」が合言葉になってくる。この戦略的目標は、市場によって執拗に主張されてきた。市場は、「反インフレ政策の信頼性」という旗を掲げてこれを主張したのである。このときの主張によれば、政府は選挙の直前になると、選挙に勝つためだけの理由から、反インフレ政策を緩めてしまう。したがって、一般利益にほとんど配慮しない国家の手から、通貨発行特権を取り上げることが必要になってくる。そこで、貨幣関係を政治的次元から切り離すことによって、内側から転換を図ろうという提案がなされるのである。金融政策における政治の比重は、財務省の資金要求をどれだけ貨幣化できるのかによって本質的に測られる。よって、社会的債務〔政府債務〕の貨幣化を拒否することによって、財務省と中央銀行を根本的に切り離すことが重要になる。新しい枠組みの下では、貨幣の発行は公的権力の介入なしに、もっぱら経済的債務の必要に応じて調節される。金融の要求に応えるこの新たな制度形態が、中央銀行の独立性にほかならない。この制度形態は金融政策の行政権からの独立を要求し、財務省の貨幣的資金調達を禁じる。そうすることによって、この制度形態は、貨幣管理を政治的主権の要求から独立させ、市場の道具という役割だけを果たす貨幣を成立させようとする。このようにして、政治権力の一定の中立化を進めようというのである。グローバル化した国際金融空間が形成されるとき、この制度形態は中心的な役割を果たす。なぜなら、この制度形態の下では、国民的空間の間の関係が、国民国家の介入を部分的に免れるだろうからである。ゆえに、なぜこの制度形態が普及してきたのかが理解できるだろう。十九世紀末から二十世紀初頭にかけての金本位制度の下で、資本の国際移動が前代未聞の拡張を遂げたのと同様に、中央銀行の独立性が国際金融の共通ルールのための制度的枠組みを与えることによって、安心して資本輸出ができるようになるのである。この〔中央銀行の独立性と国際金融の〕結びつきはヨーロッパの場合には、明らかである。なぜなら、国家の通貨主権を制限したことによってユーロが構築できたからである。国家の通貨主権が弱体化したことによって、通貨権力のヨーロッパ〔ここでは欧州中央銀行を指す〕への委譲が非常に容易となったのである。

しかしながら、中央銀行の独立性がもたらした制度的枠組みは、資産的個人主義の要請に完全には応えていない。なぜなら、その枠組みの中では、国家貨幣が調整《レギュラシオン》の機軸として機能し続けているからだ。通貨特権が厳しく制限されたとはいえ、国家貨幣の介在によって、金融は依然として政治権力に従属したままである。この事実をどのように理解すべきだろうか？　内実のない空疎なことなのだろうか？　これらの問いへの答えは、金融市場が表明している自律性要求をどのように判断するかによって変わってくる。市場は自由主義的理論が主張するように自己調節的なのだろうか？　市場は外部からの介入なしに機能するのだろうか？　本書の分析が示してきたのは、「決してそうではない」ということであった。金融市場がその危機を乗り越えるためには、外的な原理が必要なのである。そのことは、一九八七年十月の危機においてFed《フェッド》（連邦準備制度）が果たした役割や、メキシコ危機、東南アジア危機においてIMF（国際通貨基金）が果たした役割を見ても明らかだ。最後の貸し手が必要なのである。つまり、金融的調整《レギュラシオン》は不完全なのである。この結論は非常に重要である。なぜなら、資産的個人主義に対するわれわれの判断は、最終的にこの結論に基づいているからである。金融の不完全性を認めることは、実は、この個人主義が通貨主権を手に入れることはできないということを認めることである。通貨主権は資産的個人主義の手から必然的にこぼれ落ちてしまう。現代の通貨的調整《レギュラシオン》において国家貨幣が果たし続けている役割を説明するのは、この現実なのである。同じ理由によって、自由主義的な考え方も批判されることになる。われわれの考察を締めくくるにあたっては、この結論を考慮しながら見通しを論じることが適切である。問題は、自由主義的な個人主義を破綻させるこの不完全性がどこから生じてくるのか、ということである。

資産的個人主義の不完全性

自由主義的な個人の概念が勢力をもち関心を引いているのは、ひとえに、国家頼みの悪弊を免れた社会化様式の対案を提示するという野心によるものである。そこで追求されているのは、諸個人の欲望を――外生的権力の要求に従属させるのではなく――完全無欠に表現することができるような、曇りのない透明な媒介物《メディアシオン》である。この媒介物は私的な諸プロジェクトに整合性を与えるためだけに介入するものでなければならず、その基礎は市場と契約組織によって与えられる。また、自由主義的な秩序においては、社会もまた――アダム・スミスの表現を援用すれば――「見えざるもの」になる。ここでは、社会諸成員の全体的な調和は、需要供給法則という純粋なメカニズムによって調整されるのである。自由化された金融によって表明されているこの急進的個人主義は副次的な要素、すなわち自由主義的改革を魅力的に見せるための単なるイデオロギー的な装いではない。むしろ、この個人主義は、自由主義的改革がわれわれの社会に振りまく魅力の根本であると同時に、その改革に首尾一貫性をもたらす原理でもある。それゆえ、この個人主義についてまじめに考える必要がある。この個人主義に対する批判は、次のことを強調するのが常であった。つまり、個人の権利に関する自由主義的な主張は、資産がないために保護されない人口の大部分の悲惨さをあまりにも簡単に甘受する、というのである。これに対して、自由主義の側は、自由主義だけが個人の物質的生活に必要な財を効率的に生産できると自己弁護するのである。個人主義が主権への野心を表明するのは、まさにこの特異な効率性の名においてなのである。では、われわれの批判はと言えば、われわれは同じ問題を少し違った角度からとらえようとしている。

金融市場に関する本書の分析が示したように、自由主義的なモデルは、論理必然的に「自己言及的危機」

という障害にぶつかるだろう。私的な意見が対立した場合、そこに情報を与える外部の権威がないと、経済発展を調整《レギュレ》することのできる安定した参照基準は生み出されない。「個々人の合理性をまとめると——たとえば市場が組織化するようなやり方で——、事情に合った適切な集団的合理性が生まれてくる」というわけにはいかないのだ。事実、自分で判断する投資家は、効率性理論が考えているように将来の経済変化を予想しようとするのではなく、市場それ自体に目を向けることによって、将来の市場動向を予測しようとする。各市場参加者は、自分の投資の収益性を左右する価格の先行きを予測するために、ほかの参加者が何を信じるのかを予想しようとするのである。そして、すべての市場参加者が同じように振る舞うとき、価格と客観的経済変数の切断が起きる。こうして、金融の論理は自己完結し、自己言及的なものになる。つまり、経済的合理性は、その目標を決定してくれる社会的な媒介物につなぎ留められていないために、模倣的合理性に堕してしまう。

この結論は、金融秩序の根源的な不完全性を明確にしてくれるので、本質的に重要である。金融秩序の不完全性とは、金融秩序が自己調整できないこと、〔資本〕蓄積の均衡的発展を可能にするような安定した適切な参照基準を産出できないことである。金融史を画する、ここ十数年の間に起こった相継ぐ危機は、差し迫った困難が存在することを告げている（たとえば、一九八七年の株式市場の危機、一九九二年と一九九三年の欧州通貨制度の危機、一九九四年の債券危機、一九九七年のアジア危機、同年十月の国際的株式危機などである）。こうした不安定性の源泉は個人主義の論理に求められるのであり、個人主義の論理によって構築される社会的媒介物は権威を欠き、意見の自由な動きに翻弄されてしまう。共有された諸価値に基づいた集団的なプロジェクトがあれば、個々人の期待は情報とモデルを獲得できるが、そうしたプロジェクトを欠くとき、個人の期待は自己言及のパラドクスに囚われてしまう。確かに、周期的に市場はマクロ経済に関する特定の解釈へと一点集中する。われわれは、この特定の解釈を「共有信念《コンベンション》」と呼んだ。しかし、この一点集中は、承認され肯定された諸価値との結びつきに支えられた理性的な討議によるものではなく、自己言及的な模倣主義から生じているため、不安定で一時的なコンセンサスを生み出すことしかできない。この一点集中は、熟慮され討議を経た民主主義的同意がもつ規範力・統合力をもっていない。結局、次に述べるように、金融的評価は長期的に持続可能な発展の制約諸条件を全体把握できないのであり、そのことが金融秩序の不完全性を物語っている。

以上のこと〔金融的評価の無能力〕がはっきりと目の前に現れるのは、市場から流動性が消失する危機においてである。自由な期待形成ゲームは底値を生み出すことができない。市場は自閉的になり、経済の基礎的条件から正当化されないことが誰にもわかる、馬鹿げた価格低下に陥っていく。まさにこのときに、金融の論理は、適切な参照基準を社会に提示できないまま、模倣的ダイナミクスに押し流されてしまうのである。こうして、金融の論理が金融共同体の長期的利益を見失ってしまうと、金融共同体は自己言及性の罠から抜け出すために国家の権威に頼ろうとするだろう。たとえば、一九八七年十月に金融恐慌を回避できたのは、中央銀行が銀行権力を介して金融流通に大量の貨幣を注入したおかげであった。

金融共同体はこのような欠陥を克服するだけの手段をもっているだろうか？　世界のあらゆる金融市場で年金基金が潜在的に勢力を伸ばしているときだけに、このような問いを発することは意味がある。年金基金は、フランス市場で預金公庫《ケス・デ・デポ》が果たした役割のように、調整的《レギュラトゥール》な役割を果たすことができないだろうか？　この問いは適切である。というのは、年金基金の貯蓄主体は自分たちの退職後のために投資しているので、その時間的見通しが、本来、非常に長期的であるはずだからだ。このことは、雇用と長期的な経済収益を配慮する共同管理的な観点に立って、労働組合が運営している基金にはもっとよく当てはまるだろう。では、このような〔年金基金の性質を考慮した〕修正が行われたら、金融的評価の論理は経済の基礎的条件に対してもっと感応的になるだろうか？　さしあたり言えることは、金融的収益性のみに固執する投資家〔彼にとっては、市場は洗練されたカジノにほかならない〕と、貯蓄の長期的な安定性を追求する賃金労働者との間には大きな差がある、ということである。一九九七年十月末の株式市場危機における小口投資家の行動を見てみると、この推測はかなり当たっている。(51)たとえば、前代未聞の相場暴落の後、市場の変動性《ボラティリティ》が非常に高かった時期に、多くのアナリストが相場は過大評価されていると強調していたにもかかわらず、個人投資家が大挙して撤退するということはなかった。さらに言えば、アメリカの株式ファンドは一九九七年十月に〇・八％増加しており、このことは小口投資家による信認を証明している。こうした行動は、広範な小口株主が株式市場と新しい関係を築き上げた結果なのだろうか？　小口株主は、市場をカジノとしてではなく、自らの年金生活を左右する社会的調整《レギュラシオン》の中心機構とみなしているのだろうか？　市場を観察することによって、この問いにはためらいなく答えることができる。つまり、新しい行動は存在しているにしても、まだ副次的なインパクトしか与えていない。すでに強調したように、貯蓄を託されているファンド・マネージャーの行動は、伝統的な相場の文化に完全に浸っている。支配的なのは市場の論理なのである。マネージャー相互の競争が厳しく、しかも純金融的に定義された達成目標が競争を促している場合には、市場の論理はいっそう支配的になる。ファンド・マネージャーは効率的であることを要求されるが、その効率性は純粋に株価に関するものである。このような条件の下では、この専門的な資金管理から金融ダイナミクスの変容が起こると期待すべきではない。起こりうるのは、ここ数年の間にもう何回も経験してきたように、彼らの資金管理が市場の変動性《ボラリティ》を高め、相場の値幅を拡大する、ということである。資産的個人主義は、市場が自己調整的《オート・レギュレ》であることを当てにしてはならない。

結論

本書では、現代社会が経験している大転換を資産的個人主義の概念から考察してみよう、という提案がなされている。金融のグローバル化、企業統治、機関投資家、中央銀行の独立性、確定拠出型年金〔資本化による年金制度〕といったものの中に、社会的紐帯の新しい形態が徐々に姿を現しつつある。そうした新しい社会的紐帯を指すのに、われわれは資産的個人主義という概念を使うのである。ここで起きているのはまさに革命である。いたるところで自由主義の勢力が主導権を握っている。自由主義の勢力は伝統的な制度を容赦なく批判している。伝統的な制度とは、国民への帰属、福祉国家、ケインズ的介入主義、貨幣の政治化などのことであり、これらの制度の上に、第二次世界大戦以降、市民的個人主義が活発な展開を遂げてきたのである。しかしながら、自由主義勢力によるこの広範な運動は、完遂されているとはとても言えない。この運動は、これからどこまで発展していくのだろうか？

本書で一貫して展開されてきた市場の自己言及性の理論によると、金融は自己調整能力をもっていない。われわれの見るところ、そこに、金融の発展を阻む障害物がある。われわれが資産的個人主義の不完全性を口にするのも、それが安定かつ適切な集団的評価を作り上げることができないことを指摘したかったからである。株式市場を支配する自己言及の論理は一時的な共有信念《コンベンション》をもたらすにすぎず、それは長期的に持続する成長を可能にするものではない。国際金融において、ここ十年来繰り返し起こっている危機は、この不安定性がいかに根深く永続的なものであるのかをわれわれにおもい知らせてくれる。そして、今日、アメリカの状況ほどこの欠陥をはっきりと示してくれる例はない。

アメリカでは年金基金の圧力の下で、強気相場のコンベンションが定着した。この共有信念《コンベンション》は「価値の創造」を重視し、経済の実体条件から切り離された株式の収益性を企業に要求する。この要求を満足させるために、アメリカ企業は自社株買いのプログラムを実行してきたのであり、それがここ数年巨額なものになったため、証券の純発行量がマイナスを記録するようにさえなっている。このプログラムは、機関投資家からの強い需要と結びついて大きな需給不均衡を作り出し、株価を人為的に押し上げている。アメリカ企業の収益性それ自体が伸びていたときには、ウォール・ストリートで達成された水準は正当性を見いだすことができていた。しかし、一九九七年以降は状況が変わった。今や、われわれが目撃しているのは、利潤が圧縮されているのに、株式相場の上昇が修正されないという事態なのだ。この状況は、次の事情によってさらに脆弱なものになる。つまり、アメリカ企業は多額の債務を取り入れ、低い借入れ金利から利益を得ることによって、自分たちの自己資本利益率〔ROE〕を回復させようとしたのである。ここには、自己言及的バブルの特徴がすべて存在している。機関貯蓄のファンド・マネージャーの模倣主義、金融ダイナミクスの自己強化性、コンベンションに基づいた期待の近視眼、これらのことを考慮に入れるなら、大規模な修正の動きが起こるだろうと予想されるのである。

しかしながら、この修正がいつ起こり、その正確な規模がどれくらいであるのかを予想するのは困難である。一方で、グローバリゼーションが作り出した多くの緊張関係が、それに固有のスケジュールと連鎖に従って、国際的な伝染を引き起こすかもしれないからである。たとえば、中国の状況、香港のドル平価〔ドル・ペッグ〕などは、国際投資家の頭の上に吊るされたダモクレスの剣〔繁栄の中にも危機が常に迫っていること〕そのものと言えるだろう。他方で、金融は、危機およびそのシステミック効果〔損失回避の個人の合理的な行動が市場機能を麻痺させること〕に対抗する有効な道具を備えている。つまり、「最後の貸し手」である。本書で検討された多くの事例が、この主張を支持している。投機ファンドであるLTCM〔ロング・ターム・

キャピタル・マネージメント）が難局に陥ったときのＦｅｄ《フェッド》〔連邦準備制度〕の行動は、その模範例である。一九九八年の九月、十月には、古典的な危機の要因がすべて揃っていたにもかかわらず、アラン・グリーンスパンは危機を回避することができた。しかし、景気を御していく彼の手腕によっても、アメリカ経済の長期的不均衡が必要としている修正を回避することはできないだろう。市場の要求を実体経済の可能性につり合わせる方向での、市場の過剰さを徐々に修正するような緩やかな変化は起こりうるだろうか？　この問いに本書は「否」と答える。株式市場はいまだに、短期的結果と自己言及的な評価を過度に重んじる文化・習慣に支配されているからだ。だからと言って、金融と民主主義の結びつきを根本から変容させるような、一定の構造的進化があることも無視してはならない。新しく現れつつある結びつきとは、世論によるものである。

事実、われわれの考察がもたらした重要な成果の一つは、現代の金融権力が意見や情報伝達に何を負っているのかを明らかにしたことである。たとえば、機関投資家の介入主義は、取締役会で秘密裏に銀行や親会社が実践してきた伝統的な介入とは全く異なっているように思われる。重要になってきているのは、影響と信念のパワー、つまりメディアのパワーである。メディアのパワーは、一定のメッセージを普及させる公共空間として市場を利用することによって、株主の世論に働きかける。このために、現代の株主権力は透明性の上に成り立っていると言ってよい。基本的にこの権力は、市場評価の公開性とそれに関する討議の公開性を前提として、行使されている。では、株式公開買い付け〔ＴＯＢ〕、あるいは新聞発表を使って株主を誘惑する操作とはいったい何なのだろうか？　現代金融の機能の中で世論が一定の役割を果たすようになったことは、当然にも株式市場と公共メディア空間を接近させることになる。例えば、ＣＡＣ四〇やダウ平均といった主要な指数が日々公表されたり、金融に関する様々な番組が組まれたり、民営化の時期には豊富な情報が出回ったりする。このように徐々に相互浸透が進む中で、資産的個人主義の中心的プロジェクト、すなわち政治的共同体と金融的共同体の融合が実現されつつある。このプロジェクトにおいては、われわれ全員が小口株主となり、評価に関する討議に参加することが社会的資本の所有者としてのわれわれの義務であるとされる。というのも、その討議は各人の日々の生活を条件づける生産の効率性に関わる問題であるからだ。

世論の統制の下に金融と政治を統合する、この広範な公共空間を分析するには、政治哲学、社会学、経済学を組み合わせた新しいアプローチが必要である。そのアプローチを実行するには、人が良すぎても懐疑的でありすぎてもよくない。「人が良すぎてもよくない」と言うのは、公衆の判断に頼ることが、真の民主主義的な討議を保証するのに十分ではないことは明らかだからだ。メディアの領域にも、自己言及的な諸力や模倣主義は必ず存在している。また「懐疑的でありすぎてもよくない」と言うのは、世論が、「一フラン、一票」〔経済的権利と政治的権利の対応〕という債権者原理のもたらす影響を緩和しうる真のパワーであるからだ。民主主義自体も代表制レジームから〔公衆の判断に議論の余地のない正統性を与える〕世論レジーム(1)に移行してきたことを考えるならば、このことはいっそう妥当な主張だと言えよう。

「倫理ファンド」や「環境ファンド」は、世論が金融の領域に侵入して、影響を及ぼすようになってきたことの好例である。これらの機関投資家は、株価だけではなく、ある種の道徳的あるいはエコロジー的な配慮を織り込んだ基準に従って銘柄を選択している。こうした機関投資家は少数であるとはいえ、民主的世論による金融統制からどのようなプラスの結果を期待できるかを、よく示している。公的討議を通じて、新たな要求に耳が傾けられ、企業の経営基準が修正される可能性がある。この状況は、たとえば、「市民的企業」支持のキャンペーンによって第三世界の子供たちに対する搾取と闘うことができるようになるということである。同じことは、賃金基金についても考えられるべきだ。つまり、金融的収益性を果てしなく追求するのではなく、経済的収益性と雇用を尊重する長期的な視野を重視させなければならない。ただし、これらの現象はまだ萌芽的な段階であり、全体としては株式市場の論理は依然、評価の自己言及性に支配されたままである。

原注

序文

（1） Philippe Riès, *Cette crise qui vient d'Asie*, Paris, Grasset, 1998, p. 115より引用。

第一章

（1） いまだに圧倒的多数を占める普通株のほかに、投資証書のような投票権なしの新しい株式代理証券、あるいは投票権なしの優先配当株が見られるようになった。しかし金融革新はそれにとどまるものではなく、二倍投票権株、投票権証書、さらには安定株主報酬として配当が増額される株といったものも現れてきた。

（2） この差異についての検討は、第四章の課題である。

（3） こうした評価形態はすでに、Irving Fisher, *La Théorie de l'intérêt*, New York, McMillan, 1930で提示されている。それによれば、「すべての財産ないし所有権の価値は、所得源泉としてのその価値である……それは、期待所得を現在価値化することによって決定される」(p. 12-13)。

（4） Pierre Balley, *La Bourse : mythes et réalités*, Paris, Presses Universitaires de France, 1987, p. 119.

（5） John Maynard Keynes, *Théorie générale de l'emploi, de l'intérêt et de la monnaie*, Paris, Petite Bibliothèque Payot, n° 139,

1971, p. 167（邦訳一五三ページ）。

（6） *Ibid.*, p. 169（邦訳一五五ページ）。

（7） 現実の市場においては、上場企業のファンダメンタル価格を計算することを専門にしている業者が存在している。そのような業者が金融アナリストである。彼らの推奨は、投資家が個人的戦略を練り上げる際に利用する情報の一部をなしている。

（8） 二つの評価（ファンダメンタル価格と投機価格）は必ずしも両立しないわけではない。両立のいかんは、投資家が将来価格予想を形成する仕方にかかっている。しかし、合理的期待の枠組みの下でさえ、二つの評価の間には乖離が現れる。これを「合理的バブル」と呼ぶ。このような乖離を提示したものとしては、Olivier J. Blanchard et Mark W. Watson, Bulles, anticipations rationnelles et marchés financiers, *Annales de l'INSEE*, n°54, avril-juin 1984, p. 79-99 参照。

（9） Keynes, *Théorie générale*, *op. cit.*, p. 170（邦訳一五六ページ）。

（10） 本章全体にわたって、われわれは株式市場の分析を展開している。しかし、そこで明らかにされた諸原理は、一次産品市場、債券市場、為替市場、金融派生商品（デリバティブ）市場といったほかの金融市場に対しても妥当する。ファンダメンタル価格の定義は市場によって異なるけれども、投機のダイナミクスは全く同じである。投機のダイナミクスは、これらの市場を組織化している流動性原理からの帰結である。流動性原理が存在するがゆえに、現在価格は将来価格期待に従属するのである。以下では、われわれの投機理論を解説するときに、多様な資産市場からの例も数多く利用することにする。

（11） 新規資本発行が取引対象となる発行市場と、既発証券が売買される流通市場とは区別される。ここでのわれわれの興味は流通市場にある。流通市場においては、考察時点において証券の数量は一定である。

（12） これに関して経済学者が話題にしているのは、マイクロストラクチュアの分析である。たとえば、

Jacques Hamon, *Marchés d'actions. Architecture et microstoructure*, Paris, Économica, 1995 参照。

（13） *Ibid.*, p. 17.

（14） *Ibid.*, p. 34.

（15） *Ibid.*, p. 60-61.

（16） Market liquidity : Research findings and selected policy implications（Bale, mai 1999）という最近の報告書の中で、国際決済銀行（ＢＩＳ）は、三つの指数――広さ《タイトネス》、厚み《デプス》、速やかさ《レジリアンシー》――から流動性を把握するよう提案している。広さとは、値幅の大きさのことである。厚みは、価格を修正することなしに可能な取引の額を測定するものである。速やかさは、調整が行われる速度のことである。この分析は、流動性の多次元的性質を示す興味深い例である。

（17） 思い起こしてほしいが、かつて両替商と言えば、それは裁判所付属吏のことであり、彼らが有価証券取引を独占し、その仲介手数料は裁判所の判決によって決められていたのである。

（18） 例外は、マイクロストラクチュアに関心を寄せる経済学者である。

（19） ここでは詳細には立ち入ることはせず、ランダムな出会い（すなわち、交換の機会を求めているほかの投資家との出会いに還元された譲渡性）が、ここで提起されている問題に対する満足な解答を与えないということに注意を促しておくにとどめる。

（20） フランスの場合、二六ポイントの差が観察される。最大の差をもたらしているのは無形資産と証券評価である。Touche Ross によるこの研究は、Karel Lannoo, Le gouvernement d'entreprise en Europe, *Revue d'Économie Financière*, nº 31, hiver, 1994, p. 169 に引用されている。

（21） これと同じ考えを主張している論文に次のものがある。J. Michael Harrison et David M. Kreps, Speculative investor behavior in a stock market with heterogeneous expectations, *Quarterly Journal of Economics*, vol. XCIII, mai 1978, n°2, p. 323-36.

(22) Keynes, *Théorie générale, op. cit.*, p. 171-172（邦訳一五七―一五八ページ）。

(23) *Ibid.*, p. 172（邦訳一五八ページ）。

(24) *Ibid.*, p. 163（邦訳一四九ページ）。

(25) Balley, *La Bourse, op. cit.*, p. 126.

(26) 金融論の文献には、これと同じことが様々な形で述べられている。ここで私が書き写した挿話は、Andre Kovacs, *Les stratégies de la nouvelle Bourse*, Paris, Les Éditions d'Organisation, 1990, p. 157 に載っていたものである。

(27) Keynes, *Théorie générale, op. cit.*, p. 169-170（邦訳一五五―一五六ページ）。

(28) *Ibid.*, p. 169（邦訳一五五ページ）。

第二章

(1) Balley, *La Bourse, op. cit.*, p. 137.

(2) Blanchard et Watson, *Annales de l'INSEE, op. cit.* p. 86 より。

(3) Keynes, *Théorie générale, op. cit*, p. 168（邦訳一五四ページ）。叙述を明快なものにするため、ケインズの美人投票に少し修正を加えてある。ケインズのゲームにおいては、「投票者が一〇〇枚の写真の中から最も容貌の美しい六人を選ぶ」ことになっている。

(4) つまり、一定の状況の下で二つの戦略が同一の結果をもたらすという事実は、二つの戦略が同一であることを意味するものではない。

(5) この例はすでに前章で挙げたもの。

（6） 美人投票の提示を少し修正したため、考慮している状況に合わせて引用（*op. cit.*, p. 168、邦訳一五四ページ）も変更してある。具体的には、「容貌を選ぶ」のではなく「写真」を選ぶことにしてあるので、それに合わせて言葉も変更した。注3参照。

（7） Keynes, *Theorie generale*, *op. cit.*, p. 168（邦訳一五四ページ）。

（8） 「本当に」という副詞がここでは重要である。ケインズは、「平均的意見が最も美しいと本当に考える写真を選択すること」（戦略S1）と、「誰もが同じように平均的意見を知ろうとしているときに、平均的意見が最も美しいと考える写真を選ぶこと」（戦略S∞）の違いをよく理解していた。

（9） 私的信念をゼロ次の信念としてではなく、一次の信念として定義し、それに従ってほかの諸定義を修正するという方法も可能である。信念の次元とそれを表明するプレイヤーCの数とを一致させられる点で、この方法には利点がある。にもかかわらず本文のような記号法が選ばれたのは、ゼロ次で示される私的信念をほかの諸信念から明確に区別したいためである。この区別は次のような基本的現実に対応している。すなわち、提起されている問題に目を向けているのがゼロ次の信念だとすれば、n次の信念はどれも――nが正であれば値を問わず――集団についての戦略的分析に依拠している、という事実である。したがって、本文のような記号法を用いれば、合理性の三タイプ（ゼロ次の信念を生み出すファンダメンタル主義的合理性、$n>0$次の信念を生み出す戦略的合理性、∞次の信念を生み出す自己言及的合理性）を明確に区別できる。

（10） 鏡面性についての一般的説明としては、Jean-Pierre Dupuy, Convention et common knowledge, *Revue Économique*, vol. 40. n°2, mars 1989, p. 361-400 参照。

（11） 『ニューヨーク・タイムズ』紙、一九八七年十一月十二日付。

（12） Thomas C. Schelling, *The Strategy of Conflict*, Oxford, Oxford University Press, 1960.

(13) *Ibid.*, p. 97-98.

(14) *Ibid.*, p. 94.

(15) *Ibid.*, p. 94, note 9.

(16) Judith Mehta, Chris Starmer et Robert Sugden, The nature of salience : An experimental investigation of pure co-ordination games, *The American Economic Review*, vol. 84, n°2, juin 1994, p. 658-673.

(17) 回答 i を行った主体の数を m_i とするならば、$c=\sum_{i=1}^{i=r}(m_i/N)\left[(m_i-1)/(N-1)\right]$ が得られる。数 c は、集団から無作意に抽出された二人の個人が同一の回答を行う確率を測るものである。

(18) この結果についての詳しい証明は、André Orléan, Monnaie et speculation mimétique, *in* Paul Dumouchel (éd.), *Violence et vérité*, Paris, Grasset, 1985, p. 147-158 参照。

(19) Keynes, *Théorie générale*, *op. cit.*, p. 212 (邦訳二〇一ページ)。

(20) *Ibid.*, p. 212 (邦訳二〇一ページ)。

(21) そのような共有信念《コンベンション》の最も古典的な例は、キー配列のQWERTYである。ポール・デヴィッドの研究が示しているように、このキー配列が選択されたのは効率的であったためではない。選択は、特殊歴史的な事情からなされたにすぎない。もっと優れた共有信念《コンベンション》がほかにあったとしても、ひとたび選択された共有信念《コンベンション》は自己維持されることがあるのだ。Paul David, Clio and the economics of QWERTY, *The American Economic Review*, vol. 75, n°2, mai 1985, p. 332-337 参照。

(22) 何人かのマルクス主義者たちは、このような分析を受けて、危機は債権者による過大な利子率要求の結果として起きると強調してきた。ケインズ派の考察もそのような観点と合致するところがないわけではない。しかし、ともかくケインズにおいて市場価格とは、自生的信念によって統治された「意図せざるプロセス」の結果なのである。

(23) Keynes, *Théorie générale, op. cit.*, p. 213（邦訳二〇二ページ）。

(24) *Ibid.*, p. 213（邦訳二〇二ページ）。

(25) *Ibid.*, p. 213（邦訳二〇二ページ）。

(26) ここでヒントにされているのは、Olivier Davanne が論文 Comment stabiliser les marchés financiers ? Commentaire, n°74, été, 1996, p. 37-38 で提示した金融主体の諸類型である。彼の分類では、純粋ファンダメンタル主義者、懐疑的ファンダメンタル主義者、チャート主義者、反抗的投機家の四つの集団が区別されている。

(27) *Ibid.*, p. 376.

(28) George Soros, *L'alchimie de la finance*, Paris, Valor Éditions, 1998, p. 20（邦訳二一ページ）。

(29) *Ibid.*, p. 58（邦訳六一ページ）。

(30) Davanne, *Commentaire, op. cit.*, p. 376.

(31) *Ibid.*, p. 377.

(32) *Ibid.*, p. 380.

(33) Robert Shiller, *Market Volatility*, Cambridge (US) /London, The Massachusetts Institute of Technology Press, 1989.

(34) ダウ平均で正確に言えばマイナス八％。

(35) 二つの大暴落の比較はさらに進めることができる。一九八七年と同様に一九二九年の株式恐慌の場合にも、その前に長期にわたる上昇が見られ、それは一九二四年第3四半期から一九二九年九月三日まで約21四半期続いた。この期間の株式市場の平均上昇率は二五・七％であり、それは八二／八七年の二〇％に匹敵するものだった。さらに、ピークから恐慌の起きた日までの長さは、二つのケースともに同じ五四日であった。特筆すべきは、二つの大暴落はその大きさでも肩を並べるものであったことだ。十月十九日の下げは二二・八%、一九二九年十月二十八・二十九両日にウォール街が経験した下げは二三・一%であった。

(36) Bruce Greenwald and Jeremy Stein, The task force report : The reasoning behind the recommendations, *Journal of Economic Perspectives*, vol. 2, n°3, été 1988, p. 3-23.

(37) *Market Volatility, op. cit.*, の第二三章 (p. 379-402) が当てられている。

(38) 「一九八七年十月十九日にあなた自身が市場の見通しを評価するにあたって、次の各項目が、あなたにとってどれだけ重要であったかを教えて下さい……次に、そのとき、あなたが各項目をどれだけ重要だと感じたか (他人がどう考えたかではなく) を教えて下さい」(*ibid.*, p. 384)。

(39) 質問は、証券を売ったか買ったかで (個人および機関) 投資家を分けている。

(40) *Ibid.*, p. 389.

(41) *Ibid.*, p. 399.

(42) Hélène Tordjman, The formation of beliefs on financial markets : Representativeness and prototypes, in Nathalie Lazaric and Edward Lorenz (éds.), *Trust and economic learning*. Cheltenham (RU) /Northampton (US), Edward Elgar Publishers, 1988, p. 97-123.

(43) 以下のことを確認しておきたい。一九二九年には、九月から年末にかけてウォール街は三四・八%の下落を記録し、一九三〇年には、それに加えて新たに三三・八%下落した。結局、一九二九年九月の相場のピークから一九三〇年十二月までに四三・二%下落したのである。一九八七年の高値から同年十月十九日の底値までの間に市場は三〇・五%の下げを記録したけれども、それは、一九二九年九月のピークから一九三二年の最低点 (この時点から大不況が始まった) にかけての八九%の下げとは比較にならない。

(44) しばしば言及されるもう一つの要因は、M&A関連の税優遇を削減することを狙った税法改正がなされるのではないかとの不安である。

（45） Hayne Leland/Mark Rubinstein, Comments on the market crash : Six months later, *Journal of Economic Perspectives*, vol. 2, n°3, été 1988, p. 45-50.

（46） 一九八七年十二月十六日付の『ウォール・ストリート・ジャーナル』紙に載っていた投資家の告白。

（47） Leland/Rubinstein, *op. cit.*, p. 45.

（48） 前掲『ウォール・ストリート・ジャーナル』紙。

（49） 出所により推計額は異なる。Leland/Rubinstein, *op. cit.*, p. 48 によれば六千万ドルから八千万ドルの間、*Wall Street Journal, op. cit.* によれば六千万ドル以上、Gerard Gennotte/Hayne Leland, Market liquidity, hedging, and crashes, *American Economic Review*, vol. 80, n°5, decembre 1990, note2, p. 999 によれば七千万ドルから一億ドルの間。

（50） Kovacs, *Les strategies de la nouvelle Bourse*, *op. cit.*, p. 152.

（51） James F. Gammil Jr. /Terry A. Marsh, Trading activity and price behavior in the stock and stock index futures markets in october 1987, *Journal of Economic Perspectives*, vol. 2, n°3, été 1988, p. 39.

（52） レーガン大統領の発案によって「市場メカニズム検討大統領専門部会」が創設され、六〇日の間に報告書を提出するよう命じられた。財務長官のニコラス・Ｆ・ブレイディが委員長を勤めたことから、このときの報告書はしばしば「ブレイディ報告」と呼ばれている。一九八七年危機がいかに深刻なものであったかは、原因究明を目的とする政府報告書がその後数多く出されたことでわかる。たとえば、ＳＥＣ（米国証券取引委員会）とＣＦＴＣ（商品先物取引委員会）は重要な二つの報告書を出した。*The Final Report on Stock Index Futures and Cash Market Activity during October 1987 to the U. S. Commodity Futures Trading Commission*（「ＣＦＴＣ報告」）と *October 1987 Market Break*（「ＳＥＣ報告」）がそれである。

(53) Leland/Rubinstein, *op. cit.*, note 3, p. 47.
(54) Gammil/Marsh, *op. cit.* によって示されたCMEに関する統計データは、ここでの分析を補強してくれる。そこからは、十月十九・二十両日にポートフォリオ・インシュアランス関連の契約が大量に売られたことがわかる（それぞれ一万八二二〇契約、一万七三五七契約）。しかし、開かれていた市場の総ポジションを見ると、月曜日に大きく（二万五五二五契約だけ）増えたことが注意を引く。もっとも、火曜日の増加は少なく二〇〇六契約でしかなかった。これは、火曜日に一定数の市場参加者がポジションを緩めてしまったことを意味している。結局、二〇億ドルに相当する一万五二五一契約が買い戻されたことになる。二人の著者が書いているように、「ポートフォリオ・インシュアランスに携わる主体は、直ちに閉じる意図をもってあらかじめ短期的にポジションを開いていたトレーダーに対して売ったのである」。われわれの言う戦略的投機家がここに見いだされる。
(55) Gennotte/Leland, *op. cit.*, p. 999. 著者は、この六〇億ドルはその日のNYSEとCMEにおける総出来高（四二〇億ドル）の一五％に当たることを付け加えている。
(56) 二〇％を〇・二％で割っている。
(57) Gennotte/Leland, *op. cit.*, p. 1000.
(58) Gammil/Marsh, *op. cit.*, p. 33.
(59) 値下がり株の信用売りを禁じるアップティック〔直近価格より高い価格で売ること〕のルールも、鞘取売買業者の行動を制約した。このルールは一九二九年に定められたものである。
(60) 前掲『ウォール・ストリート・ジャーナル』紙。
(61) 同前。
(62) 先物市場でのあらゆる売買操作において、市場参加者は、ポジション額の一定割合だけしか清算所において処分できない。今それが一〇%であり、私が一〇〇〇枚の先物を買ったとしよう。このとき私は自分の勘定のうち一〇だけを使うことができる。しかし私の契約の価値が下がって九五〇になるならば、私は含みで五〇の損失を被ることになる。すると、私はこの五〇を清算所から請求される。これが証拠金請求である。このようにすれば、清算所は、相対的にではあるけれども、私の債務対処能力を信頼できるのである。株式市場においても、取引所が株式代金の支払いを直ちに要求しないときには、同じシステムが機能していると言えよう。

第三章

（1） John Maynard Keynes, The General Theory : Fundamental Cncepts and Ideas, *Quarterly Journal of Economics*, vol. 51, 1937, p. 209-232（R. W. Clower edit, *Monetary Theory*, London, Penguin Books, 1969, p. 15-25 に所収）。

（2） *Ibid.*, p. 217。

（3） Keynes, *Théorie Générale, op. cit.*, p. 164（邦訳一五〇ページ）。

（4） *Ibid.*, p. 164-165（邦訳一五〇ページ）。

（5） *Ibid.*, p. 165（邦訳一五一ページ）。

（6） *Ibid.*, p. 165（邦訳一五一ページ）。

（7） ここで想定されている「連続性」は明らかに、それに関する数学的な定義が許す範囲内での近似にすぎない。なぜなら、価格は不連続に変化し、相場の建値は点のつらなりであるからだ。

（8） Keyns, *Théorie Générale, op. cit.*, p. 212（邦訳二〇一ページ）。

（9） この見解は *La monnaie souveraine*, sous la direction de Michel Agrietta et André Orléan, éditon Odile Jacob, 1998 において展開されている。

（10） Keynes, *Théorie Générale, op. cit.*, p. 233（邦訳二三四ページ）。

（11） John Hicks, *Monnaie et marché*, Economica, 1991, p. 71.

（12） *La monnaie souveraine*（*op. cit.*）では、この二重性が中央銀行貨幣においても同様に当てはまることが示されている。中央貨幣は外生的貨幣であると同時に内生的貨幣である。それは主権性という外的な保証の上に成立しているので外生的であり、交換から自然と生じるので内生的でもある。交換が規則的に行われることによって、中央貨幣と〔外的な〕保証との結びつきは弱まる。

（13） ここでは Marianne Demarchi et Solenn Thomas, Processus de gestion, technique de transaction et attentes des investisseurs institutionnels français, version préliminaire, décembre 1996, 79 pages に載っている非常に興味深いアンケート調査の結果を使用している。

（14） *Ibid.*, p. 9.

（15） *Ibid.*, p. 9.

（16） 次の文献を参照されたい。Jean-Philippe Bouchaud et Christian Walter, Les marchés aléatoires, *Pour la Science*, dossier hors série sur *Le Hasard*, avril 1996, p. 92-95, Benoît Mandelbrot, Le syndrome de la variance infinie et ses rapports avec la discontinuité des prix, *Economie Appliquée*, vol. XXVI, 1973, p. 321-348, Christian Walter, Les impossibles de la finance, *Pour la Science*, n° 225, juillet 1996, p. 6-9.

（17） Bouchaud et Walter, *op. cit.*, p. 94.

（18） この計算は J. F. Boulier, B. de Vitry et F. de Drouas, Lois stables et cours boursiers, *Recherche & Innovation*, 1998, p. 8 によった。著者は「一九二九年の危機は一九八七年の危機のちょうど五八年前に起こり、一九八七年の危機はゼネラル・ユニオン銀行の破産の五十数年後に起こった」と書いている。

（19） 次の論文を参照されたい。Peter M. Garber, Famous first bubbles, *Journal of Economic Perspectives*, vol. 4, n° 2, spring 1990, p. 35-54.

(20) 『エコノミスト』誌（一九九九年一月三十日号）所収のインターネット株関連の論文を参照。

(21) 同前、一三ページ。

(22) 『ラ・ヴィ・フランセーズ』誌（二〇〇〇年二月十三日号）、一五ページ。

(23) John Kenneth Galbraith, *Brève histoire de l'euphorie financière*, Seuil, 1992, p. 13 からの引用。

(24) Balley, *La Bourse, op. cit.*,, p. 194.

(25) *Ibid.*, p. 196.

(26) インターネットを経由した取引額は、一九九七年終わりには株式市場の取引額の九％を占めていたが、一九九八年の終わりには一四％にまで増えた。これは個人取引の二五％から三〇％に相当する。『リベラシオン』誌（一九九九年三月三一日、一四―一五ページ）が引用していたクレディ・スイス・ファースト・ボストンの調査による。

(27) 同前、一五ページ。

(28) 割当量とは市場に供給されている資本部分で、残りの部分は安定した株主に握られている。

(29) 次の論文を参照のこと。David Hale, Marchés émergents et transformation de l'économie mondiale, *Revue d'Economie financière*, n°30, automne, 1994, p. 8. この論文では、インターナショナル・ファイナンス・コーポレーションの指数をもとに、二一ヶ国の新興市場国の株価総額が考察されている。.

(30) *Ibid.*, p. 9.

(31) 次の論文からの引用。Javier Santiso, Temps des Etats, temp des marchés : retour sur la crise mexicaine, *Esprit*, n° 5, mai 1998, note 1, p. 59.

(32) François Bourguignon, P. Conxicœur et P. Séquier, Marchés émergents d'actions : prévisibilités et incertitudes,

Revue d'Economie financière, n° 30, automne, 1994, p. 91.

（33） Henri Bourguinat, *La tyrannie des marchés*, Paris, Economica, 1995, p. 73.

（34） Keynes, *Théorie Générale*, p. 170（邦訳一五五—一五六ページ）。

（35） Jean Pisany-Ferry et Jérôme Sgard, De Mexico à Halifax : l'intégration financière des économies émergentes, in André Cartapanis（éd）, *Turbulences et spéculation dans l'économie mondiale*, Paris, Économica, 1996, p. 54.

（36） Santiso, *Espri*, *op. cit.*, p. 66.

（37） *Ibid.*, p. 73, note 20.

（38） ヘンリー・カウフマン（Henry Kaufman）の三〇ヶ国グループへのレポート。Santitso, p. 73 からの引用。

（39） より正確にいうと、ドルに対するペソの変動幅を一五％拡大した。この拡大幅は、一九九三年にヨーロッパでいくつかの通貨に対して下された決定に匹敵する。

（40） この年が、カルロス・サリナス・ド・ガタリから、エルネスト・セディージョに大統領が交代した選挙（八月二十一日）の年であったことを思い出してほしい。

（41） Balley, *La Bourse*, *Op. cit.*, p. 87.

（42） この表は Steven Radelet et Jeffrey D. Sachs, The East Asian Financial crisis : Diagnosis, remedies, prospects, *Brookings Papers on Economic Activity*, n°1, 1998, tableau1, p. 3 から引用した。

（43） この表は *68e Rapport Annuel* de la BRI, Bâle, 8 juin 1998, p. 131 から引用した。

（44） このデータは国際決済銀行の *Rapport Annuel* de la BRI, p. 126-127 による。

（45） *Ibid.*

（46） 関連する数字は次ページの表を見られたい。この表では、銀行資金のアジアへの流入が示され、一九九七年に関しては四半期ごとの数字が示されている。

（47） BRI, *op. cit.*, p. 99.

（48） Olivier Davanne, *Instabilité du système financier international*, Paris, La Documentation Française, 1998, p. 51.

（49） 煩雑なことに、格付け機関はそれぞれに固有の格付けシステムをもっている。ムーディーズとS&Pの対応する格付けをペアにして同時に提示し、両者のシステムを紹介しておこう（格付けは徐々に下がっていく）。Aaa/AAA, Aa1/AA+, Aa2/AA, Aa3/AA-, A1/A+, A2/A, A3/A-, Baa1/BBB+, Baa2/BBB, Baa3/BBB-, Ba1/BB+, Ba2/BB, Ba3/BB-, B1/B+, B2/B, B3/B-。ムーディーズの「Aaa」から「Baa3」までが「投資（可能）」カテゴリーと呼ばれる。S&Pでは、それに対応するのが「AAA」から「BBB-」である。それ以下は「投機的」カテゴリーに入る。

（50） 両方のケースとも、S&Pの格付けを用いている。本書では、格付け機関の相違を考えず一括して取り扱う。これらの格付け機関は互いにしばしば模倣しあうので、この取り扱い方は正当である（このことについては後述するだろう）。ただし、ムーディーズの出した興味深い『白書』によると、ムーディーズが競争相手よりもいち早く困難を知っていたことがかなり説得的に示されている。Moody's Invester Service, White Paper, mai 1998, p. 45 参照。

（51） 厳密に言うと、この格付けは、返済不履行確率×返済不履行に

	1995	1996	1997				
			1997年度	T1	T2	T3	T4
アジア	86.3	79.8	6.1	21.4	15	-3	-24.4
韓国	22.5	26.6	-4.2	4.3	4	-2.2	-10.2
インドネシア	6.9	9.4	5.6	1.8	2.8	3.2	-2.2
タイ	38.8	9.5	-17.5	0.5	-0.3	-10.5	-7.3

資料：国際決済銀行前掲資料（BRI, *op.cit.*）　単位：10億ドル

よる予想損失規模に基づいている。しかし、これらの技術的な細部に立ち入る必要はない。

(52) ムーディーズの格付けによると、十月一日に「Baa1」、十一月二七日に「Baa3」、十二月二一日に「Ba1」と下がっていった。S&Pの格付けによると、九月三日に「A-」、十月二四日に「BBB」、翌年（一九九八年）一月八日に「BBB-」まで下がった。国際決済銀行の『年次報告』あるいはムーディーズの『白書』参照。

(53) ムーディーズの格付けによると、十一月二十七日に「A3」、十二月十日に「Baa2」、十二月二十一日に「Ba1」まで下がった。S&Pの格付けをみると、十月二十四日に「A+」、十一月二十五日に「A-」、十二月十一日に「BBB-」、十二月二十二日に「B+」まで下がった。そして、銀行債務の支払期限の延長が認められた後の二月十八日に「BB+」までもち直した。

(54) 「ムーディー（Moody）」は英語で「陰気な」とか「陰鬱な」という意味である。

(55) 『ザ・ネーション』誌一九九八年二月十八日号に掲載された対談。ムーディーズの『白書』に再録されている。

(56) 『ユーロウィーク』誌、四月四日号、二三ページ。

(57) 『ユーロウィーク』誌、四月十一日号、二三ページ。

(58) 『ユーロウィーク』誌、四月十一日号、二三ページ。

(59) 『エコノミスト』誌、一九九七年二月二十二日号、九〇ページ。

(60) BRI, *op. cit.*, p. 128.

(61) Emmanuelle Boulestreau, *Chronique d'une catastrophe annoncée*, Paris, Éditions Générales First, 1998.

(62) 韓国の成長率は一九九四年に一一・八％であり、九五年に一一・七％であった。国内投資額は一九九三年にGNPの三五％を、一九九六年に三八・二％を占めた。

（63）　クレディ・リヨネ・セキュリティ・アジアのストラテジストによる発言。Philippe Riès, *Cette crise qui vient d'Asie, op. cit.*, p. 93 に引用されている。

（64）　Rémy Contamin et Cyrille Lacu, Origines et dynamiques de la crise asiatique, *L'Année de la Régulation*, vol. 2, 1998, p. 27.

（65）　BRI, *op. cit.*, 1988, p. 128.

（66）　Boulestreau, *Chronique d'une catastrophe annoncée* , p. 41.

（67）　Balley, *La Bourse*, p. 186-188.

（68）　この関連づけを正当化する本質的な点は不確実性に関する分析にある。正統派理論は偶然を確率化可能であると考える。そのような偶然に関しては、未来の世界のありうる状態すべてのリストを完全に作り上げることができる。この仮定の下では、パラダイムという概念は拒否されるべきである。なぜなら、未来を確率的に記述することが可能だからである。逆に、世界のありうるすべての状態を記述することはできないと考えるとき、われわれは、科学者集団が自らの研究を発展させるために形成している状態と類似している状態にいる。この場合、パラダイムという概念が正統性をもつ。このアプローチの紹介としてはAndré Orléan, Pour une approche cognitive des conventions, *Revue Économique*, n°2, mars 1989, p. 241-272 を参照。

（69）　注目すべき例外はR・シラーである。彼は、「大衆の評価モデル（ポピュラー・モデル）」（シラー）と呼ぶものがどのように社会に普及するのかに関心をもっている。このことを研究するために、シラーはホモ・エコノミクスの窮屈な分析を捨て去り、個人的選択をモデル化する社会的影響の存在を考慮した。Shiller, *op. cit.*, 参照。

（70）　Yung Chul Park, The financial crisis in Korea : from miracle to meltdown?, miméo, 1er mars 1998, p. 20-21.

（71）　*Ibid.*, p. 29.

(72) 異常に速い状態変化を証明している資料もいくつかある。韓国経済発展研究所によると、韓国のケースでは、多くの海外投資家は十一月においても韓国経済の将来に対して「楽観的」であった。Park, *op. cit.*, p. 34.

(73) Park, *op. cit.*, p. 38-39.

(74) Douglas W. Diamond et Philip H. Dybvig, Bank runs, deposit insurance, and liquidity, *Journal of Political Economy*, vol. 91, n°3, 1983, p. 401-419.

(75) 最大で、一一〇分の一〇、つまり九・一%になるだろう。

(76) 一九八七年十月の危機のときに、いくつかのファンドが自己資産として所有している証券を直接、預金者に渡すことによって、預金引き出しに対応できるかどうかを弁護士と相談していたことが思い起こされるだろう。確かにこれは流動性制約を回避する一法である。

(77) 第一章参照。

(78) 実際には、五〇の資本Kに加えて銀行は一〇の流動的準備金を持っているので、銀行は全部で六〇所有していることになる。

第四章

(1) 債務関係が生産的資本のみに関わりをもつのではないことは明らかである。国家(政府)が公共支出への融資を必要としている場合にも、同じような議論が成り立つ。この観点からすると、債権者権力は、たとえば旧体制(アンシャン・レジーム)において徴税請負人が体現していたように、公的権力の一部分を領有しているといえよう。

(2) ほかの用語法によると、金融という用語は、銀行(または間接金融)と証券市場(または直接金融)

に区別される包括的な対象を指している。われわれはこれとは異なる用語法を採用している。

（3） この定義に従うと、金融権力は二つの下位範疇を含んでいる。（株式に結びついている）株主権力と（市場性債券に結びついている）債券保有者権力である。これらを区別するには十分な理由があるだろう。しかし、単純化のために、厳密な意味での株主権力だけが考察されている場合においても、われわれは金融権力という用語を用いる。

（4） Christian Saint-Etienne, *Macrofinance et marchés finaciers*, Paris, Économica 参照。

（5） Adolf A. Berle et Gardiner C. Means, *The modern corporation and private property*, New York, Mac Millan, 1932. 参照。

（6） M＆A市場を経由する「外部」統制と、市場外の「内部」統制とを区別することができる。「内部」統制は、種々の委員会による経営者の直接的な監視や、経営者の報酬形態による誘引メカニズムの効果を通じて行使される。Patricia Charléty, Les développements récents de la litérature, *Revue d' Économie Financière*, n° 31, hiver 1994 参照。ジャック・アモンの本には、市場の統制についての詳しい評価が掲載されている（Jacques Hamon, Marché du contrôle et fonction de discipline des dirigeants, communication au Conseil Scientifique de la COB, 30 mars 1995, p. 23）。

（7） Charléty, *op. cit.*, p. 35 参照。

（8） Prowse, *op. cit.*, p. 135.

（9） J. R. Francks et C. Mayer, *Corporate control. A synthesis of the international evidence*, IFA working paper, n° 165-92, 1992 ; Karel Lannoo, Le gouvernement d'entreprise en Europe, *Revue d' Économie Financière*, n° 31, hiver, 1994, p. 159-182. このリストは銀行権力の項を除けば、ほぼすべてこの論文に掲載されている。

（10） この制限については Prowse, *op. cit.*, p. 126 参照。

（11） François Morin et Claude Dupuy, *Le cœur financier européen*, Paris, Économica, 1993.

(12) *Ibid.*, p. 79.

(13) *Ibid.*, p. 76.

(14) B. Jacquillat et I. Hachette, Modes d'actionnariat et marché du contrôle : une comparaison internationale, *Revue Internationale de Droit Économique*, n° 3, 1990 参照。

(15) *The Banker*, mars 1989 参照 (Morin et Dupuy, *Lecœur financier européen, op. cit.*, p. 28 に引用されている)。

(16) François Morin, *Le modèle français de detention et de gestion du capital*, Les Éditions de Bercy, 1998.

(17) この現象を詳しく記述しようとしている本や論文は数多くある。*Revue d' Économie Financière*, 一九九五年特別号(Les marchés financiers américains)を参照されたい。

(18) Pierre Lamy, *Les Bourses de valeur*, Paris, Economica, 1995, p. 36.

(19) Richard Farnetti, Les investisseurs anglo-américains, moteurs du nouveau régime d'accumulation financiarisé mondial, in Annie Vinokur (éd.), *Décisions économiques*, Paris, Économica, 1998, p. 21 参照。

(20) カルパースは、カリフォルニア州の公務員その家族、百万人が加入する年金基金である。一九九六年時点で千億ドル以上を運用している。

(21) Jaques Nikonoff, *La comédie des fonds de pension*, Paris, Arléa, 1999, p. 14 からの引用。

(22) *Bulletin COB*, n° 322, mars 1998, p. 16.

(23) Jaques Nikonoff, *op. cit.*, p. 124.

(24) Philippe Bessaria, Qui dirige la firme? La réponse du gouvernement d'entreprise, *Problèmes Économiques*, n° 2591-2592, 18-25 novembre 1998, p. 42.

(25) 企業が自社株を買うこと。

(26) William Lazonick et Mary O'Sullivan, In search of 'shareholder value' : the historical transformation of corporate

control and strategy in the United States, miméo, 1999, p. 50. この表の数値に関するコメントは、この興味深い著作に従った。

(27) **表7**の付加価値はS&P五〇〇指数から計算された。配当収益は、この指数に対する配当金の比率として計算されている。ここ一〇年の配当収益が二・八%と低いのは、相場の水準が大きく上がったからである。

(28) BRI, *op. cit.*, p. 95.

(29) *Ibid.*, p. 96.

(30) 多くの質的な要因がこの仮説の正しさを確証している。『年次報告』(BRI, *op. cit.*) も九七ページでこのことを強調している。「この説明は、市場参加者が自分達の中で最も業績を上げている者の行動をそっくり真似る傾向があることを示すいくつかの徴候によって、この説明は裏づけられている」。しかし、マリアンヌ・デマルシとソレン・トマスが行ったアンケート (Marianne Demarchi et Solenn Thomas, Processus de gestion, techniques de transaction et attente des investisseurs institutionnels français, miméo, décembre 1996) の結果を分析してみると、「あなたの選択を決定するのは何ですか?」という問いに対して「ほかのマネージャーの取引に関する情報」と答えた人はあまりいないことがわかる。これは、立ち止まって考えなくてはいけない点である。行動の直接的模倣が本当にあまりないのか、あるいは、マネージャーがそのことを認めるのに強いためらいを示しているだけなのか (このためらいは、ファンド・マネージャーという職業につきものの厳しい競争を考えればもっともなように思われるが)。

(31) フランソワ・モランは機関投資家と常時付き合いのあるフランス大企業の経営者と対談した後に、「多くの経営者は投資家のもつ『共通の文化』に驚いており、彼らの行動の模倣主義、ときには滑稽でさえあるこの主義について指摘している」と述べた (François Morin, *Le modèle français*, *op. cit.*, p. 37)。

（32）　Balley, *La Bourse, op. cit.*, p. 194.

（33）　このことについてもバレーが機関投資家と顧客の関係について次のように書いていることに、また注目しよう。「私は経験から、顧客が機関投資家を、判断を誤ったことよりも儲けが少ないことによってより厳しく責めることを知っている」*La Bourse, op. cit.*, p. 189)。

（34）　Patricia Charléty, La gestion déléguée : incitations données aux gérants et performances, Document de la COB, 18 avril 1997, p. 12. イギリスでは、ファンド・マネージャーの交替率はもっと速いようである。

（35）　マリアンヌ・デマルシとソレン・トマスが行った前掲アンケートによる。

（36）　BRI, *op. cit.*, p. 101.

（37）　François Morin, *Le modèle français, op. cit.*

（38）　*Ibid.*, p. 34.

（39）　*Ibid.*, p. 22.

（40）　経済理論では伝統的に、企業自体から利益を得ている者（ステークホルダー）と株主（シェアホルダー）が対置される。

（41）　たとえば、ＶＥＢＡの専務取締役であるＯ・シュンペーターは『ディー・ツァイト』紙上での対談（一九九六年六月九日）において次のように述べている。「私はもう株主資本価値という用語を使っていない。この意味するところが否定的すぎるからだ。私の意見では、むしろ価値志向の企業戦略（value-oriented company policy）について語らなくてはならない」。Ulrich Jürgens, Katrin Naumann et Joachim Rupp, The political economy of shareholder value. The German case, miméo pour le Colloque "The political economy of shareholder value", London, 16 april 1999 から引用した。

（42）　最近の賃労働《サラリア》制の変容に関しては、次の文献を参照されたい。Michel Agrietta, *Régulation et crises du capitalisme*,

Paris, Odile Jacob, 1998 ; Jean-Louis Beffa, Robert Boyer et Jean-Philippe Touffut, Les relations salariales en France : État, enterprises, marchés financiers, *Notes de la Fondation Saint-Simon*, juin, 1999.

(43) Patrick Artus, *Anomalies sur les marchés financiers*, Économica, 1995.

(44) Michel Agrietta et André Orléan (éds.), *La monnaie souveraine*, Paris, Éditions Odile Jacob, 1998.

(45) このことはすべての社会にとって必然的なわけではない。ある時代には、銀行貨幣は中央貨幣のプロジェクトとは異なったプロジェクト、場合によっては競合的なプロジェクトを担っていた。たとえば、Daniel Dessert, *Argent, pouvoir et société au Grand Siècle*, Paris, Fayard, 1984 参照。

(46) 福祉国家の特徴をなす数多くの給付金が、賃金労働者という身分に条件づけられていたことからすれば、この用語には議論の余地がある。〔福祉国家と市民的個人主義の〕区別について本来なら考えなくてはならないのだが、本書の議論の枠内では、この問題は副次的な役割しか果たしていない。より実証的な議論からは、福祉国家は賃金労働者を越えて、権利を一般化する傾向（最低収入法や国民社会保障）を常にもつことが強調できるだろう。安定的な形態は、諸権利と市民性を結びつける形態であろう。しかし、このような議論は、金融を第一に取り上げている本書の限界をはるかに越えている。Pierre Rosanvallon, *La nouvelle question sociale. Repenser l'État-providence*, Paris, Éditions du Seuil, 1995 参照。

(47) Balley, *op. cit.*, p. 48.

(48) ミシエル・アグリエッタは『資本主義のレギュラシオン理論』(*Régulation et crises du capitalisme*) の後書きの中で、賃金労働者の権力の観点からこのような変容が及ぼす結果について論じている。「賃金労働者が年金基金を統制する株主になることによって、貯蓄者と労働者の利害関係を裁定する仕組みが変容していくだろう」(p. 463)。

(49) ここでもまた、厳密に言えば一種の近似が行われている。というのは、債務を負っているのは年金の調停機関であって国家ではない。この差は重要ではあるが、主権のメカニズムを解明しようというわれわれの目的にとっては二次的である。

(50) この変容のマクロ経済的な特徴を正確に知るには、次の論文を参照のこと。Robert Boyer, Les conditions de viabilité d'un régime de croissance financiarisé ou patrimonial, miméo, 12 octobre 1998, 18 pages.

(51) 一九九七年十月二十七日月曜日、香港が陥った難局に続いて、ダウ平均は五五四ポイント下落、つまり七・一八%下がった。これが世界中の株式市場をパニックに陥らせた。

結　論

(1) Bernard Marin, *Principes du gouvernement représentatif*, Paris, Calmann-Lévy, 1995.

THÉRET Bruno, *Régimes économiques de l'ordre politique*, Paris, Presses Universitaires de France, 1992.

THÉRET Bruno, « L'effectivité de la politique économique : de l'autopoïèse des systèmes sociaux à la topologie du social », *L'Année de la régulation*, vol. 3, 1999, p. 127-168.

TOBIN James, « A proposal for international monetary reform », *Eastern Economic Review*, vol. 4, juillet-octobre 1978, p. 153-159.

TORDJMAN Hélène, « Some general questions about markets », *IIASA Internal Report*, juillet 1997, 24 pages.

TORDJMAN Hélène, « The formation of beliefs on financial markets : Representativeness and prototypes », *in* LAZARIC Nathalie and LORENZ Edward (éds.), *Trust and economic learning*, Cheltenham (RU) et Northampton (USA), Edward Elgar Publishers, 1998, p. 97-123.

WALTER Christian, « Les impossibles de la finance », *Pour la Science*, n° 225, juillet 1996, p. 6-9.

PROWSE Stephen, « *Corporate governance* : comparaison internationale », *Revue d'Économie Financière*, n° 31, hiver 1994, p. 119-158.
RADELET Steven et SACHS Jeffrey D., « The east asian financial crisis : Diagnosis, remedies, prospects », *Brookings Papers on Economic Activity*, n° 1, 1998, p. 1-90.
RÉGNIEZ Jacques, *Les nouveaux produits financiers*, Paris, La Découverte, coll. « Repères », 1989.
RIÈS Philippe, *Cette crise qui vient d'Asie*, Paris, Grasset, 1998.
ROSANVALLON Pierre, *La nouvelle question sociale. Repenser l'État-providence*, Paris, Éditions du Seuil, 1995.
SAMUELSON Paul A., *Economics*, New York, McGraw-Hill, 1976.
（P・A・サムエルソン『経済学（原書第 10 版）』上・下、都留重人訳、岩波書店、1977 年）
SAINT-ÉTIENNE Christian, *Macrofinance et marchés financiers*, Paris, Économica, Coll. « Poche Économie Appliquée », 1998.
SANTISO Javier, « Temps des États, temps des marchés : retour sur la crise mexicaine », *Esprit*, n° 5, mai 1998, p. 58-85.
SANTONI G. J., « The great bull markets 1924-29 and 1982-87 : Speculative bubbles or economic fundamentals ? », *The Federal Reserve Bank of St. Louis*, vol. 69, n° 9, novembre 1987, p. 16-30.
SCHELLING Thomas C., *The strategy of conflict*, Oxford, Oxford University Press, 1960.
SHLEIFER Andrei et SUMMERS Lawrence H., « The noise trader approach to finance », *Journal of Economic Perspectives*, vol. 4, n° 2, printemps 1990, p. 19-33.
SHILLER Robert, *Market Volatility*, Cambridge (USA) et Londres (RU), The MIT Press, 1991.
SOROS George, *L'alchimie de la finance*, Paris, Valor Éditions, 1998.
（G・ソロス『ソロスの錬金術』ホーレイ U.S.A＋Pacific Advisory & Consultant 訳、総合法令、1996 年）
STIGLITZ Joseph, « Using tax policy to curb speculative short-term trading », *Journal of Financial Services Research*, vol. 3, n° 2-3, décembre 1989, p. 101-116.
THALER Richard (éd.), *Quasi rational economics*, New Yok, Russel Sage Foundation, 1991.
THALER Richard, *Advances in behavioral finance*, New York, Russel Sage Foundation, 1993.

MORIN François et DUPUY Claude, *Le cœur financier européen*, Paris, Économica, 1993.

NASSE Philippe et SANTINI Jean-Jacques, « Le krach du 19 octobre 1987 et après », *in* ARTUS Patrick et BOURGUINAT Henri (éds.), *Théorie économique et crises des marchés financiers*, Paris, Économica, 1989, p. 7-27.

NIKONOFF Jacques, *La comédie des fonds de pension*, Paris, Arléa, 1999.

ORLÉAN André, « Monnaie et spéculation mimétique », *in* DUMOUCHEL Paul (éd.), *Violence et vérité*, Paris, Grasset, 1985, p. 147-158.

ORLÉAN André, « Pour une approche cognitive des conventions », *Revue Économique*, vol. 40, n° 2, mars 1989, p. 241-272.

ORLÉAN André, « Comportements mimétiques et diversité des opinions sur les marchés financiers », *in* ARTUS Patrick et BOURGUINAT Henri (éds.), *Théorie économique et crises des marchés financiers*, Paris, Économica, 1989, p. 45-65.

ORLÉAN André, « Les désordres boursiers », *La Recherche*, numéro spécial consacré à « La Science du Désordre », n° 232, mai 1991, p. 668-672.

ORLÉAN André (éd.), *Analyse économique des conventions*, Paris, Presses Universitaires de France, coll. « Économie », 1994.

ORLÉAN André, « Contagion spéculative et globalisation financière : quelques enseignements tirés de la crise mexicaine », *in* CARTAPANIS André (éd.), *Turbulences et spéculation dans l'économie mondiale*, Paris, Économica, 1996, p. 27-45.

ORLÉAN André et TADJEDDINE Yamina, « Efficacité informationnelle et marchés financiers », *in* PETIT Pascal (éd.), *L'économie de l'information*, Paris, La Découverte, 1998, p. 153-193.

PARK Yung Chul, « The financial crisis in Korea : From miracle to meltdown ? », miméo, 1er mars 1998, 58 pages.

PISANY-FERRY Jean et SGARD Jérôme, « De Mexico à Halifax : l'intégration financière des économies émergentes », *in* CARTAPANIS André (éd.), *Turbulences et spéculation dans l'économie mondiale*, Paris, Économica, 1996, p. 47-71.

POZEN Robert C., « Institutional investors : The reluctant activists », *Harvard Business Review*, janvier-février 1994, p. 140-149.

LELAND Hayne et RUBINSTEIN Mark, « Comments on the market crash : Six months after », *Journal of Economic Perspectives*, vol. 2, n° 3, été 1988, p. 45-50.

KUHN Thomas S., *La structure des révolutions scientifiques*, Paris, Flammarion, 1983.

（Ｔｈ・Ｓ・クーン『科学革命の構造』中山茂訳、みすず書房、1971 年）

LAMY Pierre, *Les Bourses de valeur*, Paris, Économica, Coll. « Gestion Poche », 1995.

LANNOO Karel, « Le gouvernement d'entreprise en Europe », *Revue d'Économie Financière*, n° 31, hiver 1994, p. 159-182.

LAZONICK William et O'SULLIVAN Mary, « In search of "shareholder value" : The historical transformation of corporate control and strategy in the United States », miméo, avril 1999.

LORDON Frédéric, *Les quadratures de la politique économique*, Paris, Albin Michel, 1997.

LORDON Frédéric, « Croyances économiques et pouvoir symbolique », *L'Année de la Régulation*, vol. 3, 1999, p. 169-210.

LORDON Frédéric, « Misère épistémique des comportements économiques », miméo, février 1999.

MACKAY Charles, *Extraordinary popular delusions and the madness of crowds*, New York, Harmony Books, 1980 [1re édition, 1841].

MANDELBROT Benoît B., « When can price be arbitraged efficiently ? A limit to the validity of the random walk and martingale models », *The Review of Economics and Statistics*, vol. LIII, août 1971, p. 225-236.

MANDELBROT Benoît B., « Le syndrome de la variance infinie et ses rapports avec la discontinuité des prix », *Économie Appliquée*, vol. XXVI, 1973, p. 321-348.

MANIN Bernard, *Principes du gouvernement représentatif*, Paris, Calmann-Lévy, 1995.

MEHTA Judith, STARMER Chris et SUGDEN Robert, « The nature of salience : An experimental investigation of pure coordination games », *American Economic Review*, vol. 84, n° 2, juin 1994, p. 658-673.

MOODY'S INVESTOR SERVICE, *White Paper : Moody's rating record in the east asian financial crisis*, mai 1998, 45 pages.

MORIN François, *Le modèle français de détention et de gestion du capital*, Paris, Les Éditions de Bercy, juin 1998.

GROSSMAN Sanford et STIGLITZ Joseph E., « On the impossibility of informationally efficient markets », *American Economic Review*, vol. 70, n° 3, p. 39-408.

HALE David, « Marchés émergents et transformation de l'économie mondiale », *Revue d'Économie financière*, n° 30, automne 1994, p. 7-45.

HAMON Jacques, *Marchés d'actions. Architecture et microstructure*, Paris, Économica, 1995.

HAMON Jacques, « Marché du contrôle et fonction de discipline des dirigeants », Communication au Conseil Scientifique de la COB, 30 mars 1995.

HARRISON J. Michael et KREPS David M., « Speculative investor behavior in a stock market with heterogeneous expectations », *Quarterly Journal of Economics*, vol. XCIII, mai 1978, n° 2, p. 323-36.

HICKS John, *Monnaie et marché*, Paris, Économica, 1991.

（Ｊ・Ｒ・ヒックス『貨幣と市場経済』花輪俊哉・小川英治訳、東洋経済新報社、1993 年）

JACQUILLAT Bertrand et HACHETTE I., « Modes d'actionnariat et marché du contrôle : une comparaison internationale », *Revue Internationale de Droit Économique*, n° 3, 1990.

JACQUILLAT Bertrand et SOLNIK Bruno, *Marchés financiers. Gestion de portefeuille et des risques*, Paris, Dunod, 1997.

KINDLEBERGER Charles P., *Manias, panics, and crashes. A history of financial crises*, Londres, The Macmillan Press Ltd, 1978.

（Ｃｈ・Ｐ・キンドルバーガー『金融恐慌は再来するか』吉野直行・八木甫訳、日本経済新聞社、1980 年）

KEYNES John Maynard, *Théorie générale de l'emploi, de l'intérêt et de la monnaie*, Paris, Petite Bibliothèque Payot, n° 139, 1971.

（Ｊ・Ｍ・ケインズ『雇用・利子および貨幣の一般理論』塩野谷祐一訳、ケインズ全集第７巻、東洋経済新報社、1983 年）

KEYNES John Maynard, « The General Theory : Fundamental concepts and ideas », *Quarterly Journal of Economics*, vol. 51, 1937, p. 209-23. Repris *in* ROBERT W. Clower (éd.), *Monetary theory*, Harmondsworth (RU), Penguin Books, col. « Penguin Modern Economics Readings », 1969, p. 215-25.

KOVACS André, *Les stratégies de la nouvelle Bourse*, Paris, Les Éditions d'Organisation, Coll. « Hommes et Techniques », 1990.

DESSERT Daniel, *Argent, pouvoir et société au Grand Siècle*, Paris, Fayard, 1984.

DIAMOND Douglas W. et DYBVIG Philip H., « Bank runs, deposit insurance, and liquidity », *Journal of Political Economy*, vol. 91, n° 3, 1983, p. 401-419.

DUPUY Jean-Pierre, « Convention et *common knowledge* », *Revue Économique*, vol. 40, n° 2, mars 1989, p. 361-400.

DUPUY Jean-Pierre, *La panique*, Paris, Éditions Delagrange, coll. « Les empêcheurs de tourner en rond », 1991.

EICHINGER Marc, *La machine spéculative*, Paris, Économica, 1996.

FARNETTI Richard, « Les investisseurs institutionnels anglo-américains, moteurs du nouveau régime d'accumulation financiarisé mondial » *in* VINOKUR Annie (éd.), *Décisions économiques*, Paris, Économica, 1998.

FRIEDMAN Milton, « The case for flexible exchange rates », *Essays in Positive Economics*, Chicago, University of Chicago Press, 1953.

（M・フリードマン『実証経済学の方法と展開』佐藤隆三・長谷川啓之訳、富士書房、1977 年）

GALBRAITH John Kenneth, *Brève histoire de l'euphorie financière*, Paris, Seuil, 1992.

（J・K・ガルブレイス『バブルの物語——暴落の前に天才がいる』鈴木哲太郎訳、ダイヤモンド社、1991 年）

GAMMIL Jr. James F. et MARSH Terry A., « Trading activity and price behavior in the stock and stock index futures markets in october 1987 », *Journal of Economic Perspectives*, vol. 2, n° 3, été 1988, p. 25-44.

GARBER Peter M., « Famous first bubbles », *Journal of Economic Perspectives*, vol. 4, n° 2, printemps 1990, p. 35-54.

GENNOTTE Gerard et LELAND Hayne, « Market liquidity, hedging, and crashes », *American Economic Review*, vol. 80, n° 5, décembre 1990, p. 999-1021.

GEOFFRON Patrice et RUBINSTEIN Marianne, *La crise financière du modèle japonais*, Paris, Économica, 1996.

GREENWALD Bruce et STEIN Jeremy, « The task force report : The reasoning behind the recommandations », *Journal of Economic Perspectives*, vol. 2, n° 3, été 1988, p. 3-23.

BOYER Robert, « Les conditions de viabilité d'un régime de croissance financiarisé ou « patrimonial ». Une première analyse », miméo, Cepremap, 12 octobre 1998, 18 pages.

BOYER Robert et ORLÉAN André, « How do conventions evolve ? », *Journal of Evolutionary Economics*, vol. 2, 1992, p. 165-177.

BRIMMER Andrew F., « Central banking and systemic risks in capital markets », *Journal of Economic Perspectives*, vol. 3, n° 2, printemps 1989, p. 3-16.

CHARLÉTY Patricia, « Les développements récents de la littérature », *Revue d'Économie Financière*, n° 31, hiver 1994, p. 33-48.

CHARLÉTY Patricia, « La gestion déléguée : incitations données aux gérants et performances », miméo, Commission des Opérations de Bourse, Service des Études et du Développement du Marché, 18 avril 1997, 18 pages.

CHESNAIS François (éd.), *La mondialisation financière. Genèse, coût et enjeux*, Paris, Syros, coll. « Alternatives Économiques », 1996.

CONTAMIN Rémy et LACU Cyrille, « Origines et dynamiques de la crise asiatique », *L'Année de la Régulation*, vol. 2, 1998, p. 11-59.

DAVANNE Olivier, « Comment stabiliser les marchés financiers ? », *Commentaire*, n° 74, été 1996, p. 37-38.

DAVANNE Olivier, *Instabilité du système financier international*, Paris, La Documentation Française, 1998.

DAVID Paul, « Clio and the economics of QWERTY », *American Economic Review*, vol. 75, n° 2, mai 1985, p. 332-337.

DE LONG Bradford J., SHLEIFER Andrei, SUMMERS Lawrence H. et WALDMANN Robert J., « Noise trader risk in financial markets », *Journal of Political Economy*, vol. 98, n° 4, 1990, p. 703-738.

DE LONG Bradford J., SHLEIFER Andrei, SUMMERS Lawrence H. et WALDMANN Robert J., « Positive feedback investment strategies and destabilizing rational speculation », *The Journal of Finance*, vol. XLV, n° 2, juin 1990, p. 379-395.

DEMARCHI Marianne et THOMAS Solenn, « Processus de gestion, techniques de transaction et attentes des investisseurs institutionnels français », miméo, version préliminaire, décembre 1996, 79 pages.

BALLEY Pierre, « Du bon usage de l'analyse financière ou la théorie du portefeuille en question », *Banque*, n° 413, janvier 1982, p. 42-43.

BALLEY Pierre, *La Bourse : mythes et réalités*, Paris, Presses Universitaires de France, coll. « Politique d'aujourd'hui », 1987.

BANQUE DES RÈGLEMENTS INTERNATIONAUX, *68e Rapport Annuel*, Bâle, juin 1998, 217 pages.

BATSCH Laurent, *Finance et stratégie*, Paris, Économica, coll. « Gestion », 1999.

BAUDRU Daniel et KECHIDI Med, « Les investisseurs institutionnels étrangers : vers la fin du capitalisme à la française ? », *Revue d'Économie Financière*, n° 48, juillet 1998, p. 93-105.

BEFFA Jean-Louis, BOYER Robert et TOUFFUT Jean-Philippe, « Les relations salariales en France : État, entreprises, marchés financiers », *Notes de la Fondation Saint-Simon*, juin 1999.

BERLE Adolf A. et MEANS Gardiner C., *The modern corporation and private property*, New York, Mac Millan, 1932.

BESSARIA Philippe, « Qui dirige la firme ? La réponse du gouvernement d'entreprise », *Problèmes Économiques*, n° 2591-2592, 18-25 novembre 1998, p. 40-44.

BLANCHARD Olivier J. et WATSON Mark W., « Bulles, anticipations rationnelles et marchés financiers », *Annales de l'INSEE*, n° 54, avril-juin 1984, p. 79-99.

BOMPOINT Patrick et MAROIS Bernard, *Le pouvoir actionnarial*, Paris, Les éditions du JV&DS, 1998.

BOUCHAUD Jean-Philippe et WALTER Christian, « Les marches aléatoires », *Pour la Science*, dossier hors série sur *Le Hasard*, avril 1996, p. 92-95

BOULESTREAU Emmanuelle, *Chronique d'une catastrophe annoncée*, Paris, Éditions Générales First, 1998.

BOURGUIGNON François, CONXICŒUR P. et SÉQUIER P., « Marchés émergents d'actions : prévisibilités et incertitudes », *Revue d'Économie Financière*, n° 30, automne 1994, p. 85-115.

BOURGUINAT Henri, *La tyrannie des marchés*, Paris, Économica, 1995.

BOYER Robert, « La politique à l'ère de la mondialisation de la finance : le point sur quelques recherches régulationnistes », *L'année de la régulation*, vol. 3, 1999, p. 13-75.

参考文献

ABKEN Peter A., « Stock market activity in october 1987 : The Brady, CFTC and SEC Reports », *Economic Review*, Federal Reserve Bank of Atlanta, mai-juin 1988, p. 36-43.

AGLIETTA Michel, *Régulation et crises du capitalisme*, Paris, Odile Jacob, coll. « Opus », 1997.

（M・アグリエッタ『資本主義のレギュラシオン理論——政治経済学の革新』増補新版、若森章孝・山田鋭夫・大田一廣・海老塚明訳、大村書店、2000年）

AGLIETTA Michel, *Macroéconomie financière*, Paris, La Découverte, coll. « Repères », 1995.

（M・アグリエッタ『成長に反する金融システム——パフォーマンスと今後の課題』坂口明義訳、新評論、1998年）

AGLIETTA Michel et ORLÉAN André, *La monnaie souveraine*, Paris, Odile Jacob, 1998.（邦訳、藤原書店近刊）

ALBERT Michel, « L'irruption du *corporate governance* », *Revue d'Économie Financière*, n° 31, hiver 1994, p. 11-14.

AMABLE Bruno et CHATELAIN Jean-Bernard, « Efficacité des systèmes financiers et développement économique », *Économie Internationale*, 1er trimestre 1995. Repris dans *Problèmes Économiques*, n° 2541-2542, novembre 1997, p. 5-12.

ARTUS Patrick, *Anomalies sur les marchés financiers*, Paris, Économica, coll. « Économie Poche », 1995.

ARTUS Patrick, « L'épargne : évolution, flux, comportements », *Revue d'Économie Financière*, n° 42, juillet 1997, p. 27-55.

ARTUS Patrick et DEBONNEUIL Michèle, *Interaction des comportements microéconomiques et macroéconomiques dans les crises*, Rapport pour le Conseil d'Analyse Économique, miméo, 1999.

訳者あとがき

本書は、André Orléan, *Le pouvoir de la finance*, Editions Odile Jacob, octobre 1999 の全訳である。

著者のアンドレ・オルレアンは、一九五〇年生まれ、国立科学研究センター（CNRS）主任研究員、理工科学校《エコール・ポリテクニーク》講義主任の本務のほかに、フランス証券取引委員会（COB）の学術審議委員も務めている。ミシェル・アグリエッタとの共著『貨幣の暴力』（井上泰夫・斎藤日出治訳、法政大学出版局、一九九一年）によって、わが国では、著者の名はレギュラシオン学派の理論家として知られている。しかし日本語版への序文にもあるように、著者の現在の中心テーマは、いわゆるレギュラシオン理論よりもむしろ、コンベンション（共有信念）理論にあると言ってよい。すでに著者は編著『コンベンションの経済分析』（Orléan, A., éd., *Analyse économique des conventions*, PUF, 1994）をものしており、今やこの分野での第一人者である。

では、そのコンベンション理論とはどんなものなのか？「コンベンション」とは、市場参加者たちに共有されている一群の信念を指す言葉である。共有信念《コンベンション》と市場行動との関係を分析することによって様々な経済現象を解明しようというのが、コンベンション理論だと言ってよいだろう。たとえば、「アジアの奇跡」という信念を判断基準として共有している市場参加者たちは、株式市場における新興市場銘柄の値上がりを穏当なものと解釈することになる。安定した共有信念《コンベンション》が確立していれば、個々の取引主体は自らの市場判断に確信をもつことができ、市場全体では先行きの値動きについて安定的な期待が形成されてくる。逆に言えば、安定的な共有信念《コンベンション》が存在していないと、市場はうまく機能しない。コンベンション理論は、市場がもつこのような特性に着目して分析を進めていくのである。そして、著者オルレアンもまたこうした市場観に立脚しつつ、ここ十数年来、とくに金融市場における集団的な行動ダイナミクスについて理論的研究を進めてきた。その成果をもとにして書き下ろされたのが、本書なのである。

本書は刊行されるや否や、フランス国内において、投機経済についての良質かつユニークな解説書として好評をもって受け入れられた。昨年六月には金融取引専門家の団体である高度金融研究所が本書に対してチュルゴー特別賞を、十一月には道徳政治アカデミーが本書刊行を理由に著者に対してディセ・ド・ペナンルム賞をそれぞれ授与している。

*

平成バブルが崩壊して以来、日本経済は長い不況にあえぎ、不良資産の問題が依然としてくすぶり続けている。本書の題名となっている「金融の権力」がいかに強力なものであるか、われわれは身をもって体験してきたと言ってよい。そして、日本版四〇一kプランや株式買い取り機構をめぐる動きが示すように、金融の論理はますます影響を強めつつある。しかも、日本だけでなく、世界の至る所で同じような動きが進行している。いったいなぜ金融はそれほどに強大な「権力」を行使することができるのか？　金融の論理が力を強めていく結果として、われわれの生活や政治はどう変わっていくのだろうか？　誰しもがこのような疑問を抱かずにはいられなくなっている。本書が意図しているのは、まさにこうした疑問に首尾一貫した解答を与えようとすることであり、それゆえ本書の内容はわれわれの興味を引かずにはいないのである。議論のあらましは序文（および日本語版への序文）を見ていただくとして、ここでは、日本の読者から見たときの本書の魅力について二点だけ述べておくことにしよう。

第一に、本書では、金融市場の自律的なダイナミクスがきわめて包括的に解明されている。一九九〇年代に入ってからメキシコやアジアで国際的な資本移動を引き金とした深刻な経済危機（いわゆる「二十一世紀型危機」）が発生するようになり、また現在アメリカでは株式市場ブームの終焉がどんな帰趨をたどるか懸念されている。こうした出来事を見ていて不思議なのは、経済実体からかけ離れた投資のブームが起き、それが突然に終焉してパニックになるというパターンがなぜ繰り返されるのか、ということである。日本でも、平成バブルが破裂してその深刻な影響が痛感されたはずなのに、再び「ネットバブル」が起きてしまった。投資家が不合理な群集行動に走ったのだとすれば、前に受けた痛手から学習してもよさそうなものだ。ところが、投資家たちは繰り返し熱狂に巻き込まれている。本書では、こうした金融市場のダイナミクスが、共有信念《コンベンション》の生成・維持・崩壊のプロセスとして説明される（とくに第二・三章）。議論のポイントは、金融市場における共有信念《コンベンション》が科学研究におけるパラダイムと同じ働きをするとされる点にある。つまり、市場が安定している局面では、共有信念《コンベンション》に従う投資家は近視眼的態度に陥り、変則《アノマリー》を無視している。変則が蓄積され共有信念《コンベンション》への問い直しが一般化したときに、突然パニックが訪れる。共通の参照基準を失った市場参加者たちは、相互に模倣し合うだけになり、均衡点を見いだせなくなる。この危機の局面においては、市場に本来備わっている自己言及性の論理が前面に出てくる。このように、共有信念《コンベンション》は、パラダイムと同じように転換を遂げていく集団的な認知装置なのであり、単なる主観的な思い込みでもなければ、逆に絶対的な真理でもない。金融市場の心理的・文化的要因に言及した解説書はほかにも存在するが、本書の魅力は何と言っても、このような独特な次元をもつ共有信念《コンベンション》を真正面から議論に据えている点にある。そのことによって、なぜ金融市場がしばしば経済の現実と乖離しながらブームとパニックを繰り返すのか、なぜ容易に危機を切り抜けられないのか、ということが明快に解き明かされている。またやや専門的になるが、経済学の世界では、H・A・サイモン（一九七八年度ノーベル経済学賞受賞者）の「限定合理性」の議論によって、こうした認知アプローチの重要性が認められるようになってきている。本書は、経済学の新しい考え方を学ぶのにも役立つだろう。

本書の第二の魅力は、金融の論理が社会や政治の領域へと影響を広げつつある事態に目を向け、その本質的な意味をわれわれの前に示している点である。一九八〇年代以降の先進国においては、民営化や規制緩和によって国家の役割が徐々に後退してきた。これに加えて近年では、金融市場の流動性を優先する方向での企業の再編（企業集団の解体、機関投資家による「企業統治」）が進んできている。本書では、このような変化の中に、社会的紐帯の新しい原理の萌芽が見いだされていく（第四章）。フォーディズム時代に絶頂を迎えた「市民的個人主義」*は、勤労者が市民としての個人的権利を国民国家に対して行使するというものであった。これが後退して、勤労者が株主（小口株主）としての個人的権利を上場企業の資本総体に対して――機関投資家を介して――行使する「資産的個人主義」が現れつつあるというのだ。この新しい原理は、究極的には株式が貨幣の機能を完全に引き受けることまでを要求するが、しかし今のところは「中央銀行の独立性」が確保されるにとどまり、国家貨幣の役割は消滅してはいない。金融市場の自己言及的な論理が克服されない以上、最後の貸手の役割は必要だからである。その意味では「資産的個人主義」はまだ萌芽的なものでしかない。では著者は、この変化を取るに足らないものとみなしているのだろうか。そうではないだろう。本書では、流動性の組織化や、「企業統治」のための諸手段の出現といった歴史的プロセスも詳しく分析されている。これは、「資産的個人主義」という異質な原理がすでに確固とした位置を占めるようになったことを、不可逆的な事実として確認しようとするものである。本書の結論でソーシャル・インベストメントについて言われているように、株主の世論に働きかけるという方法での政治的な影響行使もすでに始まっている。日本では現在、「株式立国」を合い言葉に「資産的個人主義」への道が踏み出されようとしている。性急な二者択一図式による状況判断に走りがちなわれわれ日本人にとって、起きていることの本質をまず把握し、その中から政治的な可能性の諸契機を見極めようとする本書の姿勢には学ぶものが多いと思われる。

＊　M・アグリエッタと共に監修に当たった『主権貨幣』(Sous la direction de M. Aglietta et A. Orléan, *La monnaie souveraine*, Editions Odile Jacob, septembre 1998) では、諸個人および政府が本源的負債（生の負債）を返済していくことによって社会的凝集性が確保されるという、「生の負債」仮説が提起されている。負債とその返済のプロセスが社会的紐帯になっているというのが、彼らのアイデアの新機軸である。『主権貨幣』の序文が要約・訳出されているので、この点参照されたい（井上泰夫編訳「主権貨幣とは何か」、『環』第三号、二〇〇〇年十月、藤原書店、所収）。

＊

本訳書の出版に至るまでの経緯を述べておきたい。原書の刊行当時より、来日したR・ボワイエ氏やB・コリア氏を通じて本書の評判についてはすでに訳者たちの知るところであった。翻訳をしようということになったのは、昨年四月に、当時フランス大使館に勤務していたS・ルシュバリエ氏が清水に本書の翻訳・出版を勧めたことがきっかけであった。そして清水が坂口に協力を求めるという形で、翻訳作業が始まった。まず各人で原書を読んでみたが、いくつか難解な言葉はあったものの文体は平明であり、何よりも内容のユニークさに強く印象づけられた。訳者たちは、日本へ紹介する価値ありとの判断で一致し、とりあえず出版の可否とは別に下訳作りを進めたのである。その後さいわい藤原書店が本書翻訳の価値を認め出版を引き受けてくださったので、九月になってようやく本格的に訳文を練り上げる作業に入り、ここに刊行に漕ぎ着けた次第である。原書を一読したときの強い印象を保ったまま翻訳を終えることができ、訳者としては喜びこの上ない。

翻訳は、坂口が序文・第一―二章、清水が日本語版への序文・第三―四章・結論をそれぞれ担当して行い、お互いに訳稿を読み直すことを通じて訳語・文体の統一をはかった。本書は一般読者向けの書き下ろしなので高度な理論装置を用いることはないが、論理を一歩一歩たどっていかなければならない本ではある。読者の理解を容易にするために、冒頭には二つのキーワードについての解説を、また各章には要約を付した。

著者のオルレアン氏には、日本語版への序文執筆を快諾していただくとともに、原語についての質問に対して丁寧な回答をお寄せいただいた。また、藤原書店の藤原良雄社長と、同編集部の清藤洋・西泰志の両氏には、翻訳作業の全般にわたって的確なご教示をいただいた。この場をかりて謝意を表したい。

二〇〇一年五月

訳者

わ　行

ま　行

や　行

ら　行

た　行

な　行

は　行

さ　行

索　引

あ　行

か　行

著者紹介

アンドレ・オルレアン (André ORLÉAN)

1950年生まれ。国立科学研究センター（CNRS）主任研究員、理工科学校講義主任の本務のほか、フランス証券取引委員会の学術審議委員も務めるレギュラシオン派経済学者。現在の中心研究テーマはコンベンション（共有信念）理論。編著『コンベンションの経済分析』(*Analyse économique des conventions*, PUF, 1994) によりこの分野での第一人者と目されている。邦訳書にミシェル・アグリエッタとの共著『貨幣の暴力』(井上泰夫・斎藤日出治訳、法政大学出版局、1991年）がある。

訳者紹介

坂口明義（さかぐち・あきよし）

1959年東京都生まれ。一橋大学大学院経済学研究科博士後期課程単位取得退学。現在、東北学院大学経済学部助教授。専攻は通貨・金融論。著書に『現代貨幣論の構造』(多賀出版、2001年）など、訳書にH・ヘル『国際通貨の政治経済学』(多賀出版、1996年）M・アグリエッタ『成長に反する金融システム』(新評論、1998年）などがある。

清水和巳（しみず・かずみ）

1961年神戸市生まれ。早稲田大学政治経済学部博士後期課程単位取得退学。グルノーブル大学（仏）Ph. D。現在、早稲田大学政治経済学部助教授。専攻は経済学史・方法論。論文に *L'économie politique de François Perroux* (P. U. G., 1998)、「パレート派リベラルの不可能性定理とケィパビリティ・アプローチをつなぐもの」(『早稲田政治経済学雑誌』2000年）などがある。

金融の権力

2001年6月30日　初版第1刷発行©

訳　者　坂　口　明　義
　　　　清　水　和　巳

発行者　藤　原　良　雄

発行所　株式会社 藤　原　書　店

〒162-0041　東京都新宿区早稲田鶴巻町523

TEL　03（5272）0301
FAX　03（5272）0450
振替　00160-4-17013

印刷・製本　図書印刷

落丁本・乱丁本はお取り替えします
定価はカバーに表示してあります

Printed in Japan
ISBN4-89434-236-7

バブルとは何か？

世界恐慌　診断と処方箋

（グローバリゼーションの神話）

R・ボワイエ　井上泰夫訳

ヨーロッパを代表するエコノミストである「真のユーロ政策」のリーダーが、世界の主流派エコノミストが共有する誤った仮説を抉り出し、アメリカの繁栄の虚実を暴く。バブル経済の本質に迫り、二一世紀の世界経済を展望。

四六上製　二四〇頁　**二四〇〇円**

（一九九八年一二月刊）

◇4-89434-115-8

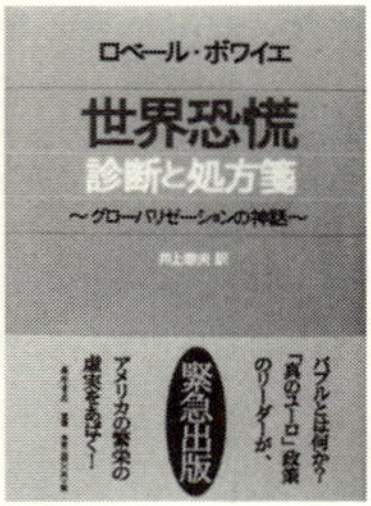

現代資本主義の〝解剖学〟

現代「経済学」批判宣言

（制度と歴史の経済学のために）

R・ボワイエ　井上泰夫訳

混迷を究める現在の経済・社会・政治状況に対して、新古典派が何ひとつ有効な処方箋を示し得ないのはなぜか。マルクス、ケインズ、ポランニーの系譜を引くボワイエが、現実を解明し、真の経済学の誕生を告げる問題作。

Ａ５変並製　二三二頁　**二四〇〇円**

（一九九六年一一月刊）

◇4-89434-052-6

新しい経済学、最高の入門書

入門・レギュラシオン

（経済学／歴史学／社会主義／日本）

R・ボワイエ　山田鋭夫・井上泰夫編訳

マルクスの歴史認識とケインズの制度感覚の交点に立ち、アナール派の精神を継承、ブルデューの概念を駆使し、資本主義のみならず、社会主義や南北問題をも解明する、全く新しい経済学＝「レギュラシオン」とは何かを、レギュラシオン派の中心人物が俯瞰。

四六上製　二七二頁　**二二三六円**

（一九九〇年九月刊）

◇4-938661-09-8

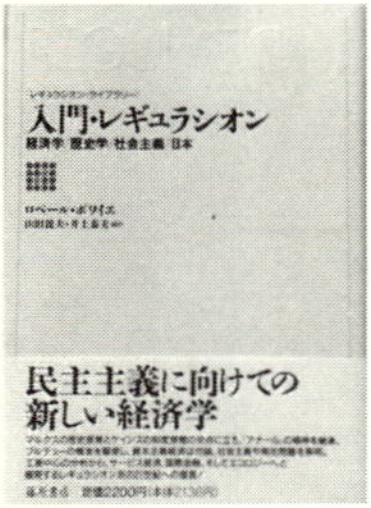

現代資本主義分析の新しい視点

レギュラシオン理論

（危機に挑む経済学）

R・ボワイエ　山田鋭夫訳＝解説

レギュラシオン理論の最重要文献。基本概念、方法、歴史、成果、展望のエッセンス。二〇世紀の思想的成果を結集し、資本主義をその動態性・多様性において捉え、転換期にある世界を、経済・社会・歴史の総体として解読する理論装置を提供する。

四六上製　二八〇頁　**二二三六円**

（一九九〇年九月刊）

◇4-938661-10-1

LA THÉORIE DE LA RÉGULATION

Robert BOYER

初の資本主義五百年物語

資本主義の世界史 〔1500-1995〕

M・ボー　筆宝康之・勝俣誠訳

ブローデルの全体史、ウォーラーステインの世界システム論、レギュラシオン・アプローチを架橋し、商人資本主義から、アジア太平洋時代を迎えた二〇世紀資本主義の大転換までを、統一的視野のもとに収めた画期的業績。世界十か国語で読まれる大冊の名著。

A５上製　五一二頁　**五八〇〇円**

（一九九六年六月刊）

◇4-89434-041-0

HISTOIRE DU CAPITALISME　Michel BEAUD

新しい経済学の決定版

増補新版 レギュラシオン・アプローチ 〔21世紀の経済学〕

山田鋭夫

新しい経済理論として注目を浴びるレギュラシオン理論を日本に初めて紹介した著者が、初学者のために「レギュラシオン理論への誘い」を増補し、総合的かつ平易に説く決定版。〔附〕最新「レギュラシオン理論文献」（60頁）

四六上製　三〇四頁　**二八〇〇円**

（一九九四年一二月刊）

◇4-89434-002-X

新たな成長の展望

日本的制度と経済成長

平野泰朗

進む高齢化、サービス経済化、国際化を視野に収め、新たな経済成長を展望する。マルクス経済学、近代経済学の先をゆく第三の経済学レギュラシオン・アプローチを援用した、日本人による初の本格的な日本経済分析。

A５上製函入　二四〇頁　**四四〇〇円**

（一九九六年一〇月刊）

◇4-89434-050-X

わが国最高水準の積年の労作

世界金融史研究

入江節次郎

四半世紀を費やした、記念碑的パイオニアワーク。一八三〇年代においてイギリスからの資本輸出の中心となった第二合州国銀行と合州国銀行の国際金融活動を分析の中心に据え、現代世界経済の根本的な構造的問題の歴史的形成過程を活写し、未来を展望。

A５上製函入　七二四頁　**一九四一七円**

（一九九一年二月刊）

◇4-938661-19-5

レギュラシオン派の日本分析

逆転の思考
（日本企業の労働と組織）

B・コリア　花田昌宣・斉藤悦則訳

「トヨタ」式の経営・組織革新の総体を、大野耐一の原理のなかから探り、フォード主義、テイラー主義にかわる日本方式の本質にせまる。また日本的な生産方式の西欧への移転可能性を明らかにする。ウォルフレンらリヴィジョナリストに対する明確な批判の書。

四六上製　二九六頁　**二八〇〇円**
（一九九二年三月刊）
◇4-938661-45-4

PENSER À L'ENVERS　Benjamin CORIAT

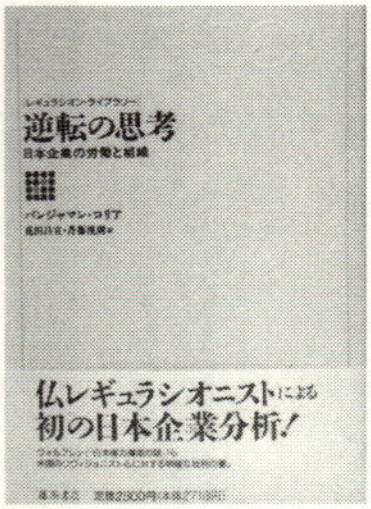

危機脱出のシナリオ

第二の大転換
（EC統合下のヨーロッパ経済）

R・ボワイエ　井上泰夫訳

一九三〇年代の大恐慌を分析したポランニーの名著『大転換』を受け、フォード主義の構造的危機からの脱出を模索する現代を「第二の大転換」の時代と規定。EC主要七か国の社会経済を最新データを駆使して徹底比較分析、危機乗りこえの様々なシナリオを呈示。

四六上製　二八八頁　**二七一八円**
（一九九二年一一月刊）
◇4-938661-60-8

LA SECONDE GRANDE TRANSFORMATION　Robert BOYER

単一通貨は可能か

通貨統合の賭け
（欧州通貨同盟へのレギュラシオン・アプローチ）

M・アグリエッタ　斉藤日出治訳

仏中央銀行顧問も務めるレギュラシオン派随一の理論家による、通貨統合論の最先端。ポンド・ドルの基軸化による国際通貨体制を歴史的に総括し欧州の現状を徹底分析。激動の世界再編下、欧州最後の賭け＝通貨同盟を展望。

四六上製　二九六頁　**二七一八円**
（一九九二年一二月刊）
◇4-938661-62-4

L'ENJEU DE L'INTÉGRATION MONÉTAIRE　Michel AGLIETTA

重鎮による「信用論」の決定版

信用の理論的研究

飯田　繁

「商業信用を対象とする貨幣論」と「銀行信用を対象とする資本論」という二つの分野を抱える信用論において、両者の差異の正確な把握をモットーとした著者が、ヒルファディングを批判的に乗り越えて提出した決定版。

A5上製　五〇四頁　**八八〇〇円**
（二〇〇一年二月刊）
◇4-89434-221-9

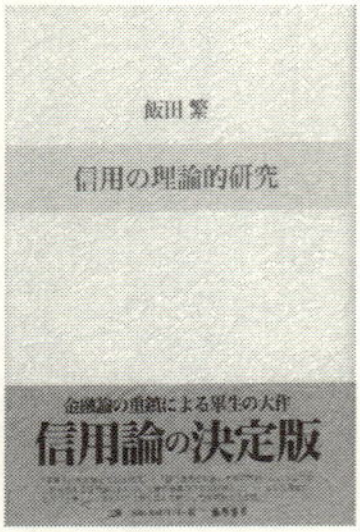